U0477526

中信改革发展研究基金会·中国道路丛书 ·智库报告

全面依法治国新战略

中国法治动态（2012—2017）

北京大学法治研究中心　编著

中信出版集团 | 北京

“中国道路”丛书总序言

中华人民共和国成立60多年以来，中国一直在探索自己的发展道路，特别是在改革开放30多年的实践中，努力寻求既发挥市场活力，又充分发挥社会主义优势的发展道路。

改革开放推动了中国的崛起。怎样将中国的发展经验进行系统梳理，构建中国特色的社会主义发展理论体系，让世界理解中国的发展模式？怎样正确总结改革与转型中的经验和教训？怎样正确判断和应对当代世界的诸多问题和未来的挑战，实现中华民族的伟大复兴？这都是对中国理论界的重大挑战。

为此，我们关注并支持有关中国发展道路的学术中一些有价值的前瞻性研究，并邀集各领域的专家学者，深入研究中国发展与改革中的重大问题。我们将组织编辑和出版反映与中国道路研究有关的成果，用中国理论阐释中国实践的系列丛书。

“中国道路”丛书的定位是：致力于推动中国特色社会主义道路、制度、模式的研究和理论创新，以此凝聚社会共识，弘扬社会主义核心价值观，促进立足中国实践、通达历史与现实、具有全球视野的中国学派的形成；鼓励和支持跨学科的研究和交流，加大对中国学者原创性理论的推动和传播。

“中国道路”丛书的宗旨是：坚持实事求是，践行中国道路，发展中国学派。

始终如一地坚持实事求是的认识论和方法论。总结中国经验、探讨中国模式，应注重从中国现实而不是从教条出发。正确认识中国的国情，正确认识中国的发展方向，都离不开实事求是的认识论和方法论。一切从实际出发，以实践作为检验真理的标准，通过实践推动认识的发展，这是中国共产党的世纪奋斗历程中反复证明了的正确认识路线。违背它就会受挫失败，遵循它就能攻坚克难。

毛泽东、邓小平是中国道路的探索者和中国学派的开创者，他们的理论创新始终立足于中国的实际，同时因应世界的变化。理论是行动的指南，他们从来不生搬硬套经典理论，而是在中国建设和改革的实践中丰富和发展社会主义理论。我们要继承和发扬这种精神，摒弃无所作为的思想，拒绝照抄照搬的教条主义，只有实践才是真知的源头。“中国道路”丛书将更加注重理论的实践性品格，体现理论与实际紧密结合的鲜明特点。

坚定不移地践行中国道路，也就是在中国共产党领导下的中国特色社会主义道路。我们在经济高速增长的同时，也遇到了来自各方面的理论挑战，例如将改革开放前后两个历史时期彼此割裂和截然对立的评价；例如极力推行西方所谓“普世价值”和新自由主义经济理论等错误思潮。道路问题是大是大非问题，我们的改革目标和道路是高度一致的，因而，要始终坚持正确的改革方向。历史和现实都告诉我们，只有社会主义才能救中国，只有社会主义才能发展中国。在百年兴衰、大国博弈的历史背景下，中国从积贫积弱的状态中奋然崛起，成为世界上举足轻重的大国，成就斐然，道路独特。既不走封闭僵化的老路，也不走改旗易帜的邪路，一定要走中国特色的社会主义正路，这是我们唯一正确的选择。

推动社会科学各领域中国学派的建立，应该成为致力于中国道路探讨的有识之士的宏大追求。正确认识历史，正确认识现实，积极促进中国学者原创性理论的研究，那些对西方理论和价值观原教旨式的顶礼膜拜的学风，应当受到鄙夷。古今中外的所有优秀文明成果，我们都应该兼收并蓄，但绝不可泥古不化、泥洋不化，而要在中国道路的实践中融会贯通。以实践创新推动理论创新，以理论创新引导实践创新，从内容到形式，从理论架构到话语体系，一以贯之地奉行这种学术新风。我们相信，通过艰苦探索、努力创新得来的丰硕成果，将会在世界话语体系的竞争中造就立足本土的中国学派。

“中国道路”丛书具有跨学科及综合性强的特点，内容覆盖面较宽，开放性、系统性、包容性较强。其分为学术、智库、纪实专访、实务、译丛等类型，每种类型又涵盖不同类别，例如在学术类中就涵盖文学、历史学、哲学、经济学、政治学、社会学、法学、战略学、传播学等领域。

这是一项需要进行长期努力的理论基础建设工作，这又是一项极其艰巨的系统工程。基础理论建设严重滞后，学术界理论创新观念不足等现状是制约因素之一。然而，当下中国的舆论场，存在思想乱象、理论乱象、舆论乱象，流行着种种不利于社会主义现代化事业和安定团结的错误思潮，迫切需要正面发声。

经过60多年的社会主义道路奠基和30多年的改革开放，我们积累了丰富的实践经验，迫切需要形成中国本土的理论创新和中国话语体系创新，这是树立道路自信、理论自信、制度自信、文化自信，在国际上争取话语权所必须面对的挑战。我们将与了解中国国情，认同中国改革开放发展道路，有担当精神的中国学派，共同推动这项富有战略意义的出版工程。

中信集团在中国改革开放和现代化建设中曾经发挥了独特的作用，它不仅勇于承担大型国有企业经济责任和社会责任，同时也勇于承担政治责任。它不仅是改革开放的先行者，同时也是中国道路的践行者。中信将以历史担当的使命感，来持续推动中国道路出版工程。

2014 年 8 月，中信集团成立了中信改革发展研究基金会，构建平台，凝聚力量，致力于推动中国改革发展问题的研究，并携手中信出版社共同进行“中国道路”丛书的顶层设计。

“中国道路”丛书的学术委员会和编辑委员会，由多学科多领域的专家组成。我们将进行长期的、系统性的工作，努力使“中国道路”丛书成为中国理论创新的孵化器，中国学派的探讨与交流平台，研究问题、建言献策的智库，传播思想、凝聚人心的讲坛。

孔丹

2015年10月25日

“动态中国”丛书编委会

治理现代化与中国法治的新使命（2015）

主编： 邵六益　彭　飞

编辑： 于天涛　马玉松　马纪元　王　艳　王　琪　王梦晓
朱琦明　吴启萌　吴秋兰　何旦番　宋立伟　张　贺
张佳俊　张家帅　陆徐倩　欧　恬　周诚欣　孟维治
姜阿英　高舜子　韩　笑　谢春辉　魏玉洁

中国法治顶层设计的成形与实践（2016）

主编： 邵六益　曾诗洋

编辑： 马纪元　王　艳　王　硕　王梦晓　朱琦明　李　贺
李云舒　吴启萌　吴秋兰　吴蔽余　宋立伟　陆徐倩
邵六益　欧　恬　周诚欣　孟维治　郗星晨　姜阿英
高舜子　韩　笑　鲁　玉　曾诗洋　谢春辉　魏玉洁

迈向新时代的全面法治（2017）

主编： 吴蔽余　邵六益

编辑： 王依琪　甘兆敏　卢亮辰　李云舒　李振宇　李梦欢
张佳俊　张闻达　赵亚琦　胡海娜　翁雯雯　鲁　玉
曾诗洋　潘　玲

目　录

第一部分　**中国法治动态年度报告（2012—2017）**

第一部分

中国法治动态年度报告

（2012—2017）

“三位一体”的中国法治（2012）

张佳俊[①]

导言

自1982年《宪法》颁行以来，中国法治的整体面貌发生了重大变化。站在2012年的历史节点上，回望过去30年体制改革和意识形态交融的整个过程，可以清晰地看到，中国法治相应进行调整和完善，在某种程度上回应或影响着国家现代化进程。

如果将法治变迁的过程视为其逐步嵌入中国社会的过程，则有一条演进主线贯穿于1982—2012年这30年的始终，并且日益清晰：从标志着国家治理文明转型的“建设法治国家”，到旨在实现公权机器现代化的“建设法治政府”，再到向社会运行规则化发展的“建设法治社会”。尽管发展阶段交错并行、发展步调极为紧凑，但法治的功能范围不断扩大、观念力量不断渗透、治理形态不断成熟。在中国，法治逐渐成为一种共识，并初步呈现出一种规则治理的新秩序。

这一发展的过程在很大程度上得益于国家主导推动，但根本上还是因循

---

① 张佳俊，北京大学法学院法学理论专业博士研究生。

当代中国之政治、经济和社会变革的结果。改革之初的10余年间，“法制”被吸纳为恢复政治秩序的治国术，这实际上是初步回应了国家政治的现代化转型；30余年的市场化改革中，作为市场秩序的保障性工具，“法制”沿着市场需要的变化而与之互动、适时改进，逐步走向更具普遍意义的“法治”；21世纪初以来，中国社会结构的调整和变迁愈发强烈，由此带来的社会矛盾也不断凸显，社会改革已不可避免。“法治”也因此成为社会秩序的重构方式，成为回应改革年代新挑战的重要工具。当然，当代中国法治的总体发展，必须放到上述背景中来理解。

2012年中国法治的发展依然是上述历史过程的延续，但也具有一定的特殊性。这一年，党的十八大顺利召开，新一届中央领导集体产生，中央对党的领导与依法治国的关系定位有了新的调整，为未来10年建设法治国家提出了新构思；这一年，社会变革程度进一步加深，在维护社会稳定和依法行政的既定要求之下，法治实践面临诸多难题和挑战，法治政府建设任重道远；这一年，在纪念“八二宪法”实施30周年大讨论的背景下，一系列社会热点事件都被注入法治关切，从而引发社会各界的广泛讨论。法治话语体系由此得以持续传播，这一切都为法治社会的孕育提供了开放空间。

本报告以2012年的100余个法治热点事件及重要问题为蓝本，主要分4个部分评析全年法治发展动态：第一部分概述了法治国家的总体发展，包括中央关于法治发展的思路变化、立法领域的人权导向、司法的政治导向，以及中国法治主权向外部和网络虚拟空间扩展的新情况；第二部分概述了建设法治政府的困境与改革路径，包括中央的行政法治化改革思路、行政执法中存在的主要问题、新一轮反腐工作的布局及地方法治的探索情况；第三部分概述了社会冲突状态下法治社会的成长趋势，包括群体性事件趋势、公众监督新潮流以及关于法治问题的若干社会讨论；最后的结语部分，分析了中国法治“三位一体”建设将面临的机遇和挑战。

一、法治国家：政道与法治的双向互动

1997 年，党的十五大正式确立“依法治国，建设社会主义法治国家”的基本方略，1999 年，九届全国人大二次会议将其载入《宪法》。从此，“法治国家”由党纲转变成国策。然而，“法治国家”之于当代中国，不仅仅是一个共识性的国家战略，更是一系列治理问题及方法的集合体。党的领导与依法治国的关系定位，是中国最具根本意义的法治核心问题。一个总体趋势是，自 1982 年中央重新定位党和国家关系、确立《宪法》的根本法地位以来，在其意识形态建构及政治实践中，党的领导与依法治国的关系逐步趋于融合互补，政治发展与法治建设也呈现出双向互动的基本格局。

2012 年是党的领导与依法治国关系变化的关键之年。在强调法治服务于领导集体换届大局的前提下，中央把“全面推进依法治国”写入未来 10 年的政治纲领，并且创造性地提出了“法治国家、法治政府、法治社会一体建设”的构想。这意味着，政道与法治的融合互补、双向互动将是未来中国法治发展最具可能性的演进趋势。具体到 2012 年的法治实践，则表现在 3 个方面：一是立法领域中保驾改革、保障民生的人权导向；二是司法领域中强化党对司法改革的领导、深化司法能动性的政治导向；三是主权导向，即通过法治邦交、海洋法治和网络法治促进国家法治主权空间不断延伸。

（一）党的决断：从服务大局到一体建设

党的十八大召开前，中央侧重要求法治为换届维稳服务、为社会管理创新服务；党的十八大召开后，中央以建构法治为议题，不仅对法治发展做出新规划，而且通过新一届中央领导集体讲话发表了对未来法治的新

构想。

1. 总任务：服务换届与管理创新

2012年，党中央更加强调把握全局、稳中求进。二三月间，全国各级人大机关和政法系统自上而下地掀起一次全面动员，“围绕大局”与“回应人民群众关切和期待”成为两个关键词组。“围绕大局”，即围绕党的十八大换届前后的政治稳定大局，其为法治实践设定了政治框架。在2012年3月十一届全国人大三次会议上，全国人大常委会、最高人民法院和最高人民检察院一致表态“以优异成绩迎接党的十八大胜利召开”。“回应人民群众关切和期待”则是对法治发展的民本要求。2012年3月，中央政法委第二十二次全体会议强调，要把保障和改善民生作为政法工作的根本出发点和落脚点，各级政法机关要积极回应人民群众关切和期待。二者统一于党的中心工作，共同构成了2012年中国法治实践的基本政治导向。

2012年7月中旬，第七次全国信访工作会议、全国维护社会稳定工作电视电话会议和全国社会管理综合治理工作会议先后召开，紧密部署换届期维稳工作。其中，第七次全国信访工作会议以“信访工作科学化”为核心，意在实现群众工作机制、信访工作秩序、信访综合体系等方面的“科学化”；全国维护社会稳定工作电视电话会议重申维稳政治责任，提出做好民生创稳、彻查隐患、边疆维稳、治安防控、舆论引导等5项重点工作；全国社会管理综合治理工作会议提出了“坚持民生优先、服务为先、基层在先，进一步从源头上、根本上、基础上搞好社会管理”的主要原则，为下一步加强和创新社会管理标示了方向。从这3次会议的基调来看，在维护社会稳定的基础上，社会治理体制变革将是未来中国社会建设的重中之重。

2. 新规划：党的十八大报告定调“全面依法治国”

2012 年，社会各界以纪念现行宪法实施 30 周年活动为契机，针对政治体制改革、宪法政治、法治理念等话题密集发声、热烈讨论。对此，官方通过多种渠道予以回应：如《乔石谈民主与法制》《彭真传》《彭真年谱》等著作先后出版，中国法学会举办纪念法学会恢复重建 30 周年大会，等等，都表明党中央在法治轨道内推进改革的态度不会动摇。

党的十八大以后，法治顶层设计终于面世。党的十八大报告定调“全面依法治国”，围绕“实现国家各项工作法治化”主题提出了一系列创新观点。一是将“法治”一词正式列入社会主义核心价值观二十四字表述内，并特别强调党政领导干部必须提高运用法治思维和法治方式深化改革、推动发展、化解矛盾、维护稳定的能力。二是正式确立“更加注重发挥法治在国家治理和社会管理中的重要作用”思想，提出“加快形成党委领导、政府负责、社会协同、公众参与、法治保障的社会管理体制”。三是肯定开门立法、吸纳民意，提出“完善中国特色社会主义法律体系，加强重点领域立法，拓展人民有序参与立法途径”。四是强调司法改革从“推进”步入“深化”，表明党的司法改革策略已开始由总体表态推动与促进改革，向更深层次的利益平衡、更具体的制度设计转变。五是提出“任何组织或者个人都不得有超越宪法和法律的特权，绝不允许以言代法、以权压法、徇私枉法”，态度之坚决，在历次党代会报告中都属罕见。这些关于法治发展的观点，表明法治思想已成为新形势下党治国理政的支柱性意识形态。

3. 新道路：习近平论“三位一体”法治构想

2012 年 12 月 4 日，中共中央总书记、中央军委主席习近平在首都各界纪念现行宪法公布施行 30 周年大会上发表重要讲话（以下简称“讲话”），进一步明确了未来10年法治建设的中国道路，即“坚持依法治国、依法执政、依法行政共同推进，坚持法治国家、法治政府、法治社会一体建设”① 的“三位一体”构想。

首先，将法治上升为中国共产党治国理政的基本方式，明确要全面推进依法治国，应加快建设社会主义法治国家。其次，明确各级政府严格施行宪法的责任，努力让人民群众在每一个司法案件中感受到公平正义，并要健全权力运行制约和监督体系。再次，提出要使民众建立宪法信仰，努力建立一个保障人民群众对美好生活的向往和追求的法治社会。最后，进一步实现党的领导的法治化，要求各级领导干部提高运用法治思维和法治方式的能力，善于使党的主张通过法定程序成为国家意志，善于使党组织推荐的人选成为国家政权机关的领导人员，善于通过国家政权机关实施党对国家和社会的领导。总体来看，“三位一体”法治构想，一方面将社会作为相对独立于国家、政府之外的主体进行法治建设，对中国法治发展极具开拓意义；另一方面强调“三位一体”，意味着将更加注重法治发展方式的协调性和全面性。

1982年以来，历次宪法实施十周年纪念活动都恰逢中央领导集体代际更替之时，因而透过纪念活动上的领导人讲话，可以大致了解中央法治理念的变化。其中，10周年讲话以党的领导为重心；20周年讲话开始阐述法治的重要性，但未明确党的领导和依法治国的关系；此次30周年讲话明确定位了二者关系，提出了“三位一体”的法治发展构想，体现出党的领导和依法治国融合互补、动态平衡的核心观念。这是一个值得展望的方向。

（二）以人为本：从改革立法到民生立法

人权是法治的核心要义之一。对于中国共产党而言，从最初的“群众路

① 习近平．在首都各界纪念现行宪法公布施行30周年大会上的讲话[OL]．新华网，2012-12-04.

线”“人民主体”到近年的“以人为本”“尊重人权”，后者已成为其执政的新话语。因此在理论上，以人为本最有可能成为联结党的领导和依法治国的价值纽带。而在实践中，自2004年人权入宪以来，以国务院新闻办公室两次发布“国家人权行动计划”为标志，人权理念已逐渐成为政治发展与法治融合互补关系的重要支点。这一趋势集中表现为立法领域从改革立法逐步深化到民生立法，即一方面顺应民意，通过各领域体制改革的法制化来规范公权行使、扩大改革红利；另一方面加快民生立法和程序立法，为落实宪法权利提供法律保障。

1. “国家人权行动计划”定位立法导向

继2009年发布“国家人权行动计划”之后，2012年6月14日，国务院新闻办公室再次发布人权发展总纲，即《国家人权行动计划（2012—2015）》（以下简称《计划》）。《计划》重申国家尊重和保障人权的宪法原则，承诺将人权发展与国家“十二五”规划确定的各项建设结合起来，致力促进公共政策目标的权利化。《计划》更加注重权利的平等实现，不仅将基本生活水准、受教育、环境等权利视作基本人权而加以保障，还对少数民族、妇女、儿童、老人及残疾人的人权保护做出专门规定。《计划》还提出2015年以前新增至少5个人权教育培训基地，以便培养人权事业后备人才。为确保《计划》顺利实施，由56个中央国家机关、团体组成的“国家人权行动计划联席会议机制”仍将发挥核心组织作用。尽管《计划》的宣示意图要大于实际意义，但其对立法的导向性影响正日益凸显。

2. 重要领域改革驶入法制轨道

随着中国改革步入“深水区”，一些重要改革领域陆续进入制度调整阶段。2012年，土地改革、财税改革、金融改革、铁路改革等受到广泛关注，这些改革都被逐步纳入法律制度轨道。

一是征地法制化方向确定。2012 年 1 月，国务院重申新一轮土改立法的目的在于使土地制度与发展现代农业、建设新农村和推进城镇化的战略任务相适应，因此土改立法应以坚持耕地保护制、土地公有制等为大政方针，以推进土地承包经营权流转制度和征地制度等重要制度革新为基调。同年 11 月，征地改革被写进党的十八大报告，其方向被确定为“改革征地制度，提高农民在土地增值收益中的分配比例”。二是财税改革法制受困于利益博弈。预算法修改方面，受利益博弈影响，《预算法修正案（草案）》最终未经全国人大常委会审议通过，在立法宗旨、授权立法、央行职能、“财政专户”合法化、地方发债权等 5 个方面仍存在争议。房产税改制方面，尽管政府先后表态将逐步扩大房产税改革试点，但民众与财税学界对房产税征收存有质疑。“营改增”试点方面，历经上海初探和 11 省市分批扩围，改革布局得以进一步延伸。但改革正负效应并存，也需要加快完善配套机制，跟进调整财税整体制度。三是金融改革加快法制化步伐。继 2012 年初第四次全国金融工作会议召开、3 月末温州“金改十二条”正式获批之后，中国新一轮金融变法路线从金融系统自身建构转向服务实体经济，并将民间金融纳入法律轨道之内，力图探索出地方金融体系稳中升级的新制度图景。保险领域，农业保险立法取得显著成效。2012 年 11 月，国内第一部农业险法规《农业保险条例》出台，明确了农业保险实行“政府引导、市场运作、自主自愿和协同推进”的原则，首次对政策性农业保险和商业性农业保险做出规范区分。四是铁路改革进入实质阶段。继《铁道部关于鼓励和引导民间资本投资铁路的实施意见》发布之后，2012 年 6 月 18 日，《铁路安全条例（征求意见稿）》公布，其中明确了铁路工程建设项目安全设施“三同时”制度，首次提出铁路机车及其他专用设备缺陷产品召回制度，这为铁路制度改革的全面展开铺平了道路。

3. 民生领域立法成为主流

以民生问题为核心完善立法体系是2012年立法主流。其中，户籍改革、著作权法修改、新医改方案、信息保护新设国标、见义勇为立法、劳动合同法修改、延迟退休改制、精神卫生立法等最受关注。

一是户籍改革迈入“居住证时代”。2012年2月23日，《国务院办公厅关于积极稳妥推进户籍管理制度改革的通知》提出，“逐步实行暂住人口居住证制度”。3月10日，公安部透露《居住证管理办法（草案）》将报国务院审定。此次暂住证向居住证的全面过渡，标志着国内户籍改革进入新阶段。二是著作权法修改引发业界热议。2012年3月31日，国家版权局就《著作权法（修改草案）》公开征求意见，各界争论焦点集中于强制许可时间和著作权集体管理组织的相关规定。对此音乐界人士纷纷指责修法导致其私权被侵犯，官方则认为修法是对著作权人、使用者、社会公众三方利益的一次调整。三是医改觅渡“深水区”。2012年3月14日，国务院发布《“十二五”期间深化医药卫生体制改革规划暨实施方案》，“医改”由此进入以健全医保体系、完善基本药物制度和基层医疗卫生机构运行新机制、全面改革县级公立医院为重心的新阶段。四是个人信息保护迎“新国标”。2012年4月12日，工信部宣布《信息安全技术公共及商用服务信息系统个人信息保护指南》已编制完成，正等待国家批准。该指南明确提出处理个人信息保护的八项原则，并将个人信息分为一般信息和个人敏感信息，分别对应默许同意和明示同意的要求。五是见义勇为行为统一立法提速。2012年7月19日，中央政法委宣布加快见义勇为人员权益保障条例立法进程。同日，国务院批转七部门《关于加强见义勇为人员权益保护的意见》，首次统一明确见义勇为死亡人员抚恤补助政策，成为国家层面首份加强见义勇为人员权益保护的规范性文件。六是劳动派遣获立“从严法则”。经2012年6月初审、7—8月征求55万条民意，

2012年12月28日，全国人大常委会表决通过《关于修改〈中华人民共和国劳动合同法〉的决定》。针对劳务派遣市场乱象，修法主要从行业审批、岗位范围、同工同酬、违法责任等4个方面做出严格规定。一些人认为，修法具有进步意义，但具体执行效果不容乐观。七是“延迟退休”争议难平。2012年6月,《社会保障“十二五”规划纲要》获得通过，其中提出将研究弹性延迟领取养老金年龄政策。针对人力资源和社会保障部关于“弹性退休”“延迟退休”“阶梯式退休”的改革吹风，反对者认为，废除不公平的养老双轨制才是改革方向。八是“精神卫生”迈进法制时代。2012年10月26日，全国人大常委会表决通过《精神卫生法（草案)》，集中回应了备受关注的精神障碍患者维权、精神障碍预防及患者康复等一系列问题，结束了精神卫生领域长期以来的立法空白状态，被视为践行人权理念的重要进步。

4. 程序立法进一步保障人权

程序立法对于人权保障具有重大意义，但一直是国内立法的短板。2012年，修订后的《刑事诉讼法》和《民事诉讼法》先后出台，标志着中国程序性立法取得重大进展。

第一，刑诉法修改彰显人权理念。2012年3月14日，全国人大高票通过《刑事诉讼法修正案（草案)》，这是继1996年之后的第二次大修。此次修法主要集中于预防和控制冤假错案。针对侦查机关和公诉机关，新法规定了不能强迫任何人自证其罪和非法证据排除两项制度。针对被告人权利保护问题，新法在总则中写入“尊重和保障人权”原则，为讯问环节打开“公民沉默权”缺口，并增加了讯问场所和全程录音录像的规定。针对律师“阅卷难、会见难”问题，新法强化了律师参与案件诉讼的权利。针对证人出庭做证问题，新法确立了证人出庭做证的安全保障与奖惩制度。针对死刑复核程序，新法规定了最高人民法院复核死刑案件应当讯问被告人。为确保法律规定间的衔接协调，2012 年 10 月 23 日，《全国人民代表大会常务委员会关于修改监狱法等七部法律个别条款的决定（草案）》通过，其中对刑诉法相关配套法律等做了 18 处修改。至此，以“新刑诉”为核心的修法过程基本完成。此外，为确保新法实施的统一性，2012 年 11 月至 12 月，最高人民检察院、最高人民法院、公安部先后公布各自新修订的配套解释性文件，12 月底，最高人民法院、最高人民检察院等六部门《关于实施刑事诉讼法若干问题的规定》正式发布。这些解释性文件对《刑事诉讼法》若干重要修改条文做了不同程度的细化，凸显“人权保障”精神，并向“程序正义”迈出了重要步伐。

第二，民诉法修改尽显利益多元趋势。2012 年 8 月 31 日，全国人大常委会通过《关于修改〈中华人民共和国民事诉讼法〉的决定》。此次民诉法修改虽经数次讨论，但最后修改主要集中在增加公益诉讼、增加小额诉讼、修改再审审级、增加逾期举证后果和增加检察监督 5 个方面，改动幅度较小。回顾其修改历程，足见三大特点：一是草案内容不断调整，凸显地方经济差异化。二是搁置调解制度，折射各种意见主张难以统合。三是公益诉讼主体模糊，体现社会不同群体的意见分化。尽管舆论层面要求公益诉讼主体扩展至公民个体，但新修订的《民事诉讼法》依然将其限定为“法律规定的机关和有关社会团体”。这反映了此时公益诉讼已获共识但又存在不同具体意见的状况，为未来扩大公益诉讼主体的范围奠定了基础。

（三）政治导向：从体制改良到司法能动

政治性是深入理解中国司法的根本切入点。回顾中国司法改革 15 年，其间虽有司法的专业化、理性化改革，但司法政治化始终是不变趋势。特别是自 2008 年以来，司法系统背负起参与社会管理、维护社会稳定的政治责任，而司法改革也以人民司法和服务大局作为政治定位，进入了“能动司法”改革时期。

2012年司法发展，体现出更为明确的政治导向。一方面，司法改革进入“深化阶段”，一些制度创新虽备受各界争议，但也具有一定的进步意义；另一方面，司法系统更为积极地参与社会治理，法院在治理过程中进一步“公共政策化”。此外，律师群体进一步加入司法改革浪潮，其动向值得关注。

1. 司法改革：在争议中逐步完善

2012年司法改革主要依据2008年末中央《关于深化司法体制和工作机制改革若干问题的意见》而展开，其重点在于进一步解决体制性、机制性、保障性障碍。具体到2012年，铁路司法系统移交地方、实施社区矫正制度、整治“另案处理”问题、创新司法拍卖制度、探索错案责任制、新颁法庭纪律、推广案例指导制、建立律师宣誓制度等8项措施较为典型。

一是铁路司法改革破冰，铁路“两院”全部移交地方。铁路司法系统改制历程一波三折。从2009年开始，中央逐步明确了“两院”与铁路运输企业分离、一次性纳入国家司法管理体系的改革思路。2012年，最高人民法院和铁道部先后发出“限期令”，全国铁路司法系统于当年6月底前基本移交地方。二是实施社区矫正制度。自2012年3月1日起，《社区矫正实施办法》正式施行。该办法接应《刑法修正案（八)》，回应了深化司法体制改革中关于完善宽严相济刑事政策的要求，对此前地方和部委推行的一系列社区矫正措施做了制度性总结，为未来出台《社区矫正法》奠定了基础。三是集中整治“另案处理”问题。针对实践中大量“另案处理”久拖不决甚至变成“另案不理”的现象，2012年3月，最高人民检察院、公安部联合下发工作方案，决定对2011年各级公安机关在提请批准逮捕书、起诉意见书中注明“另案处理”或者“在逃”的案件进行专项检查，并将最终建立法律监督的长效机制。四是司法拍卖改革取得重大进展。2010—2012年，司法拍卖成为司法改革的重要突破口。2012年2月8日，中央政法委要求法院系统着力构建科学、规范、公开、透明的司法拍卖机制，同日，全国统一的网络拍卖平台“人民法院诉讼资产网”正式开通。正当中央和地方合力推进改革之际，浙江高院与淘宝网合作推出的“司法网拍”模式却遭持续争议。司法网拍的出现，打破了长期实行的委托拍卖规则，刺激了法院、拍卖企业及竞买人等相关利益主体的敏感神经。支持者认为，司法网拍无违法嫌疑，且优势明显；而拍卖行业中的反对者则质疑法院和淘宝网的拍卖主体资质。中立者认为，司法网拍必须挣脱利益博弈的泥沼，制度设计者应通过完善法律制度，及时化解司法网拍的合法性困境。五是错案责任终身制试行。错案责任制由来已久，但长期实行不力。2012 年 4 月 5 日，河南高院出台《错案责任终身追究办法（试行）》，提出“谁用权，谁就要负责一辈子”的口号，明确界定了错案的标准、范围、追究程序和细则。对此，舆论赞其初衷而疑其效果，认为其可能导致错上加错的局面。六是最高人民法院拟为法庭纪律“立法”遭质疑。2012 年 7 月 30 日，最高人民法院下发了对新修订的《刑事诉讼法》所做的司法解释征求意见稿，其中第二百四十九条对诉讼参与人报道庭审活动行为做出限制，第二百五十条对辩护人、诉讼代理人违反法庭秩序的行为规定了罚则，引发一些律师不满。他们认为，此举试图通过司法解释超越《律师法》和《行政处罚法》，为法院扩权，于法无据。七是案例指导制度实施一周年，最高人民法院已发布 3 批共 12 个指导性案件，引导案例指导制度向规范化、多样性发展，地方法院亦积极参与其中，逐渐形成了中央持续引导、地方积极落实的发展局面。各方认为，正确处理指导性案例与司法解释之间的关系，将是这一制度持续有效实施和发展的关键。八是建立全国统一的律师宣誓制度。从 1988 年起，中国律师业历经 20 余年专业化独立客观发展过程，律师成为相对独立的现代职业。在能动司法的大趋势下，司法行政管理部门对律师群体的管理和引导也有所加强。2012 年 2 月 3 日，司法部印发《关于建立律师宣誓制度的决定》，宣布建立中国律师宣誓制度。一些人认为，律师宣誓

区特大武装贩毒集团首犯糯康由老挝警方依法移交给了中国警方，这是自2011年10月中、老、缅、泰四国联合执法机制建立以来取得的新成果。2012年9月20日，案件在昆明中院开庭，包括主犯糯康在内的6名外籍被告人出庭受审。“湄公河案”的侦破与审判，彰显了中国政府和司法部门在推动国际司法合作、严惩跨国犯罪方面的重大成效。

而在安哥拉，由于从2010年开始，其境内的华人黑帮屡屡对中国公民实施犯罪行为，且当地警方打黑力度有限，所以2012年4月，中国与安哥拉签署《中华人民共和国公安部和安哥拉共和国内政部关于维护公共安全和社会秩序的合作协议》，就共同打击跨国犯罪活动达成共识。此后，公安部派员赴安哥拉进行调查并实施抓捕行动。2012年8月1日，主要犯罪分子悉数落网，37名犯罪嫌疑人被押解回国。此次跨国打黑行动，在中国境外联合执法领域实为首创，表明了中国政府维护海外公民人身财产安全的坚定决心。

除国家层面行动外，以三一集团为代表的中国企业在“走出去”的过程中也开始打响“法律战”。2012年9月，时任美国总统奥巴马以威胁国家安全为由签署禁令，禁止中国三一集团关联企业罗尔斯公司在美国俄勒冈州某军事基地附近兴建风力发电厂。同年10月18日，三一集团宣布正式起诉奥巴马。各方认为，尽管三一集团胜诉前景渺茫，但此举将激发中企在对外投资时运用法律武器维护自身权益，也将促使相关国家更为谨慎地对待中国企业投资；而国家层面也有必要继续提供相应有力的政策和法律设计，更要在国际规则制定过程中努力争取话语权。

2. 海洋法治宣示中国海洋战略

随着中国海洋战略的实施，海洋法治也不断跟进，2012年的两大行动尤其引人瞩目：一是中央出台海岛管理新举措。一方面，通过公布名称和绘制新图，强化国民版图意识、表达国家主张。2012年3月3日，国家海洋局会同民政部对海域海岛进行名称标准化处理，公布了钓鱼岛及其部分附属岛屿的标准名称、汉语拼音和位置描述。3 月 12 日，国家测绘地理信息局等 13 部门共同公布《国家版图意识宣传教育和地图市场监管 2012 年工作要点》。另一方面，出台海岛保护规划，鼓励适度开发。2012 年 4 月 19 日，国务院批准正式颁布实施《全国海岛保护规划》，提出到 2020 年实现“海岛生态保护显著加强、海岛开发秩序逐步规范、海岛人居环境明显改善、特殊用途海岛保护力度增强”的目标，确定了海岛资源和生态调查评估、偏远海岛开发利用等十项重点工程。各方认为，海岛事务只有在总体协调的海洋战略之下方能得到妥善处理，未来中国要成为海洋强国，亟须建立完整的海洋战略和统一的海洋管辖机构。

二是推进海洋执法常态化。中国一直主张通过国际谈判和友好协商等和平方式妥善解决海域领土争端，因此，在海洋维权方面，通过非军用类执法船定期巡航执法是重要手段。2007 年，中国建立了管辖海域定期维权巡航执法制度，并形成了包括海警部队、中国海监、中国海事局、中国渔政和海关缉私局等部门在内的海上执法格局。2012 年，由于“中菲黄岩岛领土争端”、日本“购买”中国钓鱼岛等事件接连爆发，中国海监与渔政部门相继赶赴管辖海域展开常态化巡航执法，海洋执法常态化机制得以进一步巩固。各方认为，中国海监与中国渔政的执法配合已成为中国应对海域争端问题的有力手段，相比传统军事抗争手段，这种相对灵活的法治手段更能赢取国际认同。

3. 网络立法设定虚拟世界主权

进入 21 世纪以来，国家治理网络的方式经历了从“文治”到“法治”的显著转变。随着网络安全问题日益突出，单靠文化建设已远远不够，各界开始呼唤法治。因此，2012 年，中国政府一方面强化网络执法，另一方面则加快网络立法、设定网络行为法律边界。从2012年3月末开始，多项网络环境整治行动在国内展开：北京市公安机关依法对6名网络造谣者予以拘留，并对一些网络谣言传播者进行了教育训诫；而后，北京市和广东省互联网信息管理部门又分别对新浪微博和腾讯微博网站提出严肃批评；国家互联网信息办公室则宣布关闭16家造谣、传谣以致造成恶劣社会影响的网站。同年12月，中央通过统一立法，提速“依法治网”。12月28日，《全国人民代表大会常务委员会关于加强网络信息保护的决定》获得通过，形成了网络安全法律的基本框架，初步实现了信息保护有法可依。该决定首次界定了“个人电子信息”概念，确立了信息保护的禁止性原则，详细规定了网络服务提供者和其他企业事业单位的信息保护义务，强化了网络信息管理责任，明确了公民依法维权手段、主管部门的职责权限以及违反该决定的处罚方式。舆论认为，网络世界应有底线，文件的出台虽能解燃眉之急，但其并非成熟完备的专门法律，网络法治有待进一步完善。

二、法治政府：治理困境中的改革突围

1999年11月，为推进“依法治国”方略，国务院发布《关于全面推进依法行政的决定》，随后推进依法行政被作为重要任务写入党的十六大报告。2004年3月，国务院发布《全面推进依法行政实施纲要》，第一次明确提出“建设法治政府”的奋斗目标。从依法治国到依法行政，“法治国家”总体目标得以具体化为“法治政府”的建设目标，后者成为行政体制改革的重要方向。

如果说法治国家是执政理念上的法治回归，那么法治政府则是行政实践中的法治嵌入。理念转变固然不易，但实践转型更是任重道远。当政府面对社会矛盾，遭遇治理困境，这种转型就愈显艰难：原则上，政府必须坚持改

革的法治化方式，但在维护稳定的艰巨任务下，政府执法如何在法治框架下解决社会矛盾，使政府威信免受影响，使法治政府建设更加顺利，是很艰难的。2012 年，针对这一难题，政府从多方面展开了改革突围。

（一）中央意图：加快行政法治化步伐

在坚持行政法治化方向的基础上，加快行政法治化改革步伐，是 2012 年建设法治政府的总体思路。从坚持到加快，中央在调整改革节奏的同时，也进一步宣示了实施法治的决心。

1. 加快建设法治政府

2012 年 1 月，时任国务委员兼国务院秘书长马凯刊文《求是》杂志，提出“加快建设中国特色社会主义法治政府”。[①] 文章剖析了“中国特色社会主义法治政府的本质要求及其重要意义”，提出了“正确认识建设中国特色社会主义法治政府取得的重大成就和面临的突出问题”，并提出了“准确把握新形势下加快建设中国特色社会主义法治政府的重要任务”。第一，中国特色社会主义法治政府是“在中国共产党依法执政领导下，以人民民主为根基，以法律为准绳，以权力制约为条件，以依法行政为核心的人民政府”，其与人治政府相区别，亦与西方资本主义国家法治政府相区别。第二，从法治政府建设的现状看，“法治政府建设与社会主义现代化建设事业的要求和人民群众的期待还存在很大差距”。第三，未来加快法治政府建设，应重点抓好牢固树立执政为民的根本宗旨、进一步完善有关法律制度、继续深化行政体制改革、严格依法行政、强化监督和行政问责、切实加强组织领导 6 个方面的工作。

---

① 马凯．加快建设中国特色社会主义法治政府[J]．求是，2012（1）.

2. 加快行政体制重点领域改革

中央要求加快建设中国特色社会主义法治政府之后，行政体制改革重点更为突出：一是以公车改革和机关事务管理制度化为重点，规范政府机关的资源使用和权力行使。2012 年 6 月 14 日，全国党政机关违规公务用车处置工作会议提出，推进公务用车改革，启动新一轮专项治理行动，力争年内取得重要阶段性成果。此轮行动重点在于解决超编制配备使用公车、超标准配备使用公车、公车私用等 6 个方面问题，范围包括各级党政机关及其所属行政单位、各级党委和政府直属事业单位、人民团体、各级人大机关、政协机关的省部级干部专车、一般公务用车和执法执勤用车。其涵盖范围之广，治理问题之宽，为历年来罕见。2012 年 7 月，国务院正式公布《机关事务管理条例》，针对社会普遍关注的“三公”经费、豪华办公楼、文山会海等问题做出原则性规定，并于 2012 年 10 月 1 日起施行。该条例跨出了机关事务管理法制化的第一步，填补了该领域的法规空白，实现了管理责任从行政责任制向法律责任制的转变。该条例分别从经费管理、资产管理和服务管理 3 个方面提出了原则性规定；同时还专门规定了不同违规情形的法律责任，相较以往违纪或行政处分更显规范。不过，该条例还存在相关内涵界定不清、罚则规定过于宽泛等问题。

二是以事业单位体制、行政审批制度为重点，推动重大制度性改革。2012 年 4 月 16 日，《中共中央 国务院关于分类推进事业单位改革的指导意见》正式发布，事业单位改革顶层设计终于面世。该意见确定了清理规范、分类改革的路线图，提出到 2020 年建成基本完善的中国特色公益服务体系，为未来改革设定了制度空间。同年 10 月，中国政府网公布《国务院关于第六批取消和调整行政审批项目的决定》，宣布取消和调整 314 项行政审批项目，并提出“凡公民、法人或者其他组织能够自主决定，市场竞争机制能够有效调节，行业组织或者中介机构能够自律管理的事项，政府都要退出，凡可以采用事后监管和间接管理方式的事项，一律不设前置审批”。各方认为，审批项目瘦身是行政审批制度改革的重要一环，下一步还要着力解决重审批轻监管、变相设置行政审批事项、行政审批的权力监督机制不健全等突出问题。

（二）执法进退：法治标尺上的政府与民众关系

行政执法位于公共治理的第一线，直接面对治理难题和社会矛盾，因而也往往备受争议。2012 年，行政执法依然呈现两个特点：一是传统执法方式依然是主流，二是现代执法方式进步有限。二者都在法治的标尺上徘徊，除了执法者的自我调整，政府与民众关系也在一定程度上影响着行政执法的方式和效果。

1. 公安系统：规范权力运作

公安系统的变化发展对法治政府建设影响甚大。2012 年，全国公安系统通过调整人事任免模式、强化人员培训来规范自身权力运作机制，引起广泛关注。

一是地方公安厅级机关进行“空降”换届。为防止滋生地方权力圈子，地方公安系统人事任职机制中逐渐形成了典型的“空降”模式，主要包括各省的领导干部异地任职和省内“厅官”下派任职两种形式。“空降”模式事实上改变了 2003 年《中共中央关于进一步加强和改进公安工作的决定》所确定的由政法委书记兼任公安厅厅长的做法。这一模式也打破了公安部门人事任免由地方垄断的局面，加强了中央和省级政府对地方公安系统的领导。二是公安系统启动第三次全国轮训。2012 年 6 月 26 日至 7 月 31 日，公安部分 3 期对 2010 年以来新任的 1400 名市县两级公安局长进行集中轮训。轮训主题仍集中在基层维稳和提高一线执法者能力，课程设置包含如何在法制轨道内提高执法能力、应对网络舆情、驾驭基层复杂局面与促进警民关系建设等，治理法治化和信息化则成为轮训重点。三是全国警察迎来执法资格考试。2012年11月24日至25日，首次全国公安机关人民警察中级执法资格考试举行。山东、浙江、海南、湖北、贵州、云南、宁夏、黑龙江等8个省、自治区公安机关以及森林公安机关的约13万名民警参加了考试。人民警察执法资格考试被认为是着力提高人民警察法律素质和执法水平，加强公安机关执法规范化建设的重大举措。

2. 经济执法：分领域整治

2012年，政府主要以专项执法对经济领域的突出问题进行整治。其中，土地房产执法、食品药品安全执法、知识产权保护等方面最受关注，整治工作也最为突出。

一是强化土地房产领域的执法。继2010年底全国启动第一次土地违法问责后，2012年2月，国家土地督察派驻地方督察局再次密集约谈土地违法严重地区的政府机构负责人。舆论认为，约谈制度是在违法现象普遍的情况下所采取的一种折中办法，但仅仅以“谈”代“法”，难收实质效果。只有设立独立于地方、全国垂直管理的行政法院系统处理土地违法案件，才能真正约束和惩戒土地违法行为。与此同时，对小产权房的试点清理也正式启动。2月21日，国土资源部明确重申小产权房不受法律保护，2012年将在北京等小产权房问题突出的城市首先开展小产权房清理工作。这意味着“小产权房之争”终于破题，开始从以往法律规限、政策禁令转入实质性清理整治。为防止“一刀切”，此轮整治确立了先在试点城市开展，随后总结经验、全面推广的思路，从而为启动全面清理小产权房做好制度和政策准备。二是部署开展食品药品安全执法。一方面，各地通过开展专项行动、建立网络信息平台、开通投诉热线、设立食品安全示范点、建立食品安全信用体系等举措治理食品安全问题。另一方面，受“毒胶囊”事件曝光影响，卫生部于2012年4月25日紧急出台《药品经营质量管理规范（修订草案）》（征求意见稿），将原规范从88条扩充为201条。该草案中关于“药品安全”的表述显著增加，在扩充原有框架的同时，还明确提出药品批发和零售企业应建立质量管理体系，制定并执行质量管理体系文件。三是构建知识产权保护新格局。继2011年末国家启动知识产权战略之后，2012年1月20日，《国务院关于进一步做好打击侵犯知识产权和制售假冒伪劣商品工作的意见》正式公布，确立了刑罚与政绩的双轨保护模式，即一手强化刑事司法打击，建立跨地区跨部门执法协作机制；一手将打击侵权和假冒伪劣纳入政府绩效考核，建立健全打击侵权和假冒伪劣的约束激励机制。同年3月15日，时任国务院副总理王岐山又部署常态化打击侵权假冒工作，提出打击侵权假冒“宁断一指不伤九指”。[①] 舆论认为，政府坚持常态化做法，将有利于从源头上保护知识产权及消费者权益。

3. 社会执法：维稳中改善

2012年，政府在社会领域的执法主要以维护社会稳定为基础，总体执法水平有所改善，但若干举措也引发了一些争议，其中，计划生育执法、社团管理、整治“医闹”问题和外国人管理等方面较为典型。

一是在压力之下改善计划生育执法。2012年6月，陕西安康“强制引产”事件引起轩然大波。各方认为，计划生育“一票否决制”必须尽快做出改变。当然，考虑到中国国情，计生政策即便不能立即废除，也应设定执法

① 王岐山主持召开会议强调：持续打击侵权假冒行为，扎实推进政府机关软件正版化[OL]. 新华网，2012-03-15.

底线，避免粗暴践踏公民生育权。除强制引产问题外，准生证问题也成为舆论焦点。2012 年 12 月 3 日，《国家人口计生委关于方便群众办证的通知》下发，对长期存在的“办证难”问题做出政策回应。该通知立足便民原则，设立“首接责任制”和“一次告知制”，推出了流动育龄夫妻可在居住地办理准生证、办证可依据当事人承诺、办证流程简化且全部公开、准生证可以委托他人代办等便民措施，受到社会好评，也再次引发了准生证制度存废问题的讨论。

二是改革社团管理机制。2012 年 3 月 19 日，第十三次全国民政会议明确提出民政部门要推进改革、完成创新社会管理服务体制机制的历史任务，加快社会组织登记管理体制改革，推动政府部门向社会组织转移职能，同时加强引导和鼓励，这意味着社团管理将迎来“放权时代”。不过，民政部对于社团管理仍持谨慎态度。2012 年 10 月 10 日，针对公益社团敛财丑闻，民政部发布《关于规范社会团体开展合作活动若干问题的规定》，为社团合作划定边界。该规定一方面重申社会团体开展合作活动须守法、依规和自觉接受监督三项原则，另一方面亦针对社团“卖牌子”、负责人谋私、违规“收会费”等各类问题提出相应的行为规范，从而加强对社会团体合作活动的全面管理。上述规定反映了社会组织管理正由事后危机回应向事前主动引导转变，由查处为主的行政模式向预防为主的规则制定方式转变。

三是集中整治“医闹”。长期以来，受医疗机构公益性淡化造成医患经济对立、医患双方对医疗效果认知存在差异而沟通不畅、医疗纠纷处理机制缺位导致医患矛盾激化等因素的影响，“医闹”型暴力冲突时有发生，甚至陷入“不闹不赔、越闹越赔”的怪圈。2012 年 4 月 30 日，卫生部、公安部联合发出通告，宣布将依据《治安管理处罚法》对医闹、号贩等扰乱医院正常秩序的 7 种行为予以处罚，甚至追究刑事责任。舆论认为，解决医疗纠纷，加快医疗卫生体制改革方是根本，只有回归医院公益性，切断医患利益链条，才有重塑信任关系的可能性。

四是分类加强外国人管理。一方面，立法治理“三非”外国人问题。我国在处理“三非”问题上一直缺乏统一决策设计及制度安排，所以在治理该问题时始终放不开手脚。2012 年 5 月，数起在华外籍人员犯罪或侵权事件引发广泛关注，舆论在呼吁回归理性、反对狭隘民族主义的同时，也呼吁健全立法和外国人管理制度，强化法律规制。6 月 30 日，《出境入境管理法》获全国人大常委会通过，新法对签证签发、外国人在华永久居留、处罚措施、边民往来等问题做出明确规定，加大了对外国人非法入境、非法居留、非法就业的处罚力度。另一方面，通过“绿卡”新政延揽外国贤才。9 月 25 日，中央组织部等 25 个部门联合下发《外国人在中国永久居留享有相关待遇的办法》，其中规定持有在华永久居留证（中国“绿卡”）的外籍人员，除政治权利和法律法规规定不可享有的特定权利和不用承担的义务外，原则上和中国公民享有相同权利，承担相同义务。该办法赋予中国“绿卡”实质内涵，进一步消除了内外有别，向内外同等迈出了重要步伐，并且为进一步降低“绿卡”发放门槛、扩大“绿卡”签发对象做了准备。

4. 执法难题：信任与公信力修复

在行政法治化改革的同时，政府还深受与日俱增的执法难题困扰。2012 年，以“周克华案”谣言风波、“盘锦案”开枪事件、民航恐吓事件、虐童事件、打击邪教行动为典型。

一是“周克华案”谣言风波集中暴露出警方正面临严重的公信力危机，倒逼其续行“公开政治”之路。2012 年 8 月中旬，公安部 A 级通缉犯周克华被警方击毙后，由于重庆警方公布信息不足，其后数日内，关于“周克华未被击毙”的谣言不断涌现，导致警方陷入信任危机。舆论认为，谣言肆虐实因警方回应不力，而民众过度质疑则源自警方公信力缺失，修复信任需要信息更加公开透明，也需要各方抱定互信的集体信念，塑造一个光明磊落的中国。二是“盘锦案”折射警务用枪的法制困境。2012 年 9 月 21 日，辽宁盘锦发生因征地纠纷引发警民冲突并致村民死亡事件。随后，盘锦市成立调查组，认定村民暴力妨碍公安民警执行公务，民警开枪符合相关法律规定。但调查结果因缺乏相关细节，甫一公布即招致舆论质疑。舆论认为，对于国内警务用枪存在枪支管理“收放”难以自如、开枪自由裁量权难以把控等问题，有必要通过完善相关立法，夯实程序正义的法治基础，将现实难题转化为法律操作问题，实现枪支使用程序化。三是民航安全呼唤法治之“翼”。2012 年 8 至 10 月，国内连续发生多起航班恐吓事件，民航安全成为各界关注焦点。民航安全领域一直存在处罚尺度宽松与执行效果欠佳的问题，时行《治安管理处罚法》《刑法》等规定的处罚，无论在刑期设置还是经济惩罚上，都不足以惩治肇事者和震慑潜在效仿者。舆论认为，只有提高量刑标准、建立承运人拒载制度，才能真正为民航安全提供有力保障。四是“虐童事件”暴露幼儿权益保护不足。2012 年 10 月前后，以温岭幼儿园教师“虐童事件”为典型，各地“虐童事件”频出，引发公众强烈关注。舆论认为，保护幼儿权益，必须进一步完善罚则，明确相关主体法律责任，增强法律操作性和执行力。此外，还应强化幼师执业管理，在法律规范之外建立一套健全的资格准入规则和职业道德规范。五是打击邪教行动折射宗教管理困局。从广受关注的宗教活动场所“被承包”“被上市”事件，到家庭教会冲突问题、邪教聚众闹事事件，宗教问题日益凸显，而宗教管理体制却存在诸多缺陷。2012 年 12 月，全国开展大规模打击邪教专项行动，对“全能神”等借“末日论”诈骗民财、煽动推翻政府的邪教组织进行重点整治。舆论认为，新形势下解决宗教问题，应以法治为核心，形成既有利于宗教自身发展又能保障民众合法信教自由、无碍公共秩序且减轻政府部门负担的多赢式宗教管理格局。

（三）布局反腐：政风整顿中的纪法并举

从历史来看，政治换届前后的反腐形势都较为严峻，“落马”官员数量也往往超过常年。2012 年中国的反腐行动是颇受国内外关注的焦点。此轮反腐行动大致与往期相似，但有两大不同：第一，此次反腐行动自 2011 年下半年启动，至 2012 年底仍未结束，延续时间之长、打击力度之大、深挖贪腐数量之多，为历年罕见；第二，此次反腐行动更强调司法化、规范化和透明化，中央也多次强调在党纪和国法的范围内开展反腐。具体而言，换届之前以党内自查为主，强调换届纪律和法治决心；换届之后突出强调干部作风和政治纪律，呈现出多方共同反腐的趋势。

1. 从“保先”到“保洁”：换届前党内反腐

2011 年 10 月至 2012 年上半年是省、市、县、乡四级党委集中换届的关键时期。2012 年 1 月，时任中共中央总书记胡锦涛在中共十七届中央纪委第七次全体会议上强调“保持党的纯洁性”，首次提出思想纯洁、队伍纯洁、作风纯洁“三纯洁”。[①] 此次讲话将反腐工作与保持党的纯洁性结合起来，是在对党内反腐工作现状进行分析判断之后做出的重要回应，颇具承前启后之义。

换届前，反腐主要集中在整治换届腐败和清查干部队伍两方面。一是整治换届腐败，从选任程序上保证队伍纯洁。针对换届期间拉票贿选、跑官要官、突击提拔等频发性腐败问题，党中央提出要严格执行组织人事工作纪律特别是换届纪律，加强对干部选拔任用全过程的监督，匡正选人用人风气。二是清查干部队伍，从实质上保证队伍纯洁。

① 中国共产党第十七届中央纪律检查委员会第七次全体会议公报[N]. 中国纪检监察报，2012-01-11.

纵观2002—2012年这10年，以历次中央纪委全会为区分标志，中央在反腐策略上经历了“保先”反腐、预防反腐、党性反腐、党建反腐、制度反腐、民本反腐和“保洁”反腐等主题变化。总结起来，促使反腐与党建相结合、实现反腐方式法治化，最终将反腐提升至党建基本任务的战略高度，成为这一时期中国共产党实现政治自净的重要途径之一。这一党建联结反腐、党纪与国法合力治贪的模式，具有重要的制度建构意义。

2. 守纪律、改作风、反特权：换届后官民共同反腐

党的十八大报告对反腐做出新部署，尤其强调守纪律、改作风和反特权。守纪律层面，强调维护党的集中统一，任何人都不能凌驾于组织之上，决不允许上有政策、下有对策，决不允许有令不行、有禁不止；改作风层面，要求深入开展以为民、务实、清廉为主要内容的党的群众路线教育实践活动，下决心改进文风会风，着力整治慵懒散奢等不良风气，坚决克服形式主义、官僚主义；反特权层面，强调高干必须自觉遵守廉政准则，严格执行领导干部重大事项报告制度，既严于律己，又加强对亲属和身边工作人员的教育和约束，决不允许搞特权。对于腐败问题，不管涉及什么人，不论权力大小、职位高低，只要触犯党纪国法，都要严惩不贷。

在党的十八大以后，新一届中央领导集体继续就反腐话题密集发声。中共中央总书记习近平多次强调反腐，其他新任政治局常委也就反腐频频表态，从座谈商议治贪之路，到立规整顿领导干部作风，反腐成为新一轮政治开局的“突破口”。而在中央高调反腐的影响下，民众也开始通过举报、检举特别是网络曝光等方式参与其中，从而形成了官民共同反腐的局面。

（四）模式探寻：地方法治的创新与谨慎

在“摸着石头过河”的改革路径中，中央和地方互动是最为重要的模式之一。多年来，一系列重要的全国性改革都遵循了地方先行试点、中央评议推广的互动模式。因此，在行政法治化改革中，典型地区的法治探索和创新具有重要前瞻意义。2012 年的地方探索，突出体现在治安法治模式、城市管理模式和行政审批改革模式 3 个方面。

1. 地方治安模式的谨慎化

2012 年 2 月“重庆事件”爆发后，以“打黑法制”为特色的法治模式备受质疑。其后重庆本地政法系统“大换血”、中央着手处理“薄王案”，也在客观上否定了地方法治改革中的激进主义，促使各地在法治实践中越发趋于谨慎，力图稳中创新。其中，广东“三打两建”和江苏辅警制度创新值得关注。

2012 年 1 月6 日，广东省第十一次党代会提出开展坚决“打击欺行霸市、制假售假、商业贿赂，加快建设社会信用体系和建设市场监管体系”（以下简称“三打两建”）活动。作为“幸福广东”政纲的落地政策之一，“三打两建”被赋予经济重整和换届政治净化的双重使命，其内容包括经济、政治和法制 3 个方面：经济层面，通过集中打击市场领域的违法犯罪行为，重建市场秩序；政治层面，主要通过清查腐败官员和检验各级政治态度等举措，奠定新一届省委领导班子的施政基础；法制层面，“三打”初成之后，“两建”主要从法律层面展开，目的是引导全社会走出靠人情关系办事的困境，努力使人们能够工作和生活在一个公平、公开、公正的法制环境中。同时，“三打两建”还表现出综合施策、稳中求进的总体特点：权力设置上，形成了政法主导、各级政府和各部门“纵横交错”的基本格局；发展阶段上，表现为从打到建、从运动化到制度化的基本过程。针对“三打”阶段一度出现的行动变质乃至扩大化问题，政府及时调整节奏、控制范围；打击对象上，集中于黑恶势力、不法商贩和腐败官员，涉面较宽但深度有限；实施手段上，表现为政治动员、行政执法、军地合作、纪律审查、司法处置等方式的综合运用。对于广东的“三打两建”活动，中央予以充分肯定，本地民众多数欢迎，但也不乏批评之声。总体来看，作为一项区域社会治理措施，“三打两建”有别于“唱红打黑”，少激进而多保守，重技术治理、法律治理而未涉意识形态。相对而言，“三打两建”契合区域发展逻辑，也符合一贯的政治规矩，对于引导地方准确定位法治实践、深化本地改革，具有重要意义。

作为中国特色的治安力量，辅警在社会治安综合治理中发挥着重要作用。但由于缺乏法律明确规定，辅警执法主体的合法性一直饱受质疑，执法权不明与执法任务繁重之间的矛盾也日渐尖锐。自 2012 年 7 月 1 日起，《苏州市警务辅助人员管理办法》正式施行。作为全国首个规范警务辅助人员管理的地方政府规章，该办法立法位阶不高，但对辅警做了清晰定位和职责划分，为日后更高层级的立法打下了基础。首先是明确辅警是职业而非新警种，是“人民警察的助手”，但其依法履行职责的法律后果由公安机关承担。其次是明确规定辅警的职责仅包括治安巡逻检查、现行违法犯罪嫌疑人的扭送、纠纷调解、疏导交通、社区管理、特种行业管理、信息采集等方面，而涉及国家秘密的警务活动、案（事）件的侦查取证、技术鉴定、交通事故责任认定、相关行政事项的决定、刑事强制措施的决定等活动，辅警均不得参与。总的来说，该办法对社会管理创新具有创新和示范意义，既能解决外来人口较多的地区警力不足的问题，又能为各大城市解决辅警发展的法律滞后问题提供一个全新样本。

2. 城市管理模式的北深探索

多年来，城管制度在某种程度上已成为社会冲突的“火药桶”。在缺乏中央统一规管的情况下，地方政府开始改革城管制度、探索新型城市管理模式，其中，北京和深圳的探索值得关注。

北京在城管机制改革方面主要提出资格正名、管理升级和形象提升等举措。2011 年 11 月，北京市城管综合行政执法局升格为市政府直属行政执法机构，这一重要调整赋予了北京城管系统独立执法资格，被认为是相对集中处罚权改革的进一步深化。此后，北京城管从调整内部管理机制入手，在属地管理的基础上，加入垂直管理的元素，实现管理升级。此外，侧重精细管理、提升城管的社会形象是 2012 年北京城市管理工作的主要任务，其中的重要一条就是，城管人员打人者将一律被开除。深圳则集中解决城管外包制问题。深圳城管外包制最早可追溯至 2007 年的城管协管员制度。为解决综合执法中人手不足的突出问题，深圳宝安西乡以政府培育民营企业、购买社会服务的方式成功试点，在全市配备城市协管员，并逐步形成“政府主导、企业协同、公众参与”的格局，这种当时备受推崇的多元化共治办法被称作“西乡模式”。然而后来城管外包制弊端不断凸显：由于外包制度法律地位模糊，且外包服务公司内部管理机制明显匮乏，加之缺乏准入、退出和监督机制，容易引发执法争议，甚至出现了黑社会成员利用城管协管员身份越权“执法”、肆意敲诈商贩的恶性事件。在社会强烈质疑之下，2012 年 7 月 22 日，深圳市城管局透露将暂停城管外包制，今后从设立准入门槛、服务过程全方位监管、引入第三方评价体系等方面，重新完善服务外包政策的制度设计。舆论认为，在市场与民间组织不断勃兴的背景下，实行公共服务外包机制已是大势所趋，完善城管外包制的关键在于监管到位，对今后的工作进行统筹安排，不能因噎废食、举步不前。

3. 行政审批改革的广东模式

2012 年 9 月，深圳出台行政审批新规，规定新增审批事项必须听证公示。

这是继当年8月国务院批准广东省在行政审批制度改革方面先行先试之后，广东开展省内改革试点工作的又一举措。在全国行政管理体制改革的背景下，广东的探路实践颇具借鉴意义。此次广东改革以提升行政审批效率为目标，主要从3个层面展开，被称为“减、放、转”三字诀。一是减少手续，取消、压缩审批事项。重点在于大幅清理各领域中法律法规依据不充分、不按法定程序设定审批、登记、年检等事项。二是推动管理权限下移，面向基层。其做法是将公民、法人和其他组织能够自主解决、市场机制能够自行调节、社会组织通过自律能够解决的事项下放给基层。三是将政府职能向具备条件的社会组织转移，以此重构政府在行政审批层面的监督职能，实现更加有效的行政管理。为避免陷入以往行政审批改革“清理—膨胀—再清理—再膨胀”的怪圈，广东在此次改革过程中加大了对行政审批各部门之间的协同管理。舆论认为，行政审批改制有赖于行政管理改革，如果行政管理改革未能有效进行，即使取消审批流程，也可能会出现问题，因此，应提倡行政管理手段多样化，减少对行政审批的依赖。

三、法治社会：冲突状态下的观念渐变

新中国成立之初，在相当长的一段时间内，市场、社会等活动都依附于强大的中央管理制度。改革开放以来，国家主动放开市场控制，市场逐渐与政府相剥离，成为相对独立的自主性存在。其后，伴随社会转型，社会也在客观上开始成为一个与政府和市场相对应的主体。但与对待市场的方式不同，由于社会治理直接关乎政权稳定性，政府在对社会监管的问题上，一直持谨慎态度。而随着社会冲突愈演愈烈，政府开始着手改革，中国由此进入以“社会管理创新”为主题的社会改革阶段。在此背景下，中央提出构建“三位一体”法治建设新格局，将法治社会作为与法治国家、法治政府不同的范畴

来重新定位，对中国法治发展和社会进步具有开拓意义。

值得注意的是，构建法治社会，涉及的问题复杂，面临的不确定因素很多，且难以单靠政府推动来完成。特别在中国这样经由法律移植而走上法治道路的国家，法治观念、社会规则的成形就更需要长期进化。2012 年中国社会的发展，整体上朝着法治社会的方向靠近，但也表现出复杂局面。

（一）群体性事件：呼应式维权与对话式维稳

由于社会矛盾加剧，群体性事件成为构建法治社会过程中不可避免的突出问题。2012 年的群体性事件有两个显著特点：一是社会层面形成了各地之间、民众之间、网络空间与现实事件之间相互呼应的维权形态，群体性事件有扩大趋势；二是政府层面开始探索改变传统维稳思路，以对话协商为主要手段的维稳案例开始增多。

从事件本身看，群体性事件范围进一步扩大，规模不断升级，类型涉及农地征用、城市拆迁、企业改制、劳资纠纷、医患纠纷、物业纠纷、警民冲突、宗族纷争、异常死亡、民间借贷、环境污染、灾害事故、军转人员安置、行政区域撤并、移民安置、宗教管理和民族分裂等方面问题，其中某些类型事件已从个别分散的地方行动发展为连片现象，形成了各地之间、遭遇相似的群体之间遥相呼应的局面。此外，网络已成为群体性事件的重要扩散平台。一方面，网络呼应串联成为组织群体性事件的新方式，个别利益诉求者利用网络信息传递便捷、迅速的特点，通过网络发帖引起舆论关注，甚至鼓动利益相关者在约定的时间和地点聚集闹事。另一方面，突发事件往往通过网络迅速形成公共议题，给政府处理相应问题增加了难度。尤其是一些有组织和有预谋的“爆料”，受“网络水军”推波助澜的影响，极易形成网络群体性事件，导致各类利益群体的不满情绪呈现蔓延之势。

从政府应对措施看，地方政府运用严控打压方式处理事件的现象有所遏制，而一手与维权民众协商对话、积极回应诉求，一手运用法制手段惩处主要肇事者的做法逐渐增加。总体来看，部分地方政府的应变处置能力有所提高，处置思路和方式也有较大改进，既使得事件在与社会群体理性的协商互动中得到平息，也有利于冲突矛盾的最终解决，因而受到各方肯定，具有一定的进步意义。

（二）民意时代：媒体、网络与个案正义

在互联网时代，中国民众经历了维权意识觉醒、法治意识提高的过程。一个显著趋势是，民众除了维护自身直接利益以外，开始关心社会公共问题，进而习惯性地监督政府。2012 年，一方面，网络监督迅速风靡，民意表达蔚然成风，公民诉讼不断督促政府改革，这些都为法治社会的形成创造了良好的公共空间；另一方面，网络的非理性和淹没性、媒体的民粹化以及舆论审判等可能背离法治的因素也迅速滋生，招致一系列负面影响，需要警惕。

1. 民意浪潮：网络监督与舆论暴力

2008 年以后，网络监督迅速风靡全国。2012 年，一些贪腐官员在网络曝光和舆论声讨中纷纷落马，由此推动的网络反腐热潮，也改变着中国的反腐格局和社会的监督文化。但是，网络反腐中出现的“误伤”现象，甚至引发的人肉搜索等侵权行为，也让社会对于网络反腐的效果感到忧虑。尤其值得注意的是，网民监督的主要方式已由之前向有关部门所设网络平台秘密举报、由纪检监察部门主动查处的传统方式，转为在“微博”等向全社会公开的舆论平台上“爆料”，从而引起舆论关注，迫使相关部门被动回应的新模式。有意见指出，网络监督值得肯定，但其毕竟不是制度化的监督渠道，其消极影响也不容忽视：其一，网络监督和反腐容易导致舆论审判，进而削弱甚至架空常规反腐机制、损害国家法治尊严。其二，网络监督容易导致对官员和精

英群体的“有罪推定”，不实之词和片面夸大十分普遍，不利于保护涉事者的合法权利。其三，网络监督容易导致部分官员通过非正常手段进行政治竞争，使得官员间缺乏信任，影响正常政治秩序。因此，网络监督必须纳入法治框架进行严格管理。

除网络监督外，媒体监督也呈现蓬勃之势。但是近年来部分媒体的民粹化倾向及其引起的舆论审判也令社会担忧。例如，随着“彭宇案”真相公之于众、“药家鑫案”爆出赔偿纠纷，人们逐渐发现，部分媒体为吸引眼球，一边倒地在审判前对某个案件进行偏袒性报道，以民众对事件的直观印象作为报道的唯一要义，最终对司法审判形成巨大压力，其所产生的负面影响不容忽视。针对经常反复的道德审判和泛滥的舆论暴力，划清公众言论自由与舆论暴力的界限，规范媒体与自媒体的言行，乃是必行之举。

2. 个案正义：公民诉讼倒逼行政法治化改革

2012 年，卫生部和财政部相继败诉等公民诉讼个案对政府信息公开、行政法治化改革形成倒逼之势，具有重大进步意义。

一是 2012 年卫生部败诉助推“公开政治”司法化。此案始于 2010 年卫生部公布生乳新国标事件。其时，卫生部举行生乳新国标制定会议，会后公布的生乳新标准比 1986 年更低且远低于发达国家标准，引发公众质疑。2012 年 1 月，河南公民赵正军向卫生部申请公开生乳新国标制定会议纪要，因得不到回复，他向北京一中院起诉。同年 10 月 17 日，北京一中院宣布判决，认定卫生部是食品安全国家标准的制定机关，审评委员会对于食品安全国家标准的审查是国标制定过程中的一项法定程序，属于卫生部履职的一个环节，因此会议纪要属于卫生部在履职过程中制作的政府信息，因而责令卫生部在法定期限内对原告的政府信息公开申请予以重新答复。有评论指出，受制于判决的模糊表述，此案的实质作用虽然有限，但自 2008 年《政府信息公开条例》施行以来，鲜有司法判决责成政府机构公开信息的案例，此案公正判决国务院部门败诉已属不易，对推进“公开政治”司法化具有积极意义。

二是财政部败诉凸显“部门立法”之弊。2012 年 11 月21 日，历时 7 年、有“政府采购第一案”之称的北京现代沃尔公司诉财政部行政不作为一案落下帷幕。北京高院终审判决财政部败诉，判令其对原告就招投标组织不合法问题所进行的投诉予以处理和答复。该案源于 2003 年现代沃尔公司怀疑国家发改委、卫生部在其采购项目招标中存在“暗箱操作”问题，便向财政部投诉，但财政部受理后在法定期限内未能做出处理决定且未给予合理答复，现代沃尔公司认为财政部行政不作为，遂于 2005 年 3 月提起行政诉讼。此案争议焦点在于，现代沃尔提出投诉的受理主体到底是财政部还是国家发改委。现代沃尔依据《政府采购法》认为受理主体应是财政部，而财政部依照《招标投标法》等规定，坚称应由国家发改委受理。产生这一争议的根源在于时行《招标投标法》和《政府采购法》的冲突。前者制定时是由国家发改委牵头，赋予了国家发改委对重大建设项目投诉的受理权和处理权。而后者制定时是由财政部牵头，规定政府采购货物、负责工程和服务的主管机关和监督机关均为各级财政部门。立法冲突直接导致权力划分上的模糊，进而导致此案出现多头管理、部门扯皮的问题。有意见指出，此案表面上暴露了政府采购制度的不规范问题，实质上则凸显了中国“部门立法”之弊。而公众主动运用法律手段敲打暗箱操作潜规则，向失职部门发难，有助于缓解这一情况。

（三）舌尖法治：走向法治社会的共识深化

法治社会的成长，需要法治观念的植入；而法治观念的形成，则需要充分的、以法治为主题的专业理性传播。2012 年，“吴英案”、劳动教养制度改革、黑龙江“风光国有化”、邮政普遍服务基金、“沈阳关门风波”、“邹恒甫事件”等受到广泛热议，其间分歧与共识并存，背后则是公民法治观念的生根发芽。“舌尖上的法治”，反映出中国走向法治社会的巨大潜力。

1. 社会各界反思“吴英案”

2012年，“吴英案”一波数折，引发社会持续关注。舆论态势主要表现为：一是对吴英死刑判决存有疑点，各方态度不一。多数民众认为，吴英没有杀人而以命偿还有失公理，因此不该被判处死刑。也有少数学者认为，吴英死刑是在法律规定的量刑幅度内，罚当其罪。二是对于经济领域的非暴力犯罪是否取消死刑，许多人认为，合理的经济惩罚措施完全可以代替死刑，废除经济犯罪死刑可以从“吴英案”开始。三是法律对民间融资的监管空白助推了非法集资犯罪，应从立法层面进行规制，实现民间融资合法化。四是国家尚处于转型阶段，“吴英案”是经济转型期金融体系结构不合理背景下发生的制度性悲剧。总之，从质疑吴英死刑判决到讨论经济犯罪领域死刑存废问题，从关注金融监管的法律空白问题到反思国家金融体制缺陷，主题不断深入，对于推动金融改革具有重要意义。

2. 官民共聚劳教改制大势

中国的劳动教养制度改革之争由来已久。2007年，69名学者向全国人大提交公民建议，要求启动对劳动教养制度的违宪审查。对此，中央在2008年末发布的《关于深化司法体制和工作机制改革若干问题的意见》中，明确表态将进行劳动教养制度改革。2012年8月，湖南永州“唐慧事件”激发劳动教养改革争论。此次辩论中，舆论仍延续以往辩论思路，普遍质疑劳动教养制度的合法性问题，主要观点有：第一，劳动教养制度在具体实施过程中，未经正当司法程序就对公民个人采取限制人身自由措施，甚至剥夺被劳动教养人员申请司法救济的权利，违反了宪法保护的人身自由权规定。第二，劳动教养制度与《行政处罚法》《立法法》等上位法明显冲突。第三，劳动教养制度与中国已签署的国际公约无法接轨。依相关公约精神，所有长时间剥夺人身自由的决定必须通过正当程序并由法院做出判决。第四，由公安机关完全主导的劳动教养是典型的“警察罚”，打破了公、检、法相互制约的平衡关系，导致公安机关“既是运动员又是裁判员”，以致劳动教养容易成为错案、冤案的温床和打击上访、举报、维权公民的工具。

对于劳动教养制度改革问题，各方形成了废除与改良两种观点。劳动教养制度改革的讨论得到了政府方面的积极回应。2012 年 10 月 9 日，中央司法体制改革领导小组办公室负责人表示，劳动教养制度改革已形成社会共识，相关部门正着手研究具体方案。

3. 市场监管中的法治之辩

如何处理政府与市场的关系，是国家经济治理中的核心问题。2012 年，以“风光国有化”之辩、邮政普遍服务基金征收争议及“沈阳关门风波”为典型，市场监管及与之相关的法律问题引发公众关注和讨论。

2012 年 6 月 14 日，《黑龙江省气候资源探测与保护条例》对外发布，其中明确规定气候资源为国家所有，企业须经气象部门批准取得《气候资源开发探测许可证》方能探测开发风能及太阳能资源，且探测出来的资源归国家所有。围绕这一条款，各方争议不断，其中焦点有：第一，合理性之争。政府方面强调，该条例是为了应对省内新能源开发行业管理混乱局面。批评者则认为，该条例是为增设行政审批门槛而扩权设租，不利于民资进入新能源领域。第二，合法性之争。政府方面认为，该条例法律依据充分。而法学界则认为，该条例发布程序涉嫌违反《宪法》《立法法》《物权法》《行政许可法》相关原则及规定。需要注意的是，在此次讨论中，原本只是针对企业商用设立行政审批的条款，却在民议中变成了要求“放风筝自首”“吹风晒太阳审批”等夸张言论，这种社会心态的变化，需要引起政府方面的重视。

2012 年 12 月，邮政普遍服务基金征收问题又引发争议。12 月 30 日，财政部、国家邮政局就《邮政普遍服务基金征收使用管理暂行办法》草案征求快递业意见，其中提出：在中国境内经营快递业务的企业应缴纳邮政普遍服务基金，以补贴中国邮政集团长期亏损的邮政普遍服务业务。该草案遭到民营快递行业的强烈反对，并引起社会各界关于邮政快递行业的新一轮争论。一方面，舆论普遍对该草案给予负面评价，认为其违背财税改革方向，涉嫌“重复征税”，亦不符合公平原则，可能会引发民营快递行业“涨价潮”，最终将成本转嫁到民众身上。另一方面，舆论对设立邮政普遍服务基金本身并无异议，只是在“谁来为补贴买单”的问题上，存在由邮政集团“自食其力”、财政和邮政集团共同承担以及引入服务外包模式等多种不同观点。

2012 年 7 月至 8 月，受“政府将掀起严厉打假高潮”传言影响，辽宁沈阳、鞍山、丹东、抚顺、营口、大连等城市接连发生商铺关门事件。“关门风波”引发众议，舆论认为，传闻之乱源于执法之乱，政府应对事件迟钝、公开真相不及时是直接原因。更重要的原因是，执法部门长期以来的运动式执法、选择性执法及钓鱼执法等乱象，使得一些商户对整治行动丧失信心，甚至多有恐惧。随着讨论深入，舆论将矛头指向市场监管领域的执法乱象，开始集中批评乱象背后的“执法政治”和“执法经济”。鉴于“沈阳关门风波”等类似事件教训，各界呼吁政府部门以行政公开提高公信力，以依法行政树立公正执法形象。

4. “邹恒甫微博事件”的法治意义

2012 年 8 月下旬，“邹恒甫微博事件”引发舆论强震，迅即成为热点公共事件。此次事件实为中国舆论生态的一次集中展示。纵观此次事件舆论从生产、传播、消费至消化的全过程，其具有两个特点：一是从参与主体来看，媒体主导了此次事件全程，其中自媒体反应激烈并呈推波助澜之势，传统媒体紧随事态发展更新辩论话题。针对事件真伪及当事双方是非，舆论分立为挺邹、挺北大及中立三方。二是从发展过程来看，与事件阶段变化同步，舆情也随之渐变：事件初期，邹恒甫直言揭丑受热捧，北大急于否认遭群斥；中期，邹恒甫隐身不作为被质疑，舆论开始追问网络非理性和言论自由；后期，舆论不再纠缠于当事双方是非，而是集体反思整个事件，并引向深入讨论。在讨论议题方面，主要集中于四点：一是针对事件查办本身，认为必须引入第三方调查机制，还公众以事实真相。二是反思公共辩论无序化，强调各方均应从事实和证据出发展开公共辩论。三是反思网络舆论暴力，强调言论自由要谨守法治底线，由此形成网络法治。四是反思事件发生及扩大的根源，认为北大及中国高校群体应躬身自省。

综观此次公共辩论，虽仍不乏偏激，但至少已向理性和法治迈进，且形成了言论自由应负责、网络活动应守法、事实判断靠证据、法律问题不应诉诸道德批判等基本共识。这些共识的形成，对于法治观念的传播和生根而言，意义重大。

四、结语

2012 年之于中国，既是政治承上启下之年，也是法治承前启后之年。在党的领导与依法治国相结合的模式日益成为国家法治发展道路的过程中，法治国家有了更明确的时代坐标；在政府试图突破治理困境，实现改革和善治的努力中，法治政府有了新的进取方向；在社会转型与激辩风潮逐渐凝聚而成的法治共识中，法治社会有了更大的前进动力。中国法治，正步入“三位一体”发展的新时期。

但是，中国法治建设的形势依然严峻。回顾2012年，还有一系列需要纠偏的现象和问题，困扰着中国法治的发展。其中一个焦点，就在于如何处理过去一段时间形成的维稳型治理难题。法治的要旨在于形成稳定的规则之治，这种规则之治是建立在社会自发秩序之上的，并非人为硬性控制的状态。但在实践中，由于冲突治理的迫切性，为维护社会、政治和经济稳定法治有时会被当作工具和手段。这在某种程度上是一些违反法律制度、破坏公共秩序现象的根源。比如，尽管立法一直在进步，但“纸面上的良法”一旦遭遇现实中复杂的社会治理问题，便容易被搁置一旁，得不到切实有效的执行。久而久之，官员不依法，百姓也不信法，大小矛盾问题都涌入从地方到中央的各级机构。又如，司法时而不适当地干预市场，时而摇摆于政府和民众之间而难以公正其身，时而牵涉维稳腐败链条，以致自损权威。再如，有的地方政府在执法时往往出于维稳需要而突破法治底线，稍有不慎就容易酿成官民冲突，以致陷入越是维稳却越是不稳的不利境地之中。可以说，法治实践中的维稳化倾向易产生事与愿违的结果，不仅易使党与人民之间的血肉联系被各种利益矛盾所阻隔，也易使政府与社会之间的紧张关系加剧，最终使得法治国家、法治政府和法治社会这3个原本逻辑自洽、相辅相成的体系在实践中始终处于被割裂的状态，而难以有效地形成一体。因此，未来能否实现法治的“去维稳化”，促使法治在规则治理的过程中，创造性地而非被动性地维护社会稳定，将是法治国家、法治政府和法治社会“三位一体”建设所面临的挑战。

当然，从根本上看，未来法治建设，最大的机遇在于党的执政方式和国家治理模式的进一步法治化，最大的难点还在于如何正确处理党的领导和依法治国的关系。就机遇而言，党的领导与依法治国的有机结合已是大势所趋。这意味着，党的领导可能会通过自我革新，进一步扫除既有的体制机制障碍，从而走向制度化、法治化。在此基础上，法治也有望获得更为广阔的建构空间。就难点而言，党的领导作为中国特色社会主义的核心政治原则，与法治原则之间也存在一定的差异。能否在制度渐进的过程中，把二者的差异适当地转化为协调互补的关系，并在治国理政的实践中予以坚持，形成稳定可靠的现代国家治理道路，将考验中国人的智慧。

中国法治模式的调整与回归（2013）

邵六益　郭俊野[①]

导言

如果说改革开放以来我们面临着方向和道路之争，那么这种争论在法治领域则表现得尤为明显。1997 年，在党的十五大上，“依法治国”上升为国家的基本方略，但中国版“依法治国”的内涵显然不同于西方。党的十八大之后，中央高度重视法治工作，例如将“全国政法工作会议”更名为“中央政法工作会议”，这表明法治已成为中国共产党治国理政的关键抓手。随着法治在国家生活中的地位越来越重要，围绕法治的讨论也愈发激烈。2012 年 12 月，中共中央总书记习近平在首都各界纪念现行宪法实施 30 周年大会上的讲话中强调了“依宪治国”的重要性，被学界普遍解读为中央将会大力提升法治的重要性。但是 2013 年 5 月开始的关于宪法政治与社会主义的讨论，又使得不少学者从高涨的热情重回冷静和理性。对中国法治道路的理解，需要建立在准确理解法治内涵的基础上，否则只能停留在形似而神异的阶段，终究

① 邵六益，中央民族大学法学院讲师，法学博士；郭俊野，北京大学法学院法律硕士，香港大学法学院法律博士。

无法真正理解中国，也无法理解依法治国。

法律是现代社会最主要的治理方式，这一点在中国也不例外。“文化大革命”结束之后，中国将“健全社会主义法制，加强社会主义民主”作为“拨乱反正”的关键举措。此后，在建立社会主义市场经济的同时，中国开始了30多年基本平稳的法治建设，大体上建立了社会主义法律体系，也使国家和社会生活的各个方面实现了有法可依。然而，在这个过程中，法律也担负着不可承受之重，它常常饱受怀疑，甚至批评。总之，人民群众的诉求、党和政府的要求、学界的期待，都在考验着法院和法官的智慧，这可能成为压倒司法公信力的最后一根稻草：每一起敏感案件的处理都成为检验司法公正的标尺，稍有差错就会遭遇舆论的大加挞伐。

在过去的政法传统中，法治的正当性除了来自程序性、公平性之外，还可以从党对司法政策的背书、人民群众的具体支持中得到保证，总之，无论法律程序如何，人民司法总是要输出群众所认可的“实质正义”。然而，这种趋向的法治建设思路正在发生变化：第一，改革开放后，国家集中力量发展经济。以效益为主导的市场逻辑改变了过去那种司法对民意的紧密关切，法官的中立、消极和当事人的责任自负成为改革的目标。第二，在法治建设中，专业化、职业化都是最为重要的指针，普通大众难以理解法律，也难以得到司法的保障。无论是法律的专业化，还是司法的效益原则，本质上都是自由主义思想体系下的法治想象：法律的平等保护，公民的自由竞争，法院的消极中立，等等。但是，从近几年发生的法治事件中，我们可以发现这一思路的内在问题。从2013年的法治建设中，我们能够隐约看出纷繁现象背后的一个基本趋势是，中国人开始重新思考法治建设的模式问题。

本报告以2013年近百个法治事件为分析范本，揭示法治模式的变化，而法律和人民之间的关系则为理解法治模式提供了很好的切入点。就法律与民意的复杂互动而言，我们可以看到专业化法律如何尽可能地回应民意、回应中国的现实。如在立法过程中，背离民意的法律难以收到实效，最严交规的“夭折”提醒我们，法律是需要考虑国情的“地方性知识”，而人民的基本情况是国情的重要组成部分。对人民群众司法感受的照顾也应体现在诸多司法案件中，热点案件的解决不仅要依靠专业化法官的法律意见，而且要照顾人民群众的理解和感受。新一轮司法改革淡化了专业化的提法，将更多精力放在如何保证案件的公正上，“努力让人民群众在每一个司法案件中感受到公平正义”成为司法改革最为朴实的初心。

就法律与政治的关系而言，中国的政法工作一直都是在党的领导下进行的。2013 年，无论是宏观上的民法典制度等法治顶层设计、废除劳教制度及其他具体制度改革，还是微观上的平反冤假错案，都是在党的主导下推动的。与此同时，法治在党的话语体系中发挥着越来越重要的作用，也正因此，中国共产党开始以“法律”形式规范党内生活。2013 年，遇到的很多法治难题其实是政治、经济社会转型的伴生物，如：“唐慧上访案”不仅仅关涉劳动教养制度的存废之争，更涉及对维稳体制的评价；“房姐”“房叔”等现象的出现，既有腐败的因素，又预示着社会分层和分化问题。这些问题的最终解决，既要靠法律，又需要政府通过法律来治理，实现法律为人民服务的初心。只有这样，法治才能重拾合法性，而这恰恰意味着传统法治模式在一定意义上的回归，也意味着对过去一段时期以来法治模式的调整和修正。

一、党内法治话语的发展

在中国共产党的执政方式中，借由法律只是其中一种方式。很多时候，通过党纪、党规、方针、政策等政治形式的治理，比法律治理见效更快，也更明显，如“八项规定”不仅改变了党内风气，而且对整个社会生态都产生了积极影响。作为一种能动性的力量，党的治理形塑了中国的政治、经济、社会秩序，而法律则是对上述秩序的确认。当然，就治理现代化的趋势而言，制度化是法治的重要内涵，党的治理将越来越依靠规范的制度，甚至党内规则本身也逐渐被赋予法律的形式化特征，这种法治化进路，成为增强党的治国理政能力的重要途径，法治思维在党的话语体系中也具有越来越重要的分量。如何平衡政治、法律两种需求在党的治理中的地位，成为2013年国家治理中的核心问题。

（一）从严治党中的纪法结合

2012年12月，中共中央政治局发布《关于改进工作作风、密切联系群众的八项规定》，产生了巨大影响。2013年1月，中共中央办公厅发出《印发习近平同志关于厉行勤俭节约反对铺张浪费重要批示的通知》，打响了“舌尖上的战役”。该通知要求，各级领导干部必须率先垂范，抵制享乐主义和奢靡之风，使厉行节约、反对浪费在社会上蔚然成风。如果说治理“舌尖上的浪费”考验着政策与法律之间关系的话，那么中央所推行的反腐运动就更值得我们关注。2013年10月，中央纪委开展第二轮巡视工作，“拍蝇打虎”既彰显党中央大力反腐的决心，又回应了人民群众的呼声。按照中央要求，巡视工作的主要任务是加强党风廉政建设和反腐败斗争，着力巡视稽查省部级领导干部遵纪守法、贯彻落实“八项规定”、严守党的政治纪律、坚持选人用人标准等情况。

集中整治腐败问题，至少引发了两个层面的思考：第一，党的纪律检查机制与法律机制的关系问题。党的纪律检查机关对于党内腐败的处理已经制度化，但移交司法机关处理才是最终环节。这种二元式制度化反腐所面临的困境是：党纪手段有力但是缺乏可预期性，法律手段可预期但震慑力不强。第二，在党内调查中，当事人的法律权利保护问题。“老虎苍蝇一起打”的口号得到了民意“一边倒”的支持，但也有意见认为，党员作为公民的基本权利在“双规”过程中如何得到保护，同样值得深思。只有将党内处理程序与法律制裁手段更好地结合起来，才有利于缓解上述矛盾，这种连接与融贯的工作，在2013年所进行的党内法规建设中也得到了较好的体现。

（二）党内法规的制度性建设

“党内法规”的提法由来已久。1938年，毛泽东第一次使用“党内法规”，此后历届领导人均沿用这一说法。1990年颁布的《中国共产党党内法规制定程序暂行条例》，正式使用“党内法规”这一名称。经过数十年建设，中国共产党已形成由数百项准则、条例、规则共同构成的党内法规体系。制度规范固然是党的纪律和工作的保障，但体系不甚清楚、数量众多的党内法规也存在一些弊端。

其一，未能形成一整套协调配套、完备有效的党内法规制度体系。随意制定、越权制定、重复制定等无序现象多有发生，有损党内法规的权威性和严肃性。其二，部分党内法规落后于时代发展和党的工作实践，突出表现为规定的质量不高、操作性弱，无法与党情、国情相适应，难以落到实处。其三，在党内法规的内容层面上，存在比较严重的“重义务、轻权利”以及忽视民主保障的现象，由此也招致一定的质疑。

针对党内法规存在的规范性问题，2012年6月印发的《中共中央办公厅关于开展党内法规和规范性文件清理工作的意见》明确要求，在全党部署开展党内法规和规范性文件的集中清理工作，对新中国成立以来制定的党内法规和规范性文件进行全面清理。2013年5月，《中国共产党党内法规制定条例》和《中国共产党党内法规和规范性文件备案规定》公开发布，这是中国共产党第一次出台正式的党规制定及备案程序文件，被舆论称为“党内立法法”。党内立法法的颁布，将至少从两个方面促进法治事业的发展：第一，这是建党以来第一次提出编制党内法规制定工作的五年规划，由此形成的党内立法规划使得相关法制的探寻有了明确的目标指引。规范党内法规制定是实现党依法执政的重要手段，给政党行为法治化提供了全新的法制依据，为衔接党和国家两种制度框架提供了更为规范的制度体系。第二，两份文件对党内立法行为施加了法治化约束，表明依法执政不仅限于制定大政方针、提出立法建议、推荐重要干部等方式，党的制度和行为本身就已经被纳入法治化的轨道。

（三）法治话语的影响力逐渐提升

2013 年，党中央将法治置于更加重要的位置。2013 年 2 月，中央政治局就全面推进依法治国进行第四次集体学习，强调要坚持依法治国、依法执政、依法行政共同推进，坚持法治国家、法治政府、法治社会“三位一体”建设。此后，《人民日报》连续刊登三篇评论文章，重点阐释“法律至上”“司法公正”“法治信仰”等核心概念，凸显了新一届中央领导集体对法治建设的高度重视，释放出全面建设法治中国的执政新理念。在 2013 年全国“两会”上，法治建设成为重要议题，并渐成舆论关注焦点。在随后的中央政法委全体会议上，逐渐确立了政法工作在治国理政中的关键地位，勾勒出政法工作的三大核心任务：其一，政法工作必须坚持服务党的中心工作的角色定位，无论是维护社会稳定还是保障民生建设，都需要善于利用法律的手段来进行。其二，将法治建设的重心逐步转移到司法领域。随着中国特色社会主义法律体系的初步形成，改革开放后近 40 年以立法为中心的法治建设道路逐渐被改变，司法体制改革成为法治建设的“牛鼻子”。其三，加强政法队伍建设，具体涵盖理念、素质、作风等方面的工作。

二、将民间诉求纳入制度化解决轨道

通常而言，立法是大陆法系国家法律运行的起点。在“十六字”法治建设原则中，“有法可依”是处于第一位的前提，在此指引下，我国建立了包括宪法在内的数量众多、层次多元的法律体系。在党中央的领导下，全国人大及其常委会可以比较迅速地回应社会问题，使得各种新的社会问题都能进入法律可调控的范围。《旅游法》的出台、《农业保险条例》的施行以及土壤污染防治领域的积极动向等，都是回应新问题的突出体现。除此之外，还需要对已经制定的法律进行适时的修改，防止法律的滞后。2013 年，国家完成了对《基金法》《劳动合同法》《商标法》《消费者权益保护法》《行政诉讼法》的修订。与此同时，在近 40 年的立法活动中，我国逐渐形成了以人大为主导、行政部门官员参与、学者和专家建言献策的立法体制。这种偏精英化的立法方式，与具体国情、社会需求之间存在一定的落差，这在 2013 年的立法活动中也有所体现。

（一）社会变迁与制度完善

近些年来，我国的法律体系不断完善，先进的学术理论得以进入法治实践中。如 2012 年修订的《民事诉讼法》增加了“对污染环境、侵害众多消费者合法权益等损害社会公共利益的行为，法律规定的机关和有关组织可以向人民法院提起诉讼”等规定。环境公益诉讼制度从无到有，从理论走向现实，开启了我国公益诉讼的全新时代。在中国社会中产阶层力量逐渐强大的今天，环境、野生动物保护等学说和社会运动，开始在中国获得相当的号召力，尤其是北京等大城市近年来遭遇空气污染问题，民间环境保护运动的热潮一浪高过一浪，民事诉讼制度认可环境保护领域中的公益诉讼，有利于将民间诉求纳入制度化解决轨道，化堵为疏，正确引导社会舆论。

1.《旅游法》规制旅游市场乱象

2013 年 4 月 25 日，十二届全国人大常委会表决通过《旅游法》，首部旅游法正式出台。早在 1982 年，七届全国人大常委会就将《旅游法》列入立法计划，但由于时机尚未成熟，工作一直没有实质性推进。随着中国人民生活水平的提高，旅游已经成为许多人生活中不可或缺的一部分。2013 年，我国旅游业市场规模居全球首位，出入境旅游占全球第三，旅游外汇收入居全球第四。在旅游活动中，由于信息不对称，旅游者一般处于弱势地位，尤其是当参团旅游者处于人生地不熟的环境中，同行旅游者或导游可能就成为他们唯一可以依赖的人。在这种不对等关系中，旅游者的权益更难得到保护，制定《旅游法》是大势所趋。此次立法以保护旅游者的权益为主线，具体体现在以下几个方面：第一，针对旅游业中常见的“转包”问题，立法要求规范旅游合同，限制随意变更。第二，严格约束强制购物行为，要求旅行社不得以不合理的低价组织旅游活动，诱导、欺骗旅游者，并对相应违规行为确定了责任条款。第三，明确了旅游景区的相关义务，既对景区门票价格做出规定，又对景区可承载游客数量予以管控。

2. 新《行政诉讼法》确保公民权利地位

自 20 世纪 90 年代《行政诉讼法》实施起，中国的“民告官”现象开始出现。在法治国家的理想框架中，保障私权、限制公权是两条基本原则，行政诉讼则是保障基本原则得以落实的一项重要制度设计，改变了中国传统上的官民逻辑，使得公民在政府面前获得了更高的地位。然而，在很长一段时间里，行政诉讼中存在着立案难、胜诉难、执行难等困境，学界对修改《行政诉讼法》的呼声也一直居高不下。2013 年 12 月 25 日，十二届全国人大常委会第六次会议审议了《行政诉讼法修正案（草案）》，标志着《行政诉讼法》修改进入快车道。此次修订在对既有法律制度和实务经验进行全面总结和深入研究的基础上，剑指上述“三难”。该草案要求：法院对应当受理的行政案件必须受理；以对行政案件的相对集中管辖和提级管辖来确保审理中的公正；对拒绝履行判决的行政机关及其负责人施以刑事处罚，以确保行政诉讼判决的执行。

3. 土壤污染防治步入有法可依阶段

尽管我国很早就提出“可持续发展”等理念，但在改革开放后经济的高速增长中，环境常常成为被牺牲的一方。环境污染因其隐蔽性而无法得到公众的足够重视，事实上，中国的土壤污染依然非常严重。以耕地为例，全国受污染的耕地面积达2000万公顷，占总耕地面积的1/6。2006年，我国开始起草《土壤污染防治法（专家组草案）》，并于2010年底完成。2012年9月，国家成立《土壤污染防治法（草案）》立法小组，集中研究污染土壤档案制度、污染土壤管制区和整治区，以及土壤整治和再利用等问题。随着中国人对健康生活的诉求越来越强，党的十八大提出建设“美丽中国”，将环保放到与政治、经济、文化、社会建设同样的高度，在“五位一体”的总体布局中，环境保护获得了前所未有的重视。土壤污染防治立法工作在这一趋势下得以提速。2013年1月，国务院办公厅发布《近期土壤环境保护和综合治理工作安排》，强调逐步建立土壤环境保护政策、法规和标准体系。为了回应此前一段时间里土壤污染事件的高发问题，2013年5月3日，由原环境保护部等七部委共同参与起草的《土壤环境保护法（草案）》形成，这使得中国的环境保护法律体系更加完善。

4.《农业保险条例》保障农业基础地位

保险是经济主体自觉规避风险的市场手段，对于维持经济秩序和社会稳定具有重要意义，近年来，保险行业也成为最具活力的新兴领域之一。然而，由于农业风险的不可控性和复杂性，保险公司缺乏为其提供保险的动力，农业保险一直发展不力。从2013年1月1日开始，《农业法》正式施行，其中规定了农业保险制度，并明确政策性保险为主、鼓励商业保险进入的原则。

2013 年 3 月，《农业保险条例》正式生效，其中规定“国家支持发展多种形式的农业保险，健全政策性农业保险制度”。区别于大部分保险业务的商业经营模式，农业保险更多采取“政府引导、财政支持、商业经营”的模式，这也是我国现阶段农业保险发展的有效途径，可以有效减轻农民的负担。当然，保险公司是以营利为目的的企业，只有实现农户与保险机构的双赢，才可能使农业保险制度在现实中生根。

5. 征信业立法助力社会信用体系建设

随着信息时代的到来，对信息的掌握和处理成为生产力的重要因素。征信业是这一发展阶段的朝阳产业，即通过合法手段采集企业、个人的信用信息，加工形成企业、个人的信用情况报告，有偿提供给需要的市场主体。早在 2002 年，中国人民银行等部委就向国务院提出制定相关法律的建议，经过 10 年调研，两次向社会征集意见，《征信业管理条例》终于在 2013 年 1 月 21 日公布，自 3 月 15 日起实行。该条例致力于保护公民和企业的信息安全与推动社会信用体系建设。网络经济中的许多交易行为是以双方信用为基石的，虚拟的主体使得交易的风险剧增，如何剔除信用差的市场主体，防范信用风险，识别出优质的交易对象，是立法旨在解决的问题。同时，随着网络的发展和手机等个人信息接收端的普及，合法或者非法获取的公民信息成为具有商业利益的资源，这导致很多公民的信息被泄露或者被出卖。该条例对个人征信业务实行严格管理，在市场准入、信息采集及查询、不良信息提供、异议和投诉、信息的准确和安全保障等环节做出了具体规定，并且从法律上彻底否定“污点终身制”，规定个人不良信息的保存期限为 5 年。

6. 助力市场经济的其他立法

中国的法治建设在推动经济发展过程中发挥着重要作用，这可以从《商标法》的制定与修改中看出来。《商标法》自 1982 年制定以来，曾在 1993 年、2001 年、2013 年三度修订，以适应不断发展的经济形势。2013 年 8 月 30 日，全国人大常委会通过新修订的《商标法》，并于 2014 年 5 月 1 日起施行。从此次修订的许多方面都可以看出其与市场经济形势的关系。商标权是知识产权的重要组成部分，良好的商标制度对于企业创新、产业发展具有重要意义。随着经济的快速发展，中国商标累计申请量、累计注册量、有效注册商标量已位居世界第一，并涌现出一批享誉国内外的驰名商标。但原有《商标法》在应对商标注册审查周期长、非法代理乱象丛生、恶意抢注他人商标、商标侵权代价小、维权成本高等问题时则暴露出短板。此次修法对商标审查时限、注册异议制度、驰名商标保护、商标专用权保护、商标抢注、规范商标代理等做出的专门规定，便是回应上述经济发展与法治现实之间问题的产物。

（二）立法之要在于符合国情

立法是对利益的公平分配的保障，针对不特定多数人，需要由代表民意的立法机关来制定法律，这也是“法律保留”原则的重要内涵。根据《宪法》的规定，全国人大及其常委会有权制定法律；《立法法》进一步对可以制定规范性法律文件的机关的立法权做出了细致规定，形成了“中央统一领导和一定程度分权的，多级并存、多类结合的立法权限划分体制”。除了全国人大及其常委会，中央、一定级别以上的地方人大及政府都可以制定层级各异的法律，如国务院可以制定行政法规，一定级别的地方人大可以制定地方性法规，国务院的直属机关可以制定行政规章等。从上述立法权限的划分体制可以看出，立法权不仅仅是由代表民意的人大掌握的，政府部门也有一定的立法权，而且即便是代议机关负责制定的法律，真正发挥作用的也是一些立法官员。尽管立法工作越来越公开，但是立法听证、征求意见免不了有“走过场”的嫌疑。各种类型和层级的法律之间关系复杂，在这种立法实情下，我们可以发现法律的制定有时候会偏离人民的需求，最终可能影响法律的实施效果。

1. 脱离民情的“最严交规”

道路交通安全越来越成为社会焦点。2011 年《刑法修正案（八）》新设危险驾驶罪，截至 2013 年，各级法院对 7 万余起醉驾类危险驾驶案做出了刑事判决。为更好地治理危险驾驶等现象，2013 年 1 月 1 日，《机动车驾驶证申领和使用规定（修订版）》和《机动车登记规定》正式施行，因为其中有“闯黄灯扣 6 分”等条款，故而被称为“史上最严交规”。公安部多次发声力挺新规，如：在新交规实施 3 日后，公安部发布数据，表示减速慢行有助于避免追尾等交通事故，要求各地严格落实交规要求，维护法规的统一性和严肃性；新交规实施 4 日后，公安部细化认定“闯黄灯”的具体情形，并表示重罚闯黄灯的目的是培养驾驶人在路口减速慢行的习惯。然而，公安部的支持并未改变公众的质疑。以黄灯禁行为例，尽管这有助于避免追尾等交通事故的发生，但如果与国人的驾驶习惯不符，就很难得到人们的理解。在新规实行 6 日后，公安部下发通知，要求暂缓实施部分新规，如要求对违反黄灯信号者以教育为主，并表示进一步细化对违反交通信号灯行为的查处情形和处罚规定。“最严交规”之所以实行不到一周便遭废弃，部分原因是其过于严格，有违“过罚相当”的基本原则。更为重要的是，相关部门在出台新规时未能考虑民情，导致缺乏听证程序的禁令在出台后遭遇公众质疑，最终陷入进退两难的境地。

2. 忽视经济现实的新《劳动合同法》

从 2013 年 7 月 1 日起，新修订的《劳动合同法》正式实施。新法最大亮点在于规范劳务派遣制度，并明确规定用工单位的临时工享有与正式工同工同酬的权利。此前，无论是根据1994年颁布的《劳动法》，还是根据2008年颁布的《劳动法》，在正规经济中都没有正式工和临时工之分。然而，中国存在着大量的非正规经济，一些用人单位将过去的临时工转变为劳务派遣人员，事实上是保留了临时工岗位。临时工的主要构成部分是农民工，他们无法签订正式劳动合同，无法享受“五险一金”。劳务派遣的大量存在主要是由供需关系决定的，在工业与农业的二元格局下，农村大量的富余劳动力涌向城市，城市用人单位与劳动者之间的地位实难平等。而此次新修订的《劳动合同法》着力规范劳务派遣制度，限制劳务派遣的适用范围，进一步从法律上肯定被派遣的劳动者与本单位同类岗位劳动者同工同酬的权利，并加重对相关违法行为的处罚。新法对于保障劳动者权益无疑具有标杆性意义，但是其实施效果却尚待观察，毕竟中国就业市场的全局态势没有发生改变。在大部分劳动密集型产业中，尤其是农村私营企业中，劳动者保护仍有待加强。在全球经济下行的压力之下，提高对劳动者的权益保护势必要增加企业负担，削弱中国制造的竞争力。修法所指向的权利逻辑需要与经济现实之间维持一定的平衡，否则难收实效。

三、依法行政与公权力限制

在法治中国所要求的“法治国家”、“法治政府”与“法治社会”的“三位一体”布局中，政府的法治化运行是最为重要的，因为行政机关与人们的生活联系最密切。公民生活的方方面面都离不开行政机关的管理或者支持：从出生前的准生证办理、出生后户口的办理、入学、毕业、就业、社会保险办理，直至最后的离世销户等手续，都需要与政府机关打交道。社会经济生活的正常运行完全离不开行政权，无论是工商、质检、环卫，还是城管，都是政府管理的一部分。更重要的是，在高新科技的带动之下，现代社会呈现出日新月异之势，这对行政的权威与灵活性提出了更高的要求，行政规制国家的出现也成为世界普遍趋势，由此也带来了行政法的范式转型，需要对日益扩张的行政权予以更好的规制。2013 年，我们可以看到中国政府在反垄断执法等领域的积极作为，尤其是在中国经济走向世界的进程中，更离不开中国政府的护航。换句话说，在对外关系中，中国政府与中国企业是一条战线上的，国人也希望政府强大有势；在政府与公民的关系中，规制则更加注重保障公民基本权利和限制政府的自由裁量权。

（一）反垄断执法拓宽行政执法领域

中国虽然在 2007 年就已经颁布《反垄断法》（2008 年起实施），但实施效果却不令人满意。一方面，国内的许多大公司都是国有企业，其经济决策已经得到了政府的审批，几乎不会再被认定为是垄断行为，属于《反垄断法》第七条所规定的“国有经济占控制地位的关系国民经济命脉和国家安全的行业以及依法实行专营专卖的行业”。另一方面，由于中国并不在 WTO（世界贸易组织）体系中占据优势地位，中国对国外企业的垄断行为缺乏法律制裁。不过，2013 年，中国政府在反垄断执法领域的成绩可圈可点，尤其是随着中国的日益强大，在国际经济交往中，中国政府更加善于使用反垄断的手段来保护国内企业，制裁国外企业的违法行为。

2013 年 7 月 29 日，原国家工商总局反垄断案件公布平台正式开通，并公布了 12 起垄断案例，其中 9 起涉及行业协会组织。行业协会本来是行业内的自治组织，服务多于管理。但是在这些案件中，行业协会发展为“横向垄断”，成为一些企业或个人以价格联盟获取垄断利润的工具，不仅损害了公平竞争的环境，而且阻碍了市场机制的发挥和行业效率的提高，损害了企业的创造力和行业健康发展。2013 年 8 月，国家发展改革委对上海 5 家金店价格垄断的行为做出行政处罚决定，并对上海黄金饰品行业协会处以罚款。中国的行业协会一般情况下都具有相当的政府色彩，国家工商总局公布的反垄断案件有助于树立典型、划定界限，这预示着反垄断会成为更加有用的治理经济的手段。

与国内执法相比，中国对国外企业的反垄断执法更值得关注。2013 年 1 月，国家发展改革委对韩国三星、LG 等 6 家国际大型液晶面板企业的垄断行为处以 3.53 亿元罚款，这也是中国首次对跨国公司在华垄断行为进行处罚。2001—2006 年，三星等韩国企业多次召开“晶体会议”，借此操纵液晶面板的市场价格，美国、欧盟分别于 2008 年、2010 年对涉事的 6 家企业开出巨额罚单。相比来说，中国对这 6 家企业调查花费的时间更长，罚款的额度相对较小。作为中国首次对跨国公司在华垄断行为进行处罚的案例，此案无疑是中国加强反垄断执法的重要标志，也是中国政府利用法律手段保护国内产业的重要尝试。

（二）将公权力关进笼子

《中共中央关于全面深化改革若干重大问题的决定》将“进一步简政放权，深化行政审批制度改革”作为重要目标提出来，新一届中央政府将“简政放权”作为政改的重要内容，主动放弃手中部分行政审批权。2013 年 7 月 26 日，国务院公布《国务院关于废止和修改部分行政法规的决定》，废止《煤炭生产许可证管理办法》，并修订 25 部行政法规。在 2013 年 4 月、5 月、6 月、9 月的国务院常务会议上，都将削减行政审判权作为重要议题，分别取消和下放 71 项、62 项、32 项、95 项行政审批事项。在政府、社会、市场的三维关系中，政府逐渐从管理者向服务者转型，这需要政府退出很多领域，就像李克强总理在“两会”回答中外记者提问时所说的那样：“市场能办的，多放给市场。社会可以做好的，就交给社会。政府管住、管好它应该管的事。”①

1. 城管执法的困境与破解之道

自20世纪80年代末以来，中国的城市化进程加速，其速度大大超越了发达国家，可中国城市化进程中的问题却难以用现有理论予以简单回应。中国农村人口数量庞大，如何避免拉美国家城市化中的“贫民窟”现象，是摆在中国城市化面前的一道难题。为此，政府一方面以户籍制度等限制农村人口永久落户城市，另一方面则借助城管等制度来解决城市治理问题。设立于20世纪90年代的城管制度，旨在解决城建、环卫、工商和街道等部门需要“共同上街”执法的资源浪费问题。为了更加灵活、便利地处理紧急事项，城管执法人员需要具备一定的裁量权，而且城管在城市治理中发挥着特别重要的功能。然而，近些年来，城管执法却遭遇了一些困境。

城管执法没有专门的法律依据。《行政处罚法》规定：“国务院或者经国务院授权的省、自治区、直辖市人民政府可以决定一个行政机关行使有关行政机关的行政处罚权。”2002年，《国务院关于进一步推进相对集中行政处罚权工作的决定》进一步明确，可以由城管部门行使“相对集中行政处罚权”，但城管的具体权限却没有得到明确规定。权限上的不明导致城管存在执法合法性危机。当然，对城管制度而言，更为直接、也更为紧迫的挑战是来自实践中的执法困境。2013年，各地涌现出来的城管违规，乃至暴力执法事件，使得城管执法的社会认可度屡创新低。社会公众对城管长期以来抱有负面评价，对执法人员的素质低下、执法手段单一颇多指责，尤其是当执法对象处

---

① 李克强谈机构改革：市场能办的多放给市场，社会可做好的就交给社会[OL]. 人民网，2013-03-17.

于弱势地位时，社会公众更是集体斥责城管，在“夏俊峰案”中，舆论一边倒地支持杀害城管执法人员的夏俊峰就是一个例证。

中国的城市治理不可缺少城管，从理论上来说，改革城管制度需要从执法权限、执法水平、执法方式等角度入手，更值得关注的是来自地方政府的创新性做法，如：深圳市通过将城管工作向社会转移，缓和城管与商贩之间的冲突；重庆市则更为简单地以文明执法来软化执法中的冲突。深圳市宝安区街道办与物业公司合作，由物业公司派出工作人员协助城管进行城市管理工作，物业公司所派出的巡逻员没有执法权，不能没收东西，不能进行处罚，因此，他们反复劝阻、劝说、教育，方法有理有节，多数情况下商贩愿意配合。在劝说教育不成功的情况下，他们及时向指挥中心汇报，中心会调派距离最近的城管执法人员赶赴现场处理，这样就减轻了城管执法人员的工作压力，以便集中精力来处理更为重要的问题。而重庆市忠县的做法则更为简明，从城管执法的方式入手，要求城管人员对水果商贩文明执法，上前敬礼、表明身份，接着将其以前和此次违章录像资料给他和周围市民观看，按照《重庆市市容卫生管理条例》对其水果进行暂扣，并到大队办公室处理。

2. 司法介入难解行政强拆困局

在快速城镇化的过程中，必然会出现自由与秩序之间的冲突，在规则不明晰的不可预期中，会滋生更多的寻租、搭便车或者“钉子户”现象，这给政府的执法带来了更多的难题。2013 年 5 月 18 日，央视《新闻调查》播放的浙江嘉善强拆及上访事件，使拆迁问题再度进入人们的视野。一方面，在中国经济迅速发展的形势下，城市化中的拆迁与补偿产生了“拆二代”的暴富梦，由于拆迁补偿标准不统一，使得很多人故意拖延拆迁，不惜以甘做“钉子户”的方式来获得更多的补偿款；另一方面，地方政府与开发商在共同利益的驱使下，发生了许多暴力拆迁事件。正是因为地方政府难以完全与地方经济利益脱离关联，所以有观点主张将拆迁的正当性寄托于司法机关的公正判决，认为可以先确立各级法院的垂直领导体制，以便不受地方政府及其领导人的非法干预，最后由法院做出公正判决，行政机关严格执行司法判决。

然而，在现实中，且不说法院与地方政府的脱离是否可行，单就拆迁问题所涉及的复杂关系来看就不是法院能够处理的。尽管2012年《最高人民法院关于办理申请人民法院强制执行国有土地上房屋征收补偿决定案件若干问题的规定》发布，将强制拆除房屋由“行政强拆”改为“司法强拆”，但是后来的效果使法院更清晰地认识到问题的复杂性。2013年3月25日，最高人民法院审判委员会通过《最高人民法院关于违法的建筑物、构筑物、设施等强制拆除问题的批复》（以下简称《批复》），规定人民法院不受理行政机关提出的关于强制拆除违反城乡规划法的违法建筑物、构筑物、设施等非诉行政执行申请。

《行政强制法》规定，“依法强拆”应当由行政机关予以公告，限期当事人自行拆除。当事人在法定期限内不申请行政复议或者提起行政诉讼，又不拆除的，行政机关可以依法强制拆除。行政机关在何种情况下可以强拆？是否符合上述情形就可以径直强拆，或者需要经过法院的背书？此次《批复》指出，对于“依法强拆”问题，法律已经授予行政机关强制执行权，人民法院不受理行政机关提出的非诉行政执行申请，其重点是在强调人民法院不受理行政机关提出的有关限期拆除决定等非诉行政执行申请。实践中，违反城乡规划的违法建筑最为棘手，从上述《批复》的内容来看，县级以上地方人民政府已经获得了“强制拆除”的法定授权，没有理由再启动非诉执行的司法程序。从这里也可以看出，法院谨慎地行使强拆权，以避免棘手案件侵蚀本已孱弱的司法公信力。

四、司法改革中的社会效果考量

从1997年党的十五大将“依法治国”作为治国基本方略以来，我国的司法体制改革逐渐深化。1999年，最高人民法院发布《人民法院五年改革纲要》，确立了改革的7大方面和39项内容，使得法院内部工作机制得到初步完善。2005年，最高人民法院发布的《人民法院第二个五年改革纲要(2004—2008)》，立足于人民群众的司法需求，以完善诉讼制度为重点，其运行中尤以“死刑复核权收归最高人民法院统一行使”为亮点。2007年，党的十七大报告首次提出“保证审判机关、检察机关依法独立公正行使审判权、检察权”。两年后，最高人民法院发布的《人民法院第三个五年改革纲要(2009—2013)》以促进社会和谐为主线，力图在优化法院职权配置、落实宽严相济的刑事政策等方面寻求突破，最终在“司法为民”和“量刑规范化”方面取得较大进步。从历次的政策文件中可以看出，司法改革主要朝着两个方向推进：一是向着更为专业化的方向发展，突出司法活动的独特性，尽量打造司法活动的专业性；二是坚持司法活动的人民性，司法为大局服务一直是中国司法的底色之一。

（一）司法解释与社会热点

尽管立法程序中有征求民意的环节，但立法已经越来越依赖于立法机构的工作，难以避免闭门造车可能带来的问题，这样就使得制定出来的法律难以直接落地实施，落实到司法环节时，还需要有更多的司法解释才能弥补法律文本与社会现实之间的间隙，毕竟司法是与民众生活直接相关的领域。如《刑法修正案（八）》规定了拒不支付劳动报酬罪，但是司法实践中真正以此罪名判刑的非常少，新条文的落地生根主要还是依靠司法解释从中衔接。

2013年1月，《最高人民法院关于审理拒不支付劳动报酬刑事案件适用法律若干问题的解释》发布，旨在加大对拒不支付劳动报酬罪的打击力度，解决办理该类刑事案件所面临的法律适用疑难问题，保护劳动者的合法权益。立法所具有的粗线条性是难以避免的，在适用中必然少不了具体细化，判例法国家需要的是对先例的抛弃与发展，而中国则发展出特有的司法解释制度。

1. 回应社会热点

2013年5月，"两高"颁布的《关于办理危害食品安全刑事案件适用法律若干问题的解释》开始施行。早在1979年刑法和1997年刑法中，就已经规定了食品安全犯罪条款，但是现实中执行得较少。近些年来，食品安全成为公共舆论的焦点话题，"舌尖上的安全"推动了相关立法的进程。2011年的《刑法修正案（八）》对食品安全犯罪做了更为严格的规制，但依然不能有效制止食品安全领域的违法行为，毒奶粉、毒鸡蛋、镉大米、地沟油等，一再冲击着民众对健康生活底线的要求，倒逼着相关法制建设进程。此次"两高"出台的解释，是对刑法第一百四十三条、第一百四十四条法律条款以及如何办理此类案件做出的详细说明，在司法解释中，明确了犯罪要件情形以及生产、销售的关联行为和辅助行为。

2. 落实法律精神

2013年2月4日，最高人民法院、最高人民检察院、公安部、司法部联合印发新的《关于刑事诉讼法律援助工作的规定》，对2005年制定的原《关于刑事诉讼法律援助工作的规定》做出修订，此番修订司法解释的最大背景是《刑事诉讼法》在2012年的修订。新修订的《刑事诉讼法》强化庭审在刑事审判中的意义，审判中心主义开始从学说概念进入到司法改革实践之中。这就需要加强和完善辩护制度，因为只有经过控辩双方的充分质证，才能保证审判能够获得相应的支撑，最大限度地避免冤假错案，也使刑事审判的判决得到各方的服从。新的《刑事诉讼法》扩大了法律援助在刑事诉讼中的适用范围和对象范围，将审判阶段提供法律援助修改为在侦查、审查起诉、审判阶段均提供法律援助，将公安机关和人民检察院增加为通知辩护的义务主体，为更好地保障犯罪嫌疑人、被告人依法行使辩护权提供了重要制度保障。为了与新修法律相配套，该司法解释在扩大法律援助范围、扩展法律援助诉讼阶段、扩大申请法律援助主体范围等方面做出了规定。

3. 司法解释的集中清理

全国人大常委会在1981年发布的《关于加强法律解释工作的决议》中授权“两高”在各自工作中就具体应用法律、法令问题进行解释，以指导司法活动。几十年来，司法解释的数量、分量远远超过了其所要解释的法律文本本身，以至于庞杂的司法解释之间也出现互相抵触的现象，使得法官难以适从，清理司法解释势在必行。早在1997年的《最高人民法院关于司法解释工作的若干规定》中，就对司法解释的清理与编纂问题做出了明确规定。2000年，为适应加入世界贸易组织的需要，我国又集中清理了一系列相关司法解释。此后在2004年及2007年，我国又分别针对保护非公有制经济发展、物权法出台等问题进行专项清理。2013年，“两高”又着手集中清理司法解释，以便解决司法解释存在的与法律规定不一致、司法解释之间不协调以及司法解释形式不规范等问题，并于当年4月23日向全国人大法工委提交《关于司法解释集中处理工作情况》的报告。这也是新中国成立以来，对现行有效的司法解释和司法解释性质文件的首次集中清理。

（二）司法改革的政治维度

中国的司法工作不仅要实现法律效果，更要追求社会效果，司法工作根植于党和国家的大局之中，从历年的政法工作会议所布置的诸项任务中可以看出这一点。2013 年 1 月7 日，全国政法工作电视电话会议召开，会议提出“三大建设”“四项改革”“五个能力”等命题，既包括“平安中国”“法治中国”等在内的宏观要求，又重点提出了对劳教制度、涉诉信访问题、户籍制度改革等具体规划。2013 年 2 月，习近平在中央政治局就全面推进依法治国进行第四次集体学习时强调，要坚决反对执法不公、司法腐败现象，努力让人民群众在每一个司法案件中感受到公平正义。其后，最高人民法院院长周强在相关场合多次谈及“审判独立”与“公正司法”。同年 10 月，《最高人民法院关于切实践行司法为民大力加强公正司法不断提高司法公信力的若干意见》发布，其作为司法改革“一号文件”从审判独立、庭审质量和效率、司法公开等方面对“公正司法”做出了具体制度规定。

1. 中央对司法改革的定调

党的十八大以来，新一届中央领导集体多次论及司法体制改革的方向与动力，“让人民群众在每一个司法案件中感受到公平正义”“把权力关进制度的笼子里”等命题成为带动革新的催化剂。2013 年 11 月9 日，党的十八届三中全会召开，会议通过的《中共中央关于全面深化改革若干重大问题的决定》对下一阶段国家司法体制改革做出了纲领性规划。总的来讲，在司法体制层面，要保证司法机关独立行使职权，同时，合理调整和配置各司法机关职能权限，着力解决影响司法公正、制约司法能力的深层次问题。新一轮改革将从内外两个方面切入：一是从司法的内部运行来说，主要致力于推动法官的专业化建设，尊重司法规律，让审判者真正决定案件；改进审判责任制，防止“判者不审、审者不判”的乱象出现。二是从司法的外部条件来说，要保证司法的自主性，避免外部的不当干扰。具体来说：第一，从横向上摆脱对地方政府的人、财、物依赖，法院人、财、物由省高院统一管理，从根源上确保审判独立。第二，适当分离行政区划和司法区划，平衡司法机关涉案负担，摆脱地方政府的制约和影响。第三，从纵向上厘清司法系统上下级任务分工，落实司法审级监督。第四，大力推动司法公开，要求案件文书全面上网公开，接受大众监督，提升司法公信力。

2. 政法工作的具体规划

作为党的十八大后中央政法委召开的第一次全国性会议，2013 年 1 月召开的全国政法工作电视电话会议提出了“平安中国”“法治中国”“过硬队伍”三大目标，其中最后一项是队伍建设问题，在平安与法治的双重要求下，2013 年的政法工作会议部署了四项重点领域改革。一是劳教制度改革，孟建柱更是在会上表示将于年内废除劳教制度。二是涉法涉诉信访问题改革，会议强调要引导涉法涉诉信访问题在法治轨道内妥善解决。三是司法权力运行机制改革。四是户籍制度改革，会议要求统筹考虑各地经济社会发展水平和城市综合承载能力，区别情况、积极作为，稳妥有序推进户籍制度改革。从这四项任务的观察中我们就会发现，政法工作从来不是法律问题，而是政治问题，劳教制度从来就没有完全落入法治的框架，批评者也一直将之当作是违反法治的体现，此次要求的废除劳教不是法律推理的结果，而是一种政治决断。至于户籍制度改革问题，则更多是公安机关所要处理的问题，在政法工作会议中，司法工作只是其中的一部分。与“三大建设”“四项改革”相配套，政法工作会议要求全国政法机关着力提升“五个能力”：一是做好新形势下群众工作的能力，解决人民群众最为关心的公共安全、权益保障和公平正义问题。二是提升维护社会公平正义的能力，这个与习近平总书记所要求的让人民群众在每一个司法案件中感受到公平正义是一致的。三是提升新媒体时代社会沟通能力，以适应新的时代要求。四是提升科技信息化应用能力。五是要提升政府队伍拒腐防变的能力。

3. 杜绝冤假错案

近些年来，多起具有重大影响的冤假错案被曝光，如佘祥林案、赵作海案、聂树斌案、张高平叔侄案、李怀亮案、浙江五人劫杀案等。冤假错案本身已经造成了严重的司法不公，当冤假错案被曝光后，更会在全社会范围削弱司法的公信力。在命案必破的要求下，打击犯罪与保护人权之间的平衡很可能被打破，天平往往倾向于打击犯罪一端，甚至会出现以刑讯逼供等非法手段获取证据的做法，最终导致错案的发生。在中央指导意见的推动下，杜绝冤假错案成为司法工作的重点之一。2013 年 7 月，中央政法委出台了首个防止冤假错案的指导意见，要求健全办案责任制，明确冤假错案的标准、纠错的启动主体和程序。2013 年 10 月 28 日，《最高人民法院关于切实践行司法为民大力加强公正司法不断提高司法公信力的若干意见》发布，将刑事冤假错案的防范工作提上法院工作系统的议事日程。该意见要求，根据审判工作实际，探索建立科学公正的错案评价体系，明确错案认定标准，并健全错案分析和问责机制，尽最大努力减少，甚至避免冤假错案的发生。

4. 平反背后的博弈

冤假错案被曝光后，经过复杂的博弈，会同时引发两方面问题：一是追究相关责任人。对疑难案件，尤其是涉及死刑判决案件的平反，都会带来一系列连锁反应，因而格外艰难，具体的办案司法机关很多时候会抗拒对冤假错案的平反，如聂树斌案。尽管有确凿证据表明聂树斌是被冤枉的，但其平反之路非常不顺，河北法院系统对聂树斌案的再审之所以诸多阻拦，是因为此案审结已近 20 年，重审难度非常大，且一旦推翻原审判决会带来后续的追责和赔偿程序，这无形中对推翻原审判决增加了阻力。二是向曾经受到错误追究和判决的人进行国家赔偿。近些年常有一些关于重大案件的平反与国家赔偿新闻见诸报端。2013 年 5 月 17 日，浙江省高院对张辉、张高平再审改判无罪做出国家赔偿决定就是典型，这也是一个信号。当然，如果是人为原因导致错案的发生，是否允许在一定条件下向责任人追偿，这在理论与现实之间还存在很多讨论空间。

5. 重申宽严相济的刑事政策

2005 年 12 月，在全国政法工作会议上，时任中共中央政治局常委、政法委书记罗干提出宽严相济的刑事政策，指出宽严相济是在维护社会治安的长期实践中形成的基本刑事政策。2006 年 10 月，党的十六届六中全会发布《中共中央关于构建社会主义和谐社会若干重大问题的决定》，提出要实施宽严相济的刑事司法政策。2006 年 12 月，最高人民检察院通过 3 个专门落实宽严相济刑事政策的文件，即《最高人民检察院关于在检察工作中贯彻宽严相济刑事司法政策的若干意见》、修订后的《人民检察院办理未成年人刑事案件的规定》和《最高人民检察院关于依法快速办理轻微刑事案件的意见》。2010 年 2 月，《最高人民法院关于贯彻宽严相济刑事政策的若干意见》发布，再次肯定宽严相济是我国的基本刑事政策。然而，在具体的政策落实中，宽严相济的刑事政策却经常被异化为“花钱买命、赔钱减刑”，赔偿受害人、受害人家属取得谅解成为减刑的重要考量因素，这些乱象要求重新界定宽严相济的内涵与幅度。2013 年 2 月 27 日，最高人民法院举行新闻发布会，介绍近年来宽严相济刑事政策的贯彻情况和典型案例，并强调宽严相济并不意味着“花钱买命、赔钱减刑”。宽严相济的刑事政策是我国现阶段惩治与预防犯罪的基本刑事政策，这既是对过去严打政策的反思与纠正，又符合刑罚效益要求。宽严相济的刑事政策的提出与和谐社会的要求有一定的关系，是一种追求社会效果的司法政策，但是不能为突出社会效果而超越了法律的基本底线要求。

6. “司法为民”成为改革关键词

2013年10月28日，《最高人民法院关于切实践行司法为民大力加强公正司法不断提高司法公信力的若干意见》发布，该文件被称为最高人民法院新一届党组的“一号文件”，确定了人民法院当前和今后一段时期的工作路径和目标。该意见将实现公正司法作为践行司法为民的主要途径，从三个层面上做出规定：第一，保障法院依法独立行使审判权，院长、庭长行使审判管理权将全程留痕，防止审判管理权滥用，保障审判人员不受不当干涉。第二，提高审判工作质量，如提出突出庭审地位、强化案件管理、健全和完善错案评价标准与问责机制。第三，提出完善与推进司法公开制度，要求重视运用网络、微博、微信等现代信息技术和方式，扩大司法公开的影响力；对社会广泛关注的案件，主动、及时、全面、客观地公开相关情况，有针对性地回应社会公众关切和疑惑问题。该意见所提出的许多目标，还需要时间去落实，其中实行最为迅速的要数司法公开。

（三）司法公开的稳步推进

在党的十八届三中全会对司法公开做出规定之前，法院系统的司法公开工作已经在有序展开了。2013年7月2日，《最高人民法院裁判文书上网公布暂行办法》（以下简称《暂行办法》）生效实施，作为司法公开的重要组成部分，裁判文书上网开始启动并发布首批公开的裁判文书。其实，司法公开早已在很多地方进行过试点：2000年，广东省海事法院、北京市一中院即开始试行裁判文书上网；2009年，河南省三级共183家法院实现裁判文书全部上网。在《人民法院第三个五年改革纲要（2009—2013）》中，最高人民法院明确提出“研究建立裁判文书网上发布制度”，并于2013年发布《关于人民法院在互联网公布裁判文书的规定》，加之此次《暂行办法》的实施，裁判文书上网工作逐步纳入制度化、规范化的轨道。根据《暂行办法》的规定，此次公开的仅仅是最高人民法院做出的生效裁判，其中包括最高人民法院职权范围内的各种类型、不同影响力案件中生效的判决书、裁定书、决定书，并没有回避热点案件，但是在下述两个问题上有所保留：第一，涉及国家秘密、商业秘密和个人隐私的裁判文书不予公开；以调解、撤诉或者按照撤诉处理方式结案的民商事案件，一般不予公开。第二，公布裁判文书时，只公开当事人的姓名或者名称，对于其具体地址、身份证号码、电话号码、银行账号等信息予以隐藏，同时对刑事案件的被害人、证人、被告人家属姓名均采取代称。

在司法公开的同时，最高人民法院也积极完善相关的配套设施。2013 年 11 月 21 日，《最高人民法院关于推进司法公开三大平台建设的若干意见》发布。该意见对审判流程、裁判文书以及执行信息的公开做出了规定。第一，借助信息化手段，将人民法院在立案、庭审、听证、合议、宣判等诉讼过程中产生的各类静态和动态信息公开，如加强立案大厅的科技化与规范化建设，公开法院机构信息、司法公开指南信息、审判指导文件信息、庭审信息、名册信息，推进诉讼档案电子化工程建设等。第二，陆续将全国法院裁判文书在中国裁判文书网公布，最终实现四级法院依法能够公开的裁判文书全部上网，全面推进裁判文书公开平台建设，以此倒逼裁判文书做到事实清楚、依据充足、说理透彻。第三，公开人民法院在执行过程中产生的各类信息，让公众和当事人及时了解人民法院为实现当事人的诉讼权益所采取的执行措施，充分发挥执行公开的防腐功能。

五、热点案件中的舆情与民意

2013 年发生了许多备受瞩目的热点案件，有考验司法与舆论恰当关系的李天一案、夏俊峰案、曾成杰案、陈宝成案，还有带有高度政治敏感性的薄熙来案，而一直被关注的唐慧案、王书金案在2013年热度依旧。这些案件之所以成为热点案件，主要出于以下几种可能的原因：第一，案件与政治关系紧密，如薄熙来案审理过程的公开程度出乎公众的意料，成为党和国家推进法治的标志性案件。第二，司法审判与舆论监督的复杂关系在一些案件中凸显出来。第三，某些案件本身与更大的争议问题联系在一起，如王书金案直接影响聂树斌案的再审与平反，唐慧案则关乎对劳动教养制度的存废之争。

（一）通过热点案件宣示法治

2013年7月25日，薄熙来涉嫌受贿、贪污、滥用职权一案由山东省济南市人民检察院提起公诉。8月22日，济南市中级人民法院一审公开开庭审理。薄熙来出庭受审，众多证人出庭做证，包括社会各界和媒体的100余人旁听审判，济南中院通过微博平台向社会文字直播了这场持续5天的庭审。由于涉案当事人身份特殊，薄熙来案是近些年来最受社会关注的案件之一。从最终审判结果来看，济南中院的这次审判取得了良好的效果。薄熙来案的审理与公开，向社会传达出法治精神的意涵。

第一，政治的归政治，法律的归法律。尽管在庭审中被告人有数次阐述与法律无关的话题，但是都被法庭拉回到法律的框架内，法庭主要是对被告人的受贿、贪污和滥用职权行为进行审理，并未处理与政治相关的问题。这也为今后以司法手段处理政治高官案件提供了一个样板。第二，凸显程序正义理念。庭审过程严格依据新修订的《刑事诉讼法》，对被告人及其辩护人的申辩、发表意见的权利予以充分保障，公诉人没有对被告人进行有损人格的指控，整个庭审过程井然有序，而且主要证人的出庭率较高，王立军、徐明等人的出庭为双方质证、交叉询问提供了可能。第三，任何人都不具有超越法律的特权。从对薄熙来的审判可以看出，即便是国家领导人违法，也不会姑息，这是党中央提出“打老虎”的重要体现，同时也释放出“把权力关进制度的笼子里”的法治信号。

法治不仅要求有法必依、违法必究，还要求进入法律程序的人按照法律期待的方式来主张权利。作为实现法治的重要辅助者，律师既有助于司法公正的实现，也有利于在不懂法的当事人与法律之间建立联系。但是，在律师群体中，存在一批被称为“死磕派”的律师，他们不惜以牺牲委托人的利益为代价，追求某些不正当利益。2013 年 8 月 28 日，李天一案二审维持原判，李天一所获刑期最高，这与其辩护律师的“死磕”行径不无关联。在李天一案中，辩护律师采取了与其他同案犯辩护策略完全不同的战略：首先，在开庭之初，李天一辩护人就提交了署名为“梦鸽”的公开审理的申请，被法院当场驳回，该申请没有顾及未成年人案件不公开审理的原则，实际上是想利用舆论绑架法院、绑架审判本身，这无疑会加剧与法院之间的对抗。其次，在具体的辩护策略中，同案犯中的大部分人采取罪轻辩护，而李天一与另一同案犯王某的辩护则是采取无罪辩护，在确凿证据面前，这种无罪辩护策略主导下的被告人会被法庭认定为“无悔罪表现”。最后，辩护律师将不公开审理案件的辩护意见向外公布，试图通过舆论的方式影响法院判决，其违反了不公开审理的要求和《律师法》关于律师责任的规定。

（二）舆论监督的恰当分寸

在新媒体时代，司法机关需要有更强的信息处理能力和舆情应对能力，方有可能应对瞬息万变的舆论态势。过去，很多案件之所以成为社会热点，乃至成为引爆舆论的导火索，进而成为法院负担，主要是因为司法机关没有很好地回应社会诉求，没能及时、恰当地引导舆论走向。2012 年 12 月，中央政法委书记孟建柱在中央政法委员会全体会议上强调，政法机关要提升新媒体时代的社会沟通能力。2013 年初的全国政法工作电视电话会议提出，新媒体时代的信息驾驭能力是政法机关需要着力培养的“五个能力”之一。在2013年4月和7月两次全国政法部门宣传工作会议上，孟建柱再次强调各级部门要加强对该项能力的培养，着重要求政法机关运用微博、微信等新媒体形式加强与社会的沟通。这既要求司法机关反思某些被高度发酵事件中的工作失误，为今后的工作积累经验，又要求我们仔细思考舆论与司法的恰当互动关系。

1. 检察机关的社会沟通能力建设

在媒体的公开报道中，法院系统经常处于风口浪尖上，在个案中的处理不公、对舆论的应对不及时，都会将批评指向法院和法官。最高人民法院近些年来常常强调的司法公开、司法为民，在某种意义上也就是在剑指法院的社会沟通能力。相较之下，检察院系统的相关举动则较为少见，很少被媒体直接报道或者批评。2013年9月23日，最高人民检察院常务副检察长胡泽君主持召开群众路线与新媒体时代社会沟通能力研讨会，17所省级检察机关代表及检察媒体代表参会并讨论。会议要求，各级检察机关要结合群众路线，着力提升新时期检察宣传工作的质量和水平，传播检察声音，释放检察正能量。与2008年最高人民检察院检察长贾春旺在工作报告中提出的“自觉接受政协民主监督、人民群众监督和新闻舆论监督”相比，此次会议所强调的“社会沟通能力”，突出体现了检察机关宣传工作由“被动监督”向“主动沟通”的转型，是对新媒体时代信息传播形式的清晰认识和有力回应。

2. “死刑保证书”背后的妥协

在司法过程中，案件之所以难办、之所以成为热点，很大程度上是因为遭遇了司法不公，而冤假错案最能引起公众的关注。实际上，在大部分案件中，法院都会尽力去做出一个公正的判决，但是法院又不仅仅是一个法律机关，在司法判决中还需要考虑社会需求。如在李怀亮案中，法院之所以违背疑罪从无的刑法原则做出有罪判决，主要是因为考虑到被害人家属的反应。2013 年 4 月 25 日，已经被羁押近 12 年的李怀亮，被河南平顶山中院无罪释放，该案曾历经叶县法院、平顶山市中院两级法院“七审三判”，三次被上级法院发回重审，判决结果经历“有期徒刑 15 年”到“死缓”，再到“无罪释放”。在当初的审理中，此案存在许多程序上的瑕疵，如案件侦查笔录、鉴定意见不能证实加害行为系李怀亮所为，有关物证与李怀亮的犯罪关联存疑，而且李怀亮的有罪供述与其他证据存在矛盾且之后翻供。尽管如此，之前的法院依旧做出了有罪判决，背后的一个重要原因在于被害人家属的举动。2012 年，一份由被害人父母于 2004 年写就的“保证书”曝光，基本意思是“只要法院判处被告人死刑或无期，则被害一方保证不再上访”。李怀亮案的判决很可能受到了被害人家属的不当影响，在平衡法律效果与社会效果之间，法院丧失了独立、公正审判的立场。在“命案必破”和被害人一方的上访压力下，法院很难做到真正的疑罪从无，毕竟，这些都将成为考核法院的硬指标，在维稳的大局下，很多指标是一票否决的。

3. 依法审判还是罔顾民意

2013 年 9 月 25 日，夏俊峰的死刑判决经最高人民法院核准后被执行。夏俊峰在街头摆摊被城管查处，与执法人员发生冲突，夏俊峰持刀行凶致两名城管死亡、一名城管重伤。此案经过两审终审，法院以故意杀人罪判处夏俊峰死刑。在法院认定的事实中，除夏俊峰的供述外，没有任何证据可以表明其受到殴打，而且城管人员身上的刀伤经鉴定并非在运动状态下形成，说明城管人员并非像夏俊峰所说在“与其打斗过程中被乱刺而死”，夏俊峰正当防卫的抗辩理由无法被接受。因此，最高人民法院经核准后批准执行死刑。但是，在媒体有倾向性报道的引导下，绝大多数网民表达出对夏俊峰的同情，许多媒体在报道中主要突出夏俊峰的孩子、老母亲，并有意识放大了民众对城管的厌恶。在这种情况下，媒体经常强调的法院独立审判，在报道中却让位于喧嚣的民意，这也启示人们重新思考媒体与审判的关系。

4. 回归理性的舆论监督

媒体的作用在于公开，而非审判，其实媒体人并非比法官更为睿智，媒体也有其自身的利益，所以有时候并不见得媒体就更为公正。尤其在媒体成为“第四种权力”之后，对媒体权力的相应监督或监管并没有相应地发展起来，强势媒体或信息平台借助自己的优势地位有倾向性地误导民意的也不在少数。2013 年 10 月 18 日，《新快报》记者陈永洲因涉嫌损害商业信誉罪在广州被长沙市公安局带走，随后《新快报》先后以《请放人》《再请放人》为题发表文章施加压力。然而，涉事媒体的强势并未带来期待的结果，经查发现，涉事记者陈永洲的确有违法行为。10 月 31 日，广东省新闻出版广电局给予陈永洲吊销新闻记者证的行政处罚，并责成羊城晚报报业集团对《新快报》进行全面整顿。“陈永洲事件”提醒我们注意，媒体这第四种权力并非天然正确或公正，它也需要监督，尤其是在中国的传媒行业发展尚不成熟的时候。

舆论监督有其两面性，既可以成为保证司法公正的积极力量，又有可能成为干扰司法公正的消极力量。2013 年 8 月 10 日，财新传媒记者陈宝成在其山东平度老家拆迁维权过程中，因涉嫌非法拘禁挖掘机司机被警方拘留。事件发生后，法律界知名学者组成阵容庞大的“救援团”，对此事发声。8 月 13 日，一批法学学者就陈宝成被拘事件联名向青岛市政府发出呼吁书。8 月 18 日，法学界组成 25 人法律专家顾问团、41 人律师观察团，集体为陈宝成做无罪辩护。2013 年 9 月 13 日，陈宝成被平度市检察院批准逮捕。围绕陈宝成事件形成了针锋相对的两方舆论阵营：一方是力图从理性视角还原“非法拘禁”的群体；另一方是以几十位法学家和律师为代表的维权团体，否认“非法拘禁”，主张做无罪辩护。在案件尚未终结之前，各方的争议一定会对法院的审判产生不容小觑的影响，这固然体现了司法公信力的不足，但也引发舆论干预司法的质疑，毕竟法院尚未就案件真相做出判断，各方舆论的介入实际上会严重干扰司法过程，不利于法院的独立公正审判。

六、结语

中国的法治建设借鉴了西方的一些理论、学说、资源，努力将各种知识整合进中国特色的框架之中，构成了当下法学智识的基本要素。无论是大陆法系的经验，还是英美法系的范例，都成为中国学习的对象。这些以自由主义为基本立场的西方理论，奉行限制公权力和保护私权利两大原则。改革开放以来，国内法学理论的发展，也在很大程度上学习借鉴了这些原则。

但是，理论上的西法东渐并未改变中国法治实践的底色。无论是法院系统提出的“三个至上”，公安系统重点关注的“平安中国”，还是诸如废除劳动教养制度等具体改革，其决策本身都是由党做出的，政治因素是审视法律时不可忽视的维度。司法政策的出发点恰恰在于确保人民对司法的信仰，防止程序化、理性化、科层化的法律过程偏离人民的诉求太远。以我们所关注的司法领域为例，党之所以成为那些不满司法过程者的最后寄托，是因为大家相信最终“党和政府”会给他们一个公道，信访制度存在的必要性也基于此，中央不可能关闭民众通过政治方式获取正义的路径。尤其是在司法公信力没有完全建立起来的今天，更需要建立政党与司法之间的纽带，以便在司法与民意的不一致中保持一定的弹性，防止法律程序侵蚀人民的信任。

在法治国家、法治政府与法治社会的一体建设中，无论国家制度如何法律化，也不管政府行为接受了多少法律限制，如果最终难以获得普通老百姓的支持，那么结果就是不能接受的。也就是说，无论依据《刑事诉讼法》还是依据普适的证明原则，只要刘涌没有判处死刑立即执行，在老百姓的“说法”中就是不正义的；同样，不管盗窃17万元是数额特别巨大，还是盗窃金融机构是加重情节，判处许霆无期徒刑就是难以符合社会大众朴素的法律情感。从某种意义上讲，法院不仅要在死刑案件中考虑老百姓的感受，而且要在普通案件中照顾民众的接受能力。那种认为通过普法改造民众法律感情的法治乐观主义，是一种不计后果的不可逆行为，难以作为转型中的中国的备选项。

进一步说，法律与民意的冲突，最终要以引入政治的方式来回应。在司法为民与司法专业化的两极中，政党是中枢，是沟通法律与民意的关键所在。可以看到，2013年，党的这种地位越来越清晰。从2013年开始，中国的法治建设在继承过去的基础上，修正了以往局限于国家制定法的发展路径，党的路线、方针、政策不仅可以通过政策等传统方式进入法治，而且可以借助党内法规这一新的机制汇入法治话语之中。在党的领导、人民当家做主与依法治国的有机统一中，改变过去法律独大的倾向，重新厘定党的角色，意味着对过去政法传统的回归，同时也意味着逐渐融入新的特色，呈现出一种螺旋式上升的过程。也正是在这个意义上，2013年开启了中国法治建设的新时代。

塑造党规与国法的法治结构（2014）

彭飞　徐乐[①]

导言

2014年是中国法治进程中具有里程碑意义的一年。这一年召开的党的十八届四中全会，是首次以“法治”为中心议题的党代会。会上通过了《中共中央关于全面推进依法治国若干重大问题的决定》（以下简称《决定》），意味着“依法治国”作为一种治国理念和治理模式，被赋予了前所未有的实践价值和政治意义。

更重要的是，《决定》重构了传统意义上的“法治”概念，塑造了党内法规与国家法并重的法治结构。自20世纪90年代以来，在市场经济发展的同时，法治建设也得以逐渐完善。在“市场经济就是法制经济”的强大号召下，立法成为我国法制工作的核心，国家法成为法治理念的出发点。如果说这一时期从“法制”到“法治”的转变完成了一次修辞和理念上的转型，那么此次四中全会则完成了法治概念在内容上的彻底重构。

《决定》中的“法治”超越了传统的“律法中心主义”和“法院中心主

① 彭飞，北京大学法学院法律硕士；徐乐，北京大学法学院法律硕士。

义”法治观，首次用一整个章节阐明了“党的领导”与“依法治国”之间的关系。同时，《决定》首次提出“中国特色社会主义法治体系”，并将党内法规纳入法治体系中来。

党的领导与法治的关系，以及党内法规之所以重要，是由中国的国情和历史决定的。中国不仅幅员辽阔、人口众多、民族构成复杂，而且拥有独特悠久的文明，因此需要一套有别于西方法治的社会治理模式。这在党的十八届三中全会中已有说明，即法治中国建设在于推进中国治理体系和治理能力的现代化，最终使中国特色社会主义制度更为成熟和定型。在中国语境下，党的方针政策决定着中国的走向，党组织领导着政府企事业单位工作人员以及全国8600多万党员。因此，正确处理党的领导与依法治国的关系，已成为中国法治乃至中国特色社会主义制度建设的题中之义。

党规与国法的结构不仅体现在理论层面，而且体现在法治实践中。纵观2014年的法治动态，可以发现：一方面，中国特色社会主义法律体系不断完善，无论是静态的立法，还是动态的司法、执法、监督都取得长足发展，并与党的十八届三中全会的全面深化改革相结合，起到巩固改革成果和维护社会稳定的双重作用。比如，2014年两次送审的《立法法》修改意见，重新划分了中央与地方的立法权，更加关注改革与法治的内在张力。而《行政诉讼法》则将抽象行政行为纳入审查范围，持续关注公共行政与法治国家的互动关系。另一方面，党的领导持续加强，反腐败斗争深入推进，党规党法进一步完善，多元共存、兼容并蓄的社会规范体系逐渐形成。比如，2014年，中国共产党首次集中清理党内法规及规范性文件，废止了一批与现实不符、与宪法法律相冲突的党内规范。同时，中央大力推进反腐，对周永康案、徐才厚案等大案要案展开全面调查。此外，国家还设立宪法日，宣传宪法精神，弘扬中国传统文化，关注家庭建设。

总的来说，党规与国法的结构并不是社会规范在内容和类型上的简单两分，而是一套有主次、有联系、有互动的社会治理模式，也是党的十八届三中全会以来法治中国的全新道路选择。这一法治结构的背后并不是西方天赋人权的普世话语，而是中国传统中礼法结合、崇尚德治的文化气质，这一全新的法治理念和道路选择也将成为中国特色社会主义制度的重要组成部分。

一、党的领导与法治理念构成法治发展的基石

理解党规与国法的法治结构，必须从法治体系中的保障体系入手。党的领导是全面推进依法治国、加快建设社会主义法治国家最根本的保证。而党的方针政策为改革，为法治建设，乃至为国家未来发展指引着方向。因此，中国法治的核心内容，事实上不仅仅在于法律规范，而且包括党规党法；而法治建设的核心主体，不是司法机关，而是中国共产党。

改革开放以来，我国法治建设的工作重点不断变化。20 世纪 80 年代到 90 年代是中国市场经济的萌芽期，在这一阶段，法律规范的完善是首要目标。进入 21 世纪，政府体制机制中的弊端逐渐显现，腐败频发，权力寻租不断，法治建设开始关注对公权力的规制问题，强调把权力关进制度的笼子里。但这两个阶段所展现的法治始终围绕的中心是国家法，而忽视了国家法之外的党规、政府公共政策以及种类繁多的民间习俗、道德规范。

党规党法之所以重要，就在于党的领导的重要性。党不仅领导着各级政府及其部门、国企、事业单位，更是全国 8600 多万党员组成的先锋队的总体。因此，只有坚持依法执政、加强党内法规制度建设、提高党员干部法治思维和办事能力，中国才能真正实现法治。一个典型例子是“八项规定”，作为一项党内规范，它发挥了比普通法律更为显著的社会效果。

此外，在法治体系保障中还强调在社会范围内培育一种法治理念。无论是国家法还是党规党法，最终都将落实到社会中的个人。只有个人信服和遵

从特定的行为规范，法治所要求达到的治理效果才能彰显。2014 年的一个趋势在于，社会规范的类型更加多元化，法治的内涵悄然发生转变，社会个体的法治意识不断增强。这不仅要求党员更加严格要求自己，以高于国家法的党规党法规范自身行为，同时强调对整个社会的规范有一个超越国家法的意识，我们不仅要遵守法律，而且应该注重传统的民间习俗、道德规范。

（一）党的领导：依法治国的保证和前提

作为一套治理手段，法治的最终目的是为了实现良好治理，增加社会预期，维护秩序稳定。因此，法治只是治理的工具，而自党的十一届三中全会以来，从法制到法治，“法”被塑造成解决问题的万能钥匙，演变成一套意识形态话语。透视法治，其本质是对社会资源进行分配。在中国的语境中，进行社会资源分配的主体无疑是政府，而对分配提供指导并解决分配问题的主体是中国共产党。因此，要达到法治的目标，首先应关注党对社会主义事业的领导。从内部来说，党的方针路线和组织建设决定了社会资源分配的总体方案，决定了社会整合的方式以及社会秩序的状态；从外部来说，党的方针路线决定了国家领土安全、主权安全以及在国际交往中的国家利益得失。

1. 党与法治：新形势下的紧密关系

自 1982 年政府体制改革以来，党与国家、党与政府之间的关系不断在理论与实践中被阐述。而随着 20 世纪 90 年代末“依法治国”的提出，党的领导与依法治国的关系成为新的主题。党的领导与依法治国表面上存在矛盾，但实质上却是并行不悖，甚至相互统一的关系。在党的十八届四中全会做出的《决定》中，最后一章详细阐述了党与法治的关系，成为理解依法治国内涵、把握法治体系建设要点的关键。

首先，《决定》指出：“维护宪法法律权威就是维护党和人民共同意志的权威，捍卫宪法法律尊严就是捍卫党和人民共同意志的尊严，保证宪法法律实施就是保证党和人民共同意志的实现。”“党和人民”是一体的，宪法法律既是人民意志的体现，也是党意志的体现，法治建设正是围绕“党和人民”这一核心价值目标而展开。其次，《决定》指出：“完善党委依法决策机制，发挥政策和法律的各自优势，促进党的政策和国家法律互联互动。”党与法治的关系在实践层面表现为党的政策与国家法律之间的关系，两者并不是一方高于另一方的上下关系，而是互联互动、互相补充的配合关系。最后，人大、政府、政协、司法机关的党组织和党员要发挥带头作用，坚决贯彻党的理论和路线方针政策，同时发挥政法委员会在党领导政法工作中的作用。

在 2014 年 1 月召开的中央政法工作会议中，习近平指出，党既领导人民制定宪法法律，也领导人民执行宪法法律，做到党领导立法、保证执法、带头守法。[①] 从中可以看出中国共产党在法治事业中的三重角色。第一，党要领导立法，这不仅体现在党在人大立法过程中发挥的重要作用，更在于党的方针政策对立法的指引作用；第二，党要保证执法，党不仅要领导政府和司法机关实施法律，其本身也要履行一定的职责，包括通过具体的规范性文件推动或指导法律的实施；第三，党要带头守法，这不仅要求党内的规范性文件不得与宪法、法律冲突，更强调党员除遵守法律外，应当遵守更加严格的党内法规。这也是党的十八大以来新一届中央领导集体持续反腐的目的所在。因此，要实现法治，必须坚持党的领导，而党的领导又必须依靠完善的党内法规体系和强有力的反腐斗争。

2. 重点领域：党领导下的特色法治

党的基本方针政策在重点领域决定了中国的前进方向。这些重点领域包

---

① 习近平出席中央政法工作会议并发表重要讲话[OL]. 人民网，2014-01-09.

括社会整合机制、政权形式及稳定性、领土主权三个方面。可以说，无论哪个领域都离不开法治，但却都不是一个简单的法律问题，而是政治问题。因此，只有通过党领导下形成的方针路线，才能保证在法治的前提下实现各方面利益诉求，保障国家安全。在当今时代背景下，以上三个领域的突出问题表现在：基层政权建设、军队领导权问题以及与港澳台关系。《决定》在“党的领导”一章中，专门就以上问题做出详细论述。

一是重视基层，推进治理法治化。2014 年 1 月，在党的第二批群众路线教育实践活动中，习近平到河南省兰考县调研考察，强调基层工作的重要性。这次考察重温了“焦裕禄精神”，塑造了新时期优秀党员的典型，释放了中央重视基层、强调基层党员先进性的政治信号。同时，2014 年的《政府工作报告》首次提出，推进社会治理创新，注重运用法治方式，实行多元主体共同治理。法治与多元主体的结合，实际上是同时强调社会治理的合法性与正当性。社会规范的构成本身就是多元化的，并不只有国家法律，因而其吸引更多主体参与基层治理，反而可以进一步促进法治化。

二是加强党对军队的领导，推进依法治军。2014 年 10 月，习近平在福建古田召开全军政治工作会议，强调党对军队的领导，并要求从徐才厚案中吸取教训，依法从严治军。与此同时，军队内部也在持续推进反腐工作，对军车、住房等后勤保障物资领域实施彻底清查。《决定》强调，坚持在法治轨道上积极稳妥推进国防和军队改革，深化军队领导指挥体制、力量结构、政治制度等方面改革，加快完善和发展中国特色社会主义军事制度，旨在法治化的轨道上加强我国军队总体实力。法治是为了实现良好的社会治理，形成稳定的社会秩序，为实现这个目标，党的方针路线是第一道防线，而军队则是最后一道防线。因此，只有通过党来领导军队，才能最大限度地保障法治目标的实现，为社会进步创造前提条件。

三是依法保障“一国两制”的实践，推进统一大业。随着中国经济实力的增强和综合国力的提高，大陆与台湾、内地与香港的关系已发生微妙变化。2014 年，台湾部分团体和学生“反服贸抗争”事件和部分香港青年的反水客行动，集中反映了这种变化下港台青年心中持续发酵的焦虑感。在此背景下，中央政府坚持“一国两制”，推动涉台法律完善，落实香港基本法，强调依法、依宪推动台湾和平回归，并保持香港长期繁荣稳定。2014 年 6 月，国务院新闻办公室发表《“一国两制”在香港特别行政区的实践》白皮书。同年 8 月，全国人大常委会通过关于香港特别行政区行政长官普选问题和 2016 年立法会产生办法的决定，表达了中央在香港管治权问题、特首普选问题上的合法诉求及强硬立场。这一系列文件是党坚持“一国两制”、维护主权统一的方针政策在法律层面的反映，而法律文件背后是关系到国家安全和主权完整的政治问题，党的领导在此起到指引作用。

（二）党内法规：法治概念的另一个面向

党内法规体系是中国特色社会主义法治体系五个子系统之一，足见党内法规对于法治中国建设的重要性。在《决定》的论述中，党内法规体系的地位甚至高于一般子系统：

> 全面推进依法治国，总目标是建设中国特色社会主义法治体系，建设社会主义法治国家。这就是，在中国共产党领导下，坚持中国特色社会主义制度，贯彻中国特色社会主义法治理论，形成完备的法律规范体系、高效的法治实施体系、严密的法治监督体系、有力的法治保障体系，形成完善的党内法规体系。

可以看出，法治体系的前四个子系统用顿号隔开，共同由一个“形成”引出，而党内法规体系则用逗号隔开，单独由一个“形成”引出。这表明前四个子体系并列，构成一个集合，这个集合再与党内法规体系呈并列关系。换句话讲，前四个子体系是围绕国家法展开，党内法规体系则围绕中国共产党展开，两个部分共同构成了法治体系的二元结构。而要理解党内法规的重要性，必须理解党的领导的重要性。党的领导是法治保障体系的核心，但党内法规又不局限于法治保障，它同时又是社会规范的重要组成部分。因此，党内法规与国家法呈平行关系。从这个角度讲，在党规与国家法的二元结构中，党规处于更高的政治地位，它是党领导社会主义事业的制度保障。

2014 年，党内法规体系建设工作不仅包括法规的完善，而且包括保障法规实施的制度设计。一是《中共中央关于再废止和宣布失效一批党内法规和规范性文件的决定》于 2014 年 11 月发布，标志着大规模中央党内法规和规范性文件集中清理工作全部完成。这是新中国成立以来的首次清理，具有深刻的政治意涵。通过清理党内法规，党中央废止取消了一批不合时宜的规范性文件，为改革提供便利，更重要的是剔除了与宪法、法律相冲突的党内规范。这一清理工作实际是为党内法规与法律规范的对接与整合铺平了道路，为构建党内法规与国家法的二元法治结构创造了条件。下大力气清理党内法规，充分展现了法治理念的深刻转型，法治已不再是传统意义上的国家法律规范，而是包括党内法规在内的一整套更加多元的规范体系。

二是中共中央政治局于 2014 年 6 月审议通过《党的纪律检查体制改革实施方案》（以下简称《方案》）。该方案虽不针对党员的具体行为，却为如何在新形势下开展纪律检查工作提供指导，是党内法规得以实施的制度保障，更是党内法规体系的重要组成部分。《方案》是在党的十八届三中全会立足全面深化改革、着眼党要管党、从严治党的新要求，以及“改革党的纪律检查体制，健全反腐败领导体制和工作机制”的重大部署背景下产生的，旨在解决三类具体问题：第一，反腐败机构职能分散，形不成监督合力；第二，查办案件受地方和部门牵涉太多，有些案件难以坚决查办，腐败案件频发，责任追究不够；第三，同级监督忌讳多、一把手腐败不好管，压案不报、瞒案不查等现象时有发生。《方案》之所以重要，在于它以党内法规的形式规范了反腐工作中的突出问题，实现了纪律检查工作、反腐工作的法治化。

由此也可以看出，党内法规体系在我国深化改革、持续反腐过程中的重要作用。作为对党员领导干部的制度性约束，党内法规相比国家法律具有更积极的运作机制，相比社会道德具备更严厉的责任后果，其本身包含独特的政治属性。而党内法规又是党的领导的法治化基础，因而党内法规体系成为整个法治体系的最重要环节，并是其他四个子体系得以运转的前提条件。

（三）法治理念：外部权威到内心信仰

法治说到底是面向社会个人的治理，真正的法治最终必然落实到具体的个人身上。因此，保障法治得以实施的最有效途径是塑造社会的法治理念，树立起公民的法治意识。法治不同于严刑峻法，是一种软性的约束，具有更持久、更牢固的社会效果。社会观念是社会文化的一部分，文化是一个国家软实力的体现。随着我国经济增长，与之相匹配的文化实力越来越受到决策层重视。因此，培育具有中国特色的法治文化，已成为法治建设的重要组成部分。

党的十八届四中全会通过的《决定》指出："法律的权威源自人民的内心拥护和真诚信仰"，"必须弘扬社会主义法治精神，建设社会主义法治文化，增强全社会厉行法治的积极性和主动性"。2014 年的法治进程不仅反映了法治观念的普及和深化，而且有更多的讨论开始从文化、伦理的视角来反思法治、充实法治。这种从法治理念角度的反思逐渐褪去了法治的意识形态色彩，将治理有效性的视野拓展到社会习俗、道德规范、传统习惯，乃至党规党法之中，而不再局限于国家法律层面。

1. 从法治意识转向法治文化

“普法”是20世纪90年代至今的社会主题，但不同时期其具体含义又有所不同。20世纪90年代的普法主要指普及法律知识，这是法治建设初期的基本特征，法律条文大多作为一种新的知识成为个人学习的对象；20世纪90年代末到21世纪的第一个10年里，普法更倾向于普及一种“意识”，即不仅要知道法律知识，还要有守法的意识，甚至法律人群体应该具备法律人思维；最近几年，一种文化意义上的法治成为普法重点，《决定》中不仅出现对法治文化的论述，更明确指出将每年12月4日确定为国家宪法日，赋予宪法文化意义。

2014年12月4日，首个国家宪法日如期而至，全国各地开展了形式多样的纪念活动，包括集体宣誓、知识竞赛、有奖竞猜、宣传教育、历史展览、朗诵宪法等。至此，宪法所引领的法治已不再是一种单纯的知识或意识，而是被“节日”塑造为“文化”，其内核是法治的精神，并试图囊括多种多样的社会形态。法治不再被当作一种具有强制性的律令或是指导社会生活的规范，而是人们日常生活的方式和做事的态度。由此，通过政策推动法治文化的形成，可最大限度地影响人们的观念，从而保障法治体系建设的顺利进行。

2. 法治观念转型与伦理的重建

仅仅倡导法治文化建设并不能解决一切社会问题，更不能使中国的发展一劳永逸。法治与本土资源的冲突伴随着我国法治建设的始终。但对于这种冲突的探讨多集中在学术界，社会舆论和政策层面少有论及。直到近些年来，一方面，社会矛盾不断激化，西方主导的法治在中国水土不服的问题被持续放大；另一方面，随着中国经济实力的提升，传统文化也在某些领域重新赢得话语权。在此背景下，党的十八大后新一届中央领导集体高度重视中国传统文化的作用，在政策层面出台了一系列支持措施。由此，公共舆论也开始反思西方模式与中华文明之间的复杂关系，而法治与本土资源的冲突正是这一议题的重要组成部分。

2014 年，一些法治热点事件反映了这种正在转变的法治观念，并表现出一种重建中国传统社会伦理的有益尝试。2014 年 9 月，国内首例冷冻胚胎案二审宣判，推翻了一审判决，将冷冻胚胎的监护权和处置权判给了胚胎已故所有者的父母。法官虽然运用了现代法律技术，但并没有囿于传统的权利话语，而是综合了中国传统的家庭伦理、为人父母的情感及特殊利益做出判决，受到舆论一致好评。法官这一判决的开创性意义在于将司法判决的依据建立在社会道德与家庭伦理的基础上，而不是建立在国家法生硬的条文上。这在一定程度上反映了法治所赖以生存的社会土壤已经悄然发生改变，一种多元主义的法治理念正在兴起。另一个类似的案件发生在同年 11 月，华东政法大学女学生向老师泼开水事件引发舆论关注，当各方争论的焦点集中于应依法处置，还是给学生一个改过自新的机会时，有一种观点直接批评了看待这一事件的整体思路：学生故意伤害老师，有违中国千年来尊师重教的最基本道德标准，而评论者一遇到这类事件，就盼望法律来解决问题，实际正是忽略了传统道德在促进社会和谐方面的重要作用。殊不知法律不是万能的，单纯依靠法律反而可能激化矛盾。这一批评是对长久以来占据主流意识形态的“律法中心主义”的深刻反省。国家法已经被神话为解决一切社会冲突的万能钥匙，然而纯粹的国家法却无法化解不断激化的社会矛盾和道德危机。

二、法律成为立法决策与改革决策的结合体

法律规范是整个法治体系的基石，也是国家法的标志，先有“法”而后有“治”。可以说自新中国成立以来，建立、健全法律规范始终是最核心、最

基本的工作任务。但伴随20世纪90年代关于"法制"与"法治"的大争论，执政者逐渐将"法治"置于更突出的政治地位，摆脱了单纯依靠法律数量评判好坏的传统思维，执政者的治国理念发生了改变。但这并不意味着法律规范的订立与完善不再重要。党的十七大提出，要继续"完善中国特色社会主义法律体系"；党的十八届四中全会仍然将"法律规范体系"作为法治体系的首要组成部分，并指出"建设中国特色社会主义法治体系，必须坚持立法先行，发挥立法的引领和推动作用"。因此，在法律规范体系基础上建立起的法治体系才是有根基、有保障的。

2014年，立法工作呈现出与深化改革的密切联系。2014年4月，全国人大常委会公布的立法工作计划指出，全年立法工作的总体要求是把立法决策与改革决策结合起来，加强重点领域和关键环节改革的立法。将改革成果以法律规范的形式确定下来：一方面，有助于巩固改革成果，为具体执行创造条件，提高社会稳定性与可预期性；另一方面，可为进一步改革提供合法性，有利于降低改革可能引发的社会风险。

（一）宪法与立法体制：文化与制度双重导向

宪法是国家的根本大法，在法律规范体系中高于一切制定法，是整个法律体系的根基。随着对宪法精神、宪法文化的强调，宪法已超脱法律规范的形态，成为具有导向性的意识形态。而与宪法这种较为模糊的导向性不同，立法体制决定了法律规范如何产生，是一种制度性约束。在这种约束中，《立法法》无疑是关键要素之一。

1. 宪法在法治体系中的双重属性

党的十八大以来，宪法受到新一届中央领导集体的高度重视。习近平先后在纪念现行宪法公布实施30周年大会和全国人民代表大会成立60周年大会上指出："坚持依法治国，首先要坚持依宪治国。"党的十八届四中全会通过的《决定》在强调"维护宪法权威"的同时，将每年12月4日定为国家宪法日。2014年底，中国迎来首个宪法日，各地开展形式多样的宪法宣传教育和纪念活动，实现了弘扬宪法精神的目的。国家宪法日不同于官方文件中的政治训导，也不同于专家学者的理论分析。作为一个纪念日，它具有软性的教化功能，其独特意义在于启发民众的宪法意识，更重要的是在社会范围内培育宪法文化。从"宪法权威"、"宪法精神"到"宪法文化"，宪法的形象不再是一部束之高阁、冷冰冰的法律规范，而是被塑造成理念，甚至作为文化的形式渗透到社会生活的方方面面。当整个社会形成这种宪法文化时，宪法的实施自然水到渠成。这与决策层强调加强宪法实施相呼应，构成未来我国法治建设的新起点。

根据上述宪法形态的变化，我们可以看到宪法在法治体系中呈现双重属性。一方面，宪法在该体系内居于核心和高级法地位，其他法律不得违反宪法，但作为人大正式颁布的法律，宪法仍属于法律规范体系的一部分；另一方面，作为一种意识形态，甚至是一种文化，宪法精神对法治体系具有统领作用。从《决定》中可以看出这种统领作用：在法律实施层面，包括执法者、司法者在内的国家机关"都必须以宪法为根本的活动准则，并且负有维护宪法尊严、保证宪法实施的职责"。在法律监督层面，要求"把所有规范性文件纳入备案审查范围，依法撤销和纠正违宪违法的规范性文件，禁止地方制发带有立法性质的文件"。在法律保障层面，宪法日所培育的宪法文化将增强整个社会的宪法意识。在党内法规层面，"依宪执政"要求各级政党组织和党员维护宪法权威，捍卫宪法尊严，保证宪法实施。

2.《立法法》为法治体系定规矩

法律规范体系是由立法程序产生的，程序也应依法确立。因此，如何为这个程序设立规范，成为2000年颁布的《立法法》的首要任务。《立法法》之所以重要，在于它将法律规范的制定过程纳入了法律规范体系中。2014年8月，《立法法》迎来颁布后首修，十二届全国人大第十次会议初次审议了修正案草案，重点关注四个问题：一是授权立法的完善，草案第四条详细规定了授权目的、事项、范围、期限等；二是地方立法权问题，草案第二十二条赋予设有区的市同样拥有地方立法权；三是立法监督问题，草案第二十六、二十七条规定相关机关可以对违反宪法、法律的行政法规等提出意见，制定机关应予以修改或废止；四是部分法律解释“超越”法律本身含义的问题，草案第二十八条规定“两高”的解释应当针对具体法律条文，并符合立法的目的、原则和原意。

纵观以上四点可以发现，立法权同时存在放宽与收紧两种趋势。放宽主要针对地方，给予设区市更强的自主性，有利于地方根据自身情况调整发展方向，因地制宜地推进改革，避免“一刀切”。这种放权式的立法决策对于推动地方改革具有重要意义，2014年上海自贸区的立法工作正是这一立法决策在实践中的试验。但放宽并不是绝对趋势，草案还要求收紧授权立法和司法解释的范围。这实际上是对立法权的限制，符合宪法法律保留原则，也是依宪治国的具体表现，有助于维护立法的稳定性、专属性和严肃性。这种立法决策无疑在为不断推进的改革“踩刹车”，利用法律的稳定性来中和改革的不确定性，降低社会风险。

此外，《立法法》本身是立法体制的一部分。党的十八届四中全会不仅肯定了《立法法》修正案草案中放宽与收紧的立法决策，而且将其作为立法体制不断完善的一个标志。《立法法》修改是对立法权力的再分配，是法律规范体系得以形成的制度约束，也是整个法治体系在基础环节上不可逾越的“规矩”。

（二）重点立法：从改革事实到法律规范的转化

遍及各个领域的法律法规是整个法律规范体系的主体部分，其与国家发展、社会进步、公民生活息息相关。改革开放以来，中国取得的一系列成就是各个领域不断变革的结果，变革在事实层面形成常态后，又通过法律形式稳定下来，上升为规范意义上的“常态”，这也是法制化的过程。党的十八大以后，中国步入深水区，党的十八届三中全会强调全面深化改革，各个领域呈现出一种事实上的“新常态”。所谓“新常态”，不仅表现在经济领域，而且涵盖了政治、社会、文化等诸多方面。为应对新形势，进一步深化改革，实现可持续发展，需要立法在重点领域做出回应，并将事实层面的新常态转化为规范意义上的新常态。

1. 行政领域：提升公信力和执行力

国家发展与社会稳定需要强有力的政府，而为提高市场经济绩效则需要一个节制的政府。看似矛盾的“强有力”与“节制”，在法治框架下却能够实现融合。党的十八届三中全会提出：“必须切实转变政府职能，深化行政体制改革，创新行政管理方式，增强政府公信力和执行力，建设法治政府和服务型政府。”可见，政府之强有力体现在“公信力”与“执行力”，政府之节制体现在“法治化”与“职能转变”。在改革背景下，政府既是部分政策的制定者，也是部分政策的执行者。利用具体的法律规范约束政府行政决策和行为，不仅是节制的客观要求，而且是提高政府公信力和执行力的强力之举。

一是通过预算约束政府行政权力。政府任何行政决策和行为都需要资金支持，税收决定了财政资金来源，而预算决定了财政资金去向。2014 年 9 月，首次修改的《预算法》获得通过。这次修改历时十年，跨越三届人大，经历四审。之所以如此反复曲折，不仅在于政府预算的重要地位和作用，还因为其背后复杂的利益博弈。预算并不简单是政府如何花钱的计划，也是关系到各部门之间、中央与地方之间权力分配的具体方案。新《预算法》试图建立一套法治化的预算体系，既达成政治上的妥协，又推动不断深化的改革措施，实现国家治理体系与治理能力现代化的目标。

《预算法》新在四个方面：第一，施行全口径预算，将政府收支全部纳入预算范围；第二，实现预算全公开，推行预算民主；第三，完善预算审查、监督，明确预算责任，强化预算硬约束；第四，明确和完善转移支付制度。新《预算法》展现出的节制反而提升了政府公信力与执行力：一方面，增强了政府资金使用的可预期性、透明性，把钱花在老百姓眼皮底下，增强了政府公信力；另一方面，防止下级政府滥设小金库或实施二次预算，在节约财政资金的同时也保证了科学合理地使用资金，增强了政府执行力。

二是在司法程序上加强对政府的约束。2014 年 11 月，全国人大常委会表决通过第一次修正《行政诉讼法》。新法集中破解民告官案件的“立案难、审理难、执行难”三难问题。新法增加了包括“扩充行政案件立案范围”“引入集中管辖与提级管辖”“拘留不配合执行的行政机关主管人员”等规定。最引人关注的是新法明确赋予法院对规章以下的政府红头文件进行附带审查的权力。红头文件是政府用于决策的重要形式，涵盖内容广、效力高，但缺乏严格的制定和审查程序，存在严重的不确定性和任意性。将红头文件的审查纳入司法过程，不仅开创了监督行政抽象行为的先河，更是对政府权力的再平衡。

2. 经济领域：完善市场，助力转型

党的十八届三中全会提出：“紧紧围绕使市场在资源配置中起决定性作用深化经济体制改革，坚持和完善基本经济制度，加快完善现代市场体系、宏观调控体系、开放型经济体系，加快转变经济发展方式，加快建设创新型国家，推动经济更有效率、更加公平、更可持续发展。”由此看出，在经济发展

中，市场机制是决定因素，改革是推动力，社会主义经济制度是前提，完善市场体系、转变经济发展方式、建设创新型国家是手段，效率、公平、可持续是目标。2014 年的经济立法反映了该政策思路。

一是完善现代市场体系。市场经济的本质是法治经济，“现代市场体系”须以法律规范的调节作为前提，这一要求突出体现在电子商务领域。作为新兴行业，电子商务在中国取得长足发展，市场规模大、增长快、交易风险高，但仅有一部法律与之匹配。相关法律的匮乏致使整个行业没有形成健康的市场环境，各种问题层出不穷，制假贩假普遍存在，侵害消费者权益行为频繁发生。因此，要完善现代市场体系必须从电子商务领域入手，2014 年成为电子商务立法元年。另外，完善的市场体系要求建立成熟的交易规则，并为弱势一方的消费者提供适当保护。由于市场中力量分布不均衡，消费者往往在信息不对称中居于不利地位，这要求法律明晰市场规则，降低信息成本和交易成本，以保障市场机制的健康有效。在此背景下，《中华人民共和国食品安全法（修订草案》和《广告法（修订草案）》向社会公开征求意见。两部法律在修改中同样重视消费者，旨在完善更加公平的市场交易规则。

二是转变经济发展方式。我国经济发展存在产业结构不合理、产能过剩、环境污染严重、高耗能等问题，通过立法方式可倒逼经济转型，实现可持续发展。2014 年 8 月，全国人大常委会通过了修改《安全生产法》的决定。新法更加重视安全问题，强调在追求效率的同时，更应以人为本，转变发展观念，完善安全生产相关制度。更引人关注的是同年 4 月通过的《环境保护法（修订案）》。该法降低了公益诉讼门槛，加大惩罚力度，注重法律执行，同时建立起政府、社会、公民三位一体的环保法律体系，被称为史上最严的环保法。新环保法的严格规定将提升污染企业的生产运营成本，以此作为一种经济激励倒逼企业放弃传统的生产模式或增加环保投入。而舆论对环保法的担心也在于此，越是严厉的法律，要么为公权力机关创造了更广阔的寻租空间，要么就是导致执法成本过高而引发执法部门怠政。

3. 安全领域：践行总体国家安全观

党的十八届三中全会决定成立国家安全委员会，旨在完善国家安全体制和国家安全战略，确保国家安全。2014 年 4 月 15 日，国家安全委员会召开第一次会议，习近平首次提出“坚持总体国家安全观”。国家安全之所以受到如此重视，是因为深化改革、国家转型背景下凸显出的社会不稳定性。

为了应对国家安全和公共安全领域的挑战，国家加快推动了安全领域的立法。2014 年 11 月，全国人大常委会通过《反间谍法》，取代了名不副实的《国家安全法》。这主要是由于原《国家安全法》通篇是关于反间谍的内容，而对于范围更广、更为复杂的国家安全问题没有做详细规定。在我国社会转型、深化改革的背景下，社会矛盾不断激化，治理危机不时爆发，亟须一部具有总体国家安全观视角的立法来弥补不足，因此，《反间谍法》实际是为新的《国家安全法》铺平了道路。紧接着，同年 12 月，全国人大常委会首次审议了《反恐怖主义法（草案)》。该草案规定建立国家反恐怖主义情报中心和跨部门情报信息运行机制，并对有关工作机构与职责、安全防范、情报信息与调查、应对处置等手段措施做了规定。从反间谍、反恐到有待完善的“国家安全”，立法决策正践行着总体国家安全观的价值理念。社会改革、国家转型往往意味着惨痛的安全代价。在危机面前，只有将国家安全全面纳入法律规范体系，才能形成最坚固的安全堡垒。

三、法治实践助推中国改革的巩固和深化

党的十八届四中全会《决定》指出：“法律的生命在于实施，法律的权威

也在于实施。”只有当法律规范切实运用到社会运转中时，法治的目标才可能实现，法治体系本身才具有意义。法律实施的基本途径有两个：一是政府的行政活动，二是司法机关的检察、审判活动。2014 年是深化改革元年，行政和司法通过实践的方式回应了这一主题。不同的是：行政是将法律的具体内容转化为可操作的行为规范，是一种积极的行动，更强调外在形式上的守法；而司法则是运用具体法律条文判断某种行为是否合法，是一种消极的决断，更强调内在实质上的公正。

（一）依法行政：以法的理念落实改革

政府实施行政管理是现代国家得以发展、社会得以进步的推动力量。但在改革开放后全面市场化的语境中，政府被视为市场经济的对立方，成为一切发展障碍的制度性根源。实际上，任何一个以市场为主导的西方发达国家，同样需要发达的政府行政系统与之配套。因此，判定好坏的标准不是政府或者行政权力的大小，而是能否建设成为法治政府。

法治政府建设本身是改革的一部分，而且是落实其他领域改革的推动力量。党的十八届三中全会《决定》明确指出：“经济体制改革……核心问题是处理好政府和市场的关系”，“健全社会主义市场经济体制必须……着力解决市场体系不完善、政府干预过多和监管不到位问题”。然而，不仅是经济领域，依法行政还对司法、文化、社会等领域产生了巨大影响。

1. 依法转变政府职能，保障市场机制

经济体制改革是全面深化改革的重点，而经济体制改革的核心是处理好政府与市场的关系，使市场在资源配置中起决定性作用，并转变政府职能，建设节制权力的法治政府和服务型政府。这一政策路线延续了 20 世纪 90 年

代以来市场化改革的思路，手段包括简政放权、完善现代市场体系，同时加强宏观调控，提高政府效率。总结2014年国务院及其下属机构颁布的热点法规或文件，可以发现，调控领域主要集中在产业链上游。

第一，进一步完善资本市场。资本市场是所有产业的上游市场，通过行政手段干预资本市场既可以高效实现宏观调控的目的，又不至于过渡干预下游商品市场的资源分配。同时，资本市场风险高、影响大，只有通过严格的规制手段才能保证经济平稳运行。2014年，相关监管部门从两方面规范资本市场的运作：一是加强对非融资性担保公司、金融租赁公司等金融企业和金融机构的管理，以此规范资本市场的参与者。不合格的市场参与者是市场风险的主要来源，由于金融市场模式更新快，权利义务关系复杂，立法者必须不断更新和补充法律规范，才能有效降低市场主体的多样性所带来的巨大风险。二是持续完善资本市场的运作规则和交易模式，包括规范优先股的试点，以及上市公司退市制度等。两项制度都旨在为投资者创造一个健康的投资环境，抵制短线炒作和垃圾股泡沫，同时为资本市场的参与企业创设公平的竞争环境。因此，政府部门对资本市场的干预目的可能并不只是管控风险，更大的期望是打造健康繁荣的资本市场，为未来整体的经济增长提供动力。

第二，完善房地产和劳动力市场。房地产业不仅是我国经济发展的支柱产业之一，而且关系到最基本的生产资料——土地的流动。而劳动力也可以被视为生产要素，更重要的是房地产和劳动力两个市场事关基本民生。2014年1月，中央编办发布《关于整合不动产登记职责的通知》，标志着不动产统一登记制度加快建立。同年8月，《不动产登记暂行条例》公开征求意见，11月底正式公布。该条例的施行：一方面与《物权法》实现对接，推动长期以来进展缓慢的不动产登记制度；另一方面也可与反腐败工作相配合，成为调查官员腐败问题的一种制度手段。而不动产登记制度的意义远非如此，它有利于明晰缠绕在不动产上复杂的权利义务关系，无论是对于解决财产纠纷还是降低相关领域市场的交易费用都具有积极作用。

在劳动力市场方面，2014 年 1 月，人力资源和社会保障部公布《劳务派遣暂行规定》。该行政法规是新《劳动合同法》的一个细化和补充，集中解决两方面问题：一是我国劳务派遣市场不够规范、门槛太低。部分劳务派遣企业不规范经营，扰乱正常市场秩序。二是一些用工单位规避法律责任，将劳务派遣作为主要的用工形式。对此，新规一方面明确了劳务派遣用工比例，另一方面明确用工单位不得逃避补偿工伤、职业病的具体责任，并在福利待遇和社会保险方面实现派遣职工与合同工的平等对待。

2. 健全依法决策机制，推动有效治理

政府决策确定了行政执法的方向，依法决策是实现治理目标的前提。而从法律角度看，决策本身是针对实际问题的政治决断，较少受法律约束，因而具有更大的不确定性和风险。为了建设法治政府，有效降低社会风险，党的十八届四中全会《决定》指出，“健全依法决策机制，把公众参与、专家论证、风险评估、合法性审查、集体讨论决定确定为重大行政决策法定程序”，同时“建立重大决策终身责任追究制度及责任倒查机制”。

2014 年，有两例典型的政府决策失败案例值得我们深入思考。一是 2014 年 4 月，广东茂名政府批准的一批 PX（二甲苯）化工项目受到市民抵制，并发生小规模的街头抗议，随后引发网络上对 PX 化工项目是否造成环境污染和损害健康的大讨论。二是 2014 年 12 月，深圳市政府突击发布汽车限购令。由于政府说法前后不一，没有经过任何听证程序，引发舆论极大不满。两例热点事件有着许多共同点，无论是 PX 项目还是汽车限购令，背后都存在着鲜明而矛盾的利益取向，无论决策结果如何，都势必引起相关方的抵触，因而决策本身就是一个两难选择。对此，一种更可取的方式是引入利益各方的商谈博弈，将各方参与决策的过程作为决策正当性、合法性的基础。这启发政

府无论决策的最终结果如何，应首先提高公众参与度，保证决策过程透明化，践行依法决策，从而避免舆论争议甚至危机事件。

3. 严格规范执法，维护改革大环境

行政执法是行政权力的末梢，是法律实施的最终环节之一。通过行政执法，具体的法律法规和行政决策才能落实到社会生活中。党的十八届四中全会《决定》对行政执法提出两方面要求：一是深化行政执法体制改革，二是坚持严格规范公正文明执法。两项要求背后蕴含着两个层次的内容：既要严格依照法律，在法律的约束下行使权力；又要严格执法，保证执法目标的实现。

2014 年，政府在多个领域开展影响广泛的行政执法行动，旨在创造有利于改革的经济、社会、政治环境，营造良好舆论空间。

一是在经济领域开展反垄断执法。2013 年底，国家发展改革委即展开对美国芯片公司高通集团的反垄断调查，并在 2014 年 7 月确定了高通集团的垄断事实。2014 年 6 月，国家工商总局对微软涉嫌垄断进行立案调查。同年 8 月，国家发展改革委对克莱斯勒、宝马等多家知名汽车企业展开反垄断调查，随后部分企业承认垄断事实并接受罚款。这是自反垄断法实施以来执法最严厉的一年，外媒称中国政府掀起了反垄断风暴。实际上，2013—2014 年可以视为中国反垄断法真正走向实施的年份，之前我国关于反垄断法的讨论多停留在立法阶段，没有发挥出应该具有的效力。此次反垄断执法：一方面，旨在维护自由竞争的市场环境，为相关领域的民族企业创造发展空间；另一方面，从我国更大的一个发展趋势来看，针对高新技术领域的反垄断执法势在必行。长期以来，西方发达国家垄断了各个行业、产业链中的精尖技术，严重阻碍了我国产业结构升级和技术进步，甚至限制了我国未来的经济增长和国力提升。在市场经济的要求下，政府需要采取法律手段来维护国家利益，

因此，借助反垄断执法来扩展我国高新技术企业的生存空间，就成为最有效的博弈手段。

二是开展针对民族势力、宗教极端势力、暴力恐怖势力的专项执法。2014 年是上述三股势力活动频繁的一年，特别是新疆民族、宗教极端势力在全国各地发起多次恐怖袭击，造成了恶劣的社会影响。此外，社会发展过程中酝酿的突出矛盾转化为恶性公共安全事件，包括温岭杀医案、杭州公交车纵火案、平度纵火案等，充分暴露了社会治理中存在的危机。对此，在“总体国家安全观”的指引下，公安部、国家安全部等国家机关开始迅速行动，在公共场所加强安全戒备，全力侦破威胁公共安全的案件。2014 年上半年，北京市等全国主要城市集中开展反恐行动，打击危害公共安全犯罪。同年 6 月，全国开展惩治“全能神”邪教组织执法行动，并就“5. 28 山东招远血案”展开调查。纵观一系列事件和执法行动，可以发现安全问题在社会转型和深化改革的背景下尤为突出。改革开放以来，经济的高速发展掩盖了许多尖锐的社会矛盾，当发展处于换挡期，社会发展面临结构性调整时，潜藏的问题矛盾就可能爆发，而这也是在法治背景下强调国家安全的原因。

三是开展纠正社会不良之风的专项执法。2014 年 2 月，广东省东莞市率先出动大批警力对全市桑拿、足浴等娱乐场所进行检查。同年 4 月，全国“扫黄打非”工作小组办公室等四部门联合开展“扫黄打非 · 净网 2014”行动，统一打击网络色情淫秽信息，9 月开始，又进一步推向微信、微博、微视频等领域。同年 6 月 26 日为国际禁毒日，习近平对禁毒工作做出重要指示。随后，全国掀起查毒、禁毒热潮，公安机关加大打击毒品犯罪力度，打击色情、毒品等社会不良之风成为社会共识。

四是加大对网络谣言和新闻媒体的管控，创造自由合法的舆论空间。随着网络及新媒体的兴起，现代舆论空间的边界进一步扩展，内容也更为复杂。这为谣言、敲诈、假新闻等违法行为提供了滋生的土壤。在此背景下，2014

年3月，中共中央宣传部等9部门联合深入开展打击新闻敲诈和假新闻的专项执法行动，执法的触角同时伸向微信、微博等新媒体。3月，国家新闻出版广电总局要求强化网络剧、微电影的管理。与此同时，随着新媒体的快速发展，国内媒体行业正在经历另一场变革。新媒体的出现大大降低了新闻传播领域的行业门槛，现代网络技术为任何一个人提供了传播信息的可能性，因此，新闻敲诈和制造假新闻的成本大大降低。2014年审理并宣判的秦火火案和21世纪网新闻敲诈案，不只是上述问题的彰显，更拷问着新闻从业者的职业伦理。2014年10月，国家相关部门针对部分新闻从业者下发《关于在新闻网站核发新闻记者证的通知》，旨在加强新闻网站编辑记者队伍建设，提高队伍整体素质，期望以法律的形式打造一个健康的新闻舆论空间。

（二）公正司法：以法的名义推动改革

司法即“运用法律”的过程，是法治实施体系的重要组成部分。法律规范体系的权威和价值通过司法过程直接展现出来。党的十八届四中全会《决定》关于司法的一章开篇即指出：公正是法治的生命线。相比“依法行政”，“公正司法”具有较大的价值选择空间。“公正”的内涵在不同的人看来必然不同，在官方的表述中，主要是指“让人民群众在每一个司法案件中感受到公平正义”。这种司法价值选择，实际指向一种动态的法律实践观，反映了法治实施在政策层面的理念转型：司法应更加关注效果，并因而超越法律规范的狭小空间，成为更具活力的变革性力量。但这并不是否定司法的稳定性，而是在审慎的基础上对不断变化的社会现实采取更为开放、包容的姿态。

1. 司法体制迎来改革新机遇

司法体制改革是我国政治体制改革的重要组成部分。党的十八大报告中强调，要“进一步深化司法体制改革”，党的十八届三中全会《决定》对司法改革做了更为详细的政策安排，党的十八届四中全会《决定》则用专门章节阐述司法改革的具体方案，涉及更多细节，具体包括：第一，推动实行审判权和执行权相分离的体制改革试点；第二，在最高人民法院设立巡回法庭；第三，改革法院案件受理制度，变立案审查制为立案登记制；第四，完善审级制度；第五，明确司法机关内部各层级权限；第六，加强职务犯罪线索管理。

纵观2014年，司法改革借助深化改革的历史契机，沿着上述路线实现重大突破。

一是重新规划改革总体方案。2014年7月，最高人民法院发布《人民法院第四个五年改革纲要（2014—2018）》，提出45项改革举措，是指导未来5年法院改革工作的纲领性文件。纲要内容可以简单分为法院内部制度建设和法院外部环境构建两个方面。前者包括审判公开制度改革、审判权力运行机制、司法权自我约束等；后者包括法院人事制度改革、判决与行政权力的分离、管辖制度改革、司法行政事务保障机制、涉诉信访问题等。相较而言，法院内部制度建设封闭性强，推行阻力较小；而法院外部环境的构建则必须与其他公权力相配合，形成促进法院改革的制度环境，司法改革本身需要体系性的推动机制。其中隐含的热点问题包括法官的精英化、司法工作与行政权力相分离、法官独立行使审判权等。此次纲要同样为改革提供了一点方法论上的启发，最高人民法院既推出此全方位的改革规划，又要求地方法院避免“一刀切”，多搞试点，慎重推进改革。

二是创新改革试点。2014年4—5月，上海自贸区通过了一系列司法改革方案。抛开具体内容，自贸区司法改革给予我们两方面启示：一方面，作为司法改革试点，上海推动司法改革的经验可以作为全国司法改革的重要参考，可以起到以点带线、以线带面的作用；另一方面，由于上海自贸区的全部制度设计围绕“自由贸易”展开，司法体制也不例外，因而其改革经验具有独特性，在推广时须更为谨慎，特别是中国幅员辽阔，东部、中部和西部偏远地区的情况有很大差距，不能以上海司法改革的精神和理念来理解所有地方的司法改革。6 月，中央全面深化改革领导小组召开第三次会议，通过了 3 个关于改革试点的文件，在强调司法改革试点的同时，秉持了不搞“一刀切”、实事求是的改革理念，并在总体上形成改革路线图，完成总体思路框架的构建。此外，会议还决定成立专门的知识产权法院，以应对社会发展过程中日益复杂、专业化的知识产权纠纷。

三是落实具体改革措施。2014 年 8 月，全国人大常委会通过《关于在北京、上海、广州设立知识产权法院的决定（草案)》。同年 11—12 月，三地知识产权法院先后挂牌成立。同年 12 月 28 日，全国人大常委会表决通过设立最高人民法院巡回法庭，其中第一巡回法庭设在广东省深圳市，第二巡回法庭设在辽宁省沈阳市，两法庭于 2015 年开始受理、审理案件。12 月28 日，全国首个跨行政区划法院与首个跨行政区划检察院——上海市第三中级人民法院、上海市人民检察院第三分院正式成立。党的十八届四中全会后，一系列具体改革规划迅速落地，显示出决策者坚定的改革决心。然而，改革的合法性与合理性持续受到关注，特别是关于巡回法庭问题的讨论一时间沸沸扬扬。

2. 规范性司法文件巩固改革

规范性司法文件是法治实施体系的重要组成部分。“规范性司法文件”指最高人民法院、最高人民检察院出台的司法解释、意见或指导性案例等，它既可以像法律规范那样适用于案件的审理，又在一定程度上具有公共政策属性。这一特点使得法院成为社会治理和巩固改革的重要推手，并进一步促进司法机构的公共政策化。2014 年，借助规范性司法文件，最高人民法院在经济制度、食品药品安全、医患关系、家庭伦理与未成年人保护等领域成为深化改革的推动性力量。

一是促进经济体制改革。2014 年 12 月，《最高人民法院关于依法平等保护非公有制经济促进非公有制经济健康发展的意见》正式发布，旨在改善非公有制经济面临的不公平法治环境，主要包括在涉及投资经营纠纷诉讼中，非公有制企业面临着无效合同认定多、市场准入和融资难、起诉胜诉难、判决执行难等不合理障碍。这与党的十八届三中全会《决定》提出的“毫不动摇地鼓励、支持和引导非公有制经济的发展”的要求相一致。这表明，最高人民法院推动非公有制经济发展与我国经济体制改革紧密相关，也是党的方针在司法领域的具体化。从这一点可以看出，司法发挥的是工具性和辅助性的作用，而真正影响改革和发展走向的是背后的执政党。二是在发展的同时更关注民生。2014 年 3 月，最高人民法院出台关于食品药品纠纷案件司法解释，针对该类案件审理中的突出问题给予切实可行的指导，总体趋势是从程序、实体两方面进一步加强消费者保护。其中包括取消消费者提起诉讼的行政前置程序，增加对第三方网络平台的规制、对食品类的知假买假予以合法化等。三是致力于维护社会稳定。2014 年 4 月，最高人民法院、最高人民检察院等五部门联合发布《关于依法惩处涉医违法犯罪维护正常医疗秩序的意见》，明确规定 6 类涉医违法犯罪将受严惩。最高人民法院同时公布 4 起暴力伤医案审判情况。医患关系紧张是长期以来的社会现状，医患矛盾并不简单是法律问题，而是涉及医疗体制、社会信任等多方面的社会问题。司法是解决这类问题的最后一道防线，但在深化改革的背景下，运用法律武器也许是最有效的手段。

中国由于重视家庭的价值，因而社会稳定的重要前提是家庭和谐。2014 年，司法同样推动了家庭建设。2014 年 5 月，最高人民法院公布 5 起家庭暴力侵害未成年人典型案例。保护未成年人始终是立法、司法的重要价值选择，但强调在家庭范围内的未成年人保护更具特殊意义。与此相联系的是，2014 年 11 月，国务院法制办公布了《反家庭暴力法》征求意见稿，同样旨在保护家庭中的弱势群体。但以上保护带来另外一个问题，由于中国传统价值中，严厉的家法属于社会典范，如何在以个人权利为中心的西方法治框架内平衡中国的传统价值，成为我国立法和司法工作的重要课题。

3. 司法个案以小鉴大推动改革

热点个案是法治体系中不可缺少的一部分。一方面，个案更贴近现实生活，容易引发公共舆论关注，足以形成决定结果的政治压力，甚至影响长期政策走向和制度演变；另一方面，不可过分夸大个案作用，热点个案总是社会结构性矛盾走向极端的一个表现。因此，无论是21世纪初的司法专业化改革，还是进一步政治化的转变，都可以将热点案件作为理解我国司法形态乃至法治体系的切入点。2014年的热点案件不仅在政治层面推动政策转向，而且在法律技术层面提出对司法的新要求，可总结为以下4点。

一是在深化改革背景下兼顾稳定。2014年是深化改革元年，改革所引起的国家、社会转型更需要稳定的大环境。在此背景下，2014年司法机关惩办、审理了一批社会恶性案件，包括浙江温岭杀医案、山东平度纵火案、山东招远全能神案、首例在华外国人非法获取个人信息案等。案件中既有长期存在的社会矛盾，也有转型期凸显的新问题。在“总体国家安全观”指导下，维护一个稳定的改革环境成为2014年司法机关的重要任务。因此，法治必须面对的问题是发展与稳定之间持续存在的张力。发展本身是突破稳定的过程，而过快的发展可能产生复杂的社会矛盾，从而降低社会稳定性。反过来，稳定是发展的前提条件，如果稳定限制了社会活力，也必然会对发展形成限制。

二是继续加强人权司法保障。2014年8月，念斌案终审宣告无罪，但两个月后又被列入“犯罪嫌疑人”；同年11月，18年冤案呼格吉勒图案再审，判决已被执行死刑的被告无罪，12月，内蒙古高院做出国家赔偿决定。以上两案在2014年成为备受关注的司法个案，引发对避免冤假错案、加强人权司法的广泛讨论。对此，党的十八届四中全会《决定》要求：加强人权司法，强化诉讼过程参与人各项权利的制度保障，健全冤假错案的防范、纠正机制，保障当事人依法行使申诉权利。

三是域外司法案件成为关注热点。这一方面表明我国从被动到主动，积极参与国际事务，应对国际挑战，并尝试以自身行动塑造国际法律秩序；另一方面则表明国内民众对国际法律事务更加关注，反映国民在不断拓展全球意识和国际视野。2014 年，包括中国稀土案、扣押日本商船案、三一重工子公司胜诉美国政府案、中欧电信贸易争端等引发了广泛讨论，这其中既有专业的学术、理论分析，也有普通老百姓的感慨评论，这些共同构成了 2014 年域外司法的舆论新图景。

四是提升法律技术，满足社会发展的客观需要。法律所具有的稳定性使其成为社会发展中的保守力量，但司法过程又必须面对不断更新的案情、新颖的社会潮流、日益复杂的社会关系，因此，必须提升法律技术来应对新变化。2014 年的 3 例热点案件——搜狐诉“今日头条”侵权案、首例冷冻胚胎案以及琼瑶诉于正侵权案，不仅在司法过程中运用了全新的法律技术，更展现了司法满足社会需求的积极作用。

四、国家与社会双重监督体系的形成

法治监督反映了法治体系内部的结构性权责分离。一方面，从监督对象看，法治监督包括对立法、行政、司法和执政党的监督：党的十八届四中全会《决定》在论述法律体系时指出应“健全宪法实施和监督制度”；在论述依法行政时指出应“强化对行政权力的制约和监督”；在论述公正司法时指出应“加强对司法活动的监督”；在论述党的领导时指出应“深入开展党风廉政建设和反腐败斗争，严格落实党风廉政建设党委主体责任和纪委监督责任”。

另一方面，从监督主体看，法治监督包括内部监督和外部监督，即对以上对象的监督有来自其内部的监督，也有来自外部的专门机构的监督。

但上述监督类型都是国家层面的体制内监督。2014 年，随着互联网、新媒体的进一步发展，舆论空间不断扩展，逐渐形成一个体制外的独立的社会监督体系。它不同于国家正式制度，而是社会群体乃至公民个人所形成的监督体系，具有监督范围广、信息流动快、影响范围大的特点。社会监督实际反映了改革开放以来社会力量的崛起，而在法治理念下，为保障稳定的发展环境，社会力量所形成的舆论场又必须被纳入法治的轨道中来。因此，2014 年国家致力于营造一个更加健康、公平的舆论环境，这意味着一种国家与社会双重约束的监督体系正逐步形成。

（一）国家监督：健全机制，持续反腐败

从国家层面考察常规的监督机制可以发现，2014 年的监督工作有两个特点：一是在法治的理念下，逐渐形成针对不同监督对象的完善监督机制，形成法治体系的重要一环；二是以反腐败为工作重心，特别是在行政和司法领域，持续推进反腐工作制度化、常态化。

1. 对立法的监督：完善宪法监督制度

对国家立法的监督主要来自宪法。党的十八届四中全会《决定》指出，应“完善全国人大及其常委会宪法监督制度，健全宪法解释程序机制。加强备案审查制度和能力建设，把所有规范性文件纳入备案审查范围，依法撤销和纠正违宪违法的规范性文件，禁止地方制发带有立法性质的文件”。《决定》将依据宪法进行审查的范围扩大至所有规范性文件，一方面提升了宪法的统摄力，另一方面构建了一个针对法律法规的最基本监督框架。这一框架是整个法治监督体系的基础，也是法治体系不可或缺的一部分。

2. 对行政的监督：建设全方位的监督体系

行政权力是国家强制力的集中体现，也是直接关涉单位和个人具体利益的国家权力。因此，对行政权力的监督最为复杂和重要。《决定》表述为“强化对行政权力的制约和监督”，强调不仅要监督，还要制约，同时动用党内监督、人大监督、民主监督、行政监督、司法监督、审计监督、社会监督、舆论监督，涵盖了所有监督渠道。2014 年，对行政领域的监督有两条线：一是持续开展反腐败斗争，与党的自身建设联系在一起，主要是对行政官员的监督；二是建设多渠道的监督机制，形成完善的监督体系，在监督官员的同时还应对具体的行政决策或行政执法进行监督，对宽泛的行政权力形成制约。

一是持续深入开展反腐败斗争，推进反腐工作制度化、常态化。党的十八大以来，中央反腐力度不断加大，在这场反腐风暴中，处于主导地位的机构是中央纪律检查委员会。2014 年 1 月，十八届中央纪律检查委员会第三次全会工作报告发布，将纪委纵横交错的组织结构调整为纵向为主的组织结构。报告要求：第一，查办腐败案件以上级纪委领导为主；第二，线索处置和案件查办在向同级党委报告的同时必须向上级纪委报告；第三，各级纪委书记、副书记的提名和考察以上级纪委会同组织部门为主。这种制度安排有利于减少纪委办案阻力，实际上增强了纪委权力，形成对行政权力的有效制约。同为反腐主力的检察机关采取了更加严厉的监察手段。此外，面对国际化背景下贪官大量外逃的现状，9 月，最高人民检察院对外逃贪官展开国际追捕行动，将反腐败推向域外。这与 2013 年底至 2014 年初的国务院统计个人海外金融资产以及中纪委清查裸官等行动紧密相关。因此，反腐不仅是国内司法领域的问题，而且是涉及国际法乃至外交关系、主权安全的国家政治行动。

二是形成多渠道的监督机制。除各级纪委是反腐、监督的主导机构外，2014 年，通过立法、司法手段监督行政权力同样普遍。在立法层面，2014 年

8 月底通过的新《预算法》，旨在进一步从源头监督行政权力运行，人大在其中发挥重要作用；而同年 11 月通过的新《行政诉讼法》则加强了司法领域对行政权力的监督，具体条款的修订主要针对行政诉讼实践中存在的“立案难、审理难、执行难”三难问题。真正引发各界关注的是，修订后的《行政诉讼法》明确赋予法院对规章以下的政府红头文件可进行附带审查的权力。这意味着，对某些地方行政机关运用规范性文件剥夺上位法赋予公民的权利、违背法治精神管理社会的情况，将会形成有效的遏制。长期以来，政府红头文件一直是地方行政的权力指挥棒，但由于红头文件并非法律文件，缺乏严格的制定程序，因此具有很大的不确定性，甚至缺乏正当性。以往对地方红头文件引发的地方保护主义、拍脑袋决策以及不合理决策问题，缺乏有效的监督机制。而新《行政诉讼法》在此领域有所突破，将政府的抽象行政行为纳入司法的监督之下，进一步体现了政府依法行政的客观要求。

3. 对司法的监督：从规范行为到多渠道监督

“公正司法”是党的十八届四中全会对司法工作提出的总体要求。要使民众在每一个司法案件中感受到公平正义，进而提升司法公信力，就必须从两方面着手：一是司法机关应深化司法体制改革，加强自身建设与自我约束；二是应加强来自外部的监督，严厉惩治司法腐败，形成权力制约。2014 年 2 月，中央政法委出台《关于严格规范减刑、假释、暂予监外执行切实防止司法腐败的意见》，严格规范三类程序，并强化责任追究。同年 3 月，司法部就贯彻落实该意见做出部署，提出“倒查三年”“全程留痕”等措施，由此拉开了全年规范司法行为、惩治司法腐败的序幕。这两项措施是外部监督主体对司法行为实施的监督，主要落脚点是“追责”。从外部监督的属性来看，追究行为人的相关责任是最有效的监督机制。相反，司法体系内部的自我规范则更注重程序，强调司法程序对司法行为的规制作用。同年 10 月，最高人民法院、最高人民检察院向全国人大常委会做规范司法行为的报告。贯穿两份报告的主线有两条：一是加强自我规范，二是完善外部监督。两份报告指出不仅要健全人大及其常委会、政协对司法工作的监督机制，还要加强法院与检察院之间的相互监督。

（二）社会监督：从体制内走向体制外

2012 年，我国提出的法治国家、法治政府、法治社会“三位一体”建设，已将“社会”从国家范畴中明确剥离出来，成为顶层设计的指导方针。“社会”受到如此重视，与我国市场经济、对外开放的政策密不可分，但更为根本的是我国发展阶段的客观要求。社会中不断加剧的各种矛盾，要求政府更加重视社会治理，保障社会稳定。同时，作为不同于国家的范畴，社会反过来对国家机器具有监督作用，最典型的是舆论监督、社会团体监督及公民个人的监督。因此，在建设法治体系的过程中，一方面，要扩大公众参与，实现社会对国家的监督功能；另一方面，必须将社会监督纳入法治化轨道，起到稳定社会秩序的效果。

2014 年，社会监督的重点是舆论监督。实际上，舆论是社会个体进行监督的一种方式，它不同于制度化的监督机制，而是借助网络、新媒体等信息媒介，形成强大的舆论场，从而发挥监督作用。随着舆论监督的进一步发展，对其进行规制也是法治建设的题中应有之意。

1. 以公众参与和信息公开为前提

公众参与和信息公开已成为现代化治理的重要手段，也是推动舆论监督发展的制度源头。党的十八届四中全会《决定》明确了相关政策：首先，在行政领域，把公众参与确定为重大行政决策法定程序之一，同时“全面推进政务公开”，“坚持以公开为常态、不公开为例外原则”；其次，在司法领域，

人员不得介入新闻采编业务，以防止新闻从业人员利用新闻谋利，破坏新闻的真实性和客观性。而21世纪网部分高级管理人员利用上市企业注重声誉、依赖媒体宣传的特点，以其拥有的舆论引导能力与企业进行利益交换，公关公司在这一过程中为媒体和目标企业牵线搭桥，推波助澜，形成了一条完整的利益链条。案件轰动一时，打破了人们对正规网络媒体长期以来形成的信任，而更值得思考的是，在如今移动互联网及新媒体的强力攻势下，传统媒体面临着深重危机。传统媒体既要负担高额的营销、运营成本，又要面对新媒体不断蚕食的市场份额，无论是传统的纸媒还是互联网媒体，都面临着盈利上的困难，加之管理人员职业伦理的败坏，以信息换收入的犯罪行为在所难免。

因此，从此案中，人们看到的不仅是行政或司法对新闻媒体的规制问题，也不仅是言论自由、名誉、隐私等权利问题，更是在市场经济的逻辑下，如何维护一个好的社会伦理的问题。新闻媒体之所以重要，是因为其是人们获取信息的主要手段，同时也是传播不同意见、凝聚社会共识的最主要平台。如何在法治社会中平衡媒体所受到的管制和应该拥有的自由，事关国家荣辱兴亡，事关社会伦理走向。

五、结语

2014年最为重要的法治热点，是党的十八届四中全会顺利召开并通过了《决定》，从长远来看，此举构成了中国法治建设的新路标。以往以国家立法和司法裁判为中心的法治道路，正经历一次深刻的转型。国家法和与之相配套的司法实践仅仅是法治的一个层面，在中国特殊的语境当中，以党的方针政策为标志的党的领导和与之相配套的党内法规才是法治更为重要的组成部分。党的十八届四中全会的深远意义就在于揭示了这一深刻却长期没有受到重视的根本理论问题。

当然，作为一套治理术，法治所容纳的治理资源包括政府的公共政策、社会道德规范、习惯法或社会习俗等。因此，随着中国法治的发展和完善，将有更加丰富的内容被纳入法治范畴，并通过规范化的形式上升为国家制度。从这个角度讲，中国特色的法治建设，就是要在中国这样一个与众不同的大国里，创设出一个成熟稳定而富有活力的现代社会秩序。而2014年的中国法治实践，正是这一理想的全新起点。

治理现代化与中国法治的新使命（2015）

邵六益　彭飞[1]

导言

1978 年之后的数十年间，以立法为中心的法制工作取得了重大进展，国家和社会工作各方面基本做到了“有法可依”，形成了较为完善的法律体系。2011 年，时任全国人大常委会委员长吴邦国宣布，中国特色社会主义法律体系已经形成[2]。这不仅是一个政治上的宣示，而且意味着国家的基本政治、经济、社会制度已经由宪法和法律基本确立下来。具体而言，中国共产党领导的多党合作与政治协商制度，人民代表大会制度，以公有制为主体、多种所有制经济共同发展的基本经济制度等，都是中国共产党将中国道路制度化的开端。

党的十八大之后，中央更是试图在各个领域开始探索成形的社会主义制度，为未来发展奠定制度基础；党的十八届三中全会提出要推进国家治理体系和治理能力的现代化，开始在政治、经济、文化、社会和生态 5 个领域探

① 邵六益，中央民族大学法学院讲师、法学博士；彭飞，北京大学法学院法律硕士。

② 吴邦国：中国特色社会主义法律体系形成[OL]. 人民网，2011-01-26.

索较为成熟的制度，努力形成一种规则的治理模式。正是在国家治理的框架下，我们才可以理解法治何以成为党的十八届四中全会的主题。

改革开放以来，党的历次四中全会，主题都是全局性问题。党的十七届四中全会讨论了新形势下党的建设问题，党的十六届四中全会着重研究党的执政能力建设，党的十五届四中全会研究国企改革与发展，党的十四届四中全会集中讨论党的建设。而党的十八届四中全会所讨论的全面依法治国问题，也是在全局高度上来说的，而不仅仅是纯粹的法律问题。党的十八届四中全会与党的十八届三中全会是相辅相成的，也就是说，前者是对全面深化改革的全面确认，以全面推进依法治国的形式落实全面深化改革的蓝图。治理体系和治理能力的现代化是对党的十八大所提的“三个自信”的落实，全面依法治国成为党的工作重点之一，新一届中央领导集体对此有高度的自觉和共识。2015 年 3 月 25 日，中共中央政治局围绕司法体制改革、保证司法公正进行集体学习，这是党的十八大以来的第二十一次集体学习，也是第二次将主题聚焦在全面依法治国问题上。

放在治理现代化视角下，法律只是其中的一部分。党的十八届四中全会报告以依法治国为主题，对法治的强调凸显出一种变化：法治成为中国共产党治国理政的基本方式。1999 年宪法修正案增加“依法治国”，第五条规定一切国家机关和武装力量、各政党和各社会团体、各企业事业组织都必须遵守宪法和法律；国务院在“依法行政”的目标下要求行政机关的行为符合法律规定，以建立法治政府；司法改革五年纲要开始在法院系统中探索司法规律；国家发展和社会生活中越来越多的事项都逐渐由法律规制，例如从严治党用的是党规党法，依法行政靠的是行政法，保障人民权利靠的是民法。党的十八届四中全会是以法治为主题的一次会议，说明中央正致力于提高自身依法治国理政的能力。这就提出一个问题，作为重要推手的改革与追求稳定为要旨的法律之间如何达至和谐？从 2012 年中央提出法治国家、法治政府和法治社会“三位一体”发展，2013 年强调党规与国法的同步发展，到2014 年重新定位党的领导与依法治国的关系问题，一个由党规、国法、社会习惯等共同组成的法治多元主义共和国基本上形成。① 中国共产党在顶层设计上已经逐渐形成共识，对于处理党的领导与依法治国的关系问题，也逐渐形成相应的体制机制，法治话语体系也更为完整。

在社会主义法律体系基本建成的同时，中国共产党也着手培育“三个自信”，这就需要对当代中国的政治制度进行一种理论上的重述和制度上的定型。党的十八大肯定了中国道路，这条道路的制度化需要以法律的形式来进行表述。所以党的十八届四中全会所提及的法治，不再是西方式的以法院为中心的司法哲学和实践，而是对现代化治理的一种表述。在中国，法治也就不可能完全是司法问题，还涉及政府执法的问题，最终是要形成一整套以国家治理为中心的制度。全面推进依法治国，总目标是建设中国特色社会主义法治体系，建设社会主义法治国家。也就是说，在中国共产党领导下，坚持中国特色社会主义制度，贯彻中国特色社会主义法治理论，形成完备的法律规范体系、高效的法治实施体系、严密的法治监督体系、有力的法治保障体系，形成完善的党内法规体系，坚持依法治国、依法执政、依法行政共同推进，坚持法治国家、法治政府、法治社会一体建设，实现科学立法、严格执法、公正司法、全民守法，促进国家治理体系和治理能力现代化。②

党的十八届四中全会提出，全面推进依法治国是国家治理体系的一个重要组成部分，涵盖的是政治、经济、文化、社会和生态等各个方面的制度问

① 强世功．党章与宪法：多元一体法治共和国的建构[J]．文化纵横，2015（5）．

② 习近平．关于《中共中央关于全面推进依法治国若干重大问题的决定》的说明[J]．求是，2014（21）．

题。如果我们希望这些领域的基本问题都按照法律的方式来处理，就意味着法律范围的扩张，我们对法治的理解也会因此发生变化。从依法治国的总目标中我们可以发现，中国特色社会主义法律体系不只是国家法律，适应社会主义法治国家的基本要素都需要包含在其中，如立法、执法、司法、监督等全方位，国家、政府、社会、公民等立体框架，最终实现的是国家治理体系和治理能力的现代化。因此，2015 年，中国法治领域所发生的事情不仅仅是法院的事情，还有宏观的国家治理问题，当然这种治理是以法治的名义来进行的。

在厘清党的领导与依法治国关系的前提下，2015 年党和国家在司法上形成了一套较为成熟的制度。在司法改革实践中，工作重心已经转移到如何按照司法自身的规律来完善司法制度，使司法发挥社会正义最后一道防线的作用，尽最大可能维护国家在社会转型时期的安定和谐。法院需要从纷繁复杂的各种具体事务中解脱出来，将自己的管辖范围限定在法律问题之内。至于法律条文该如何规定，则需要在公共政策的范式下进行研究，这是一个政治判断的领域。

2015 年，我们见证了一种法律话语的全面扩展。将政治、经济、文化、社会和生态 5 个方面的核心问题都归入各自的领地，然后加以选择和分流，将适合以行政形式处理的问题交给政府，将适合由司法解决的问题交给法院，统一服务于法治中国的建设。由此我们可以从法治中国中提炼出以下特征：第一，法治中国建设的内容包含了从立法到行政，再到司法的全部环节，是对国家治理体系的法律化表达。全国人大在立法和法律修改的过程中，也最终服务于国家治理现代化的目标，而 2015 年则将注意力集中在司法问题上，尊重普遍的司法规律。第二，正如我们在前面所说的那样，司法并不适合解决所有的问题。

在党的领导与依法治国的实际运行过程中，立法是最直接的环节。在国家治理能力和治理体系现代化的大环境下，如何将党的意志转换为国家意志，成为中国立法工作的新任务。2015 年立法工作中最核心任务是《立法法》的修改，此次修改一方面赋予地方更多的立法权，另一方面对政府的财权予以限制。而 2015 年法院改革中的主要问题则是，中央开始更为尊重司法的基本规律，赋予法院更高的地位，在政治上对法院地位进行了确认。当法院试图或者被要求去解决家庭暴力之类的社会治理问题时，法院是存在困难的，因为这种植根于中国社会转型之中的分层和断裂的问题不是司法治理可以处理的，但是法院又必须承担起这样的社会治理职能。此外，在社会转型中，行政机关处于社会治理的第一线。行政机关需要在最多数、最专业的问题上发挥其优势，无论是银行存贷款利率问题，还是网络治理问题，司法都只能起到辅助性作用，发挥最大影响的只能是机动性更强的行政机关。在强调行政机关治理的同时，依法行政的压力从未减小，在国务院简政放权等一系列政策要求下，对行政权的法律制约也成为 2015 年的重要工作之一。法治事业最终需要落实到人身上，司法改革需要有法官、检察官等职业共同体的推动和配合。党的司法政策调整，也是以人民诉求为依据的，不同主体的法治诉求不同，加大了法治建设的难度。总的来看，党逐渐将国家、政府和社会纳入法治体系，一方面利用法律的手段进行治理，另一方面又对法治的科层化逻辑保持警惕，形成了中国特色的社会主义法治理念，重塑了党的政法传统。

一、立法的纵向分权和横向限权

如前所述，2011 年中国宣布基本建成社会主义法律体系，具有深远的政治意义。在立法体系成形的基础上，需要逐步完善各项立法，尤其是那些备受关注的立法。2015 年，全国人大修改了《立法法》，在放权和限权之间仔细厘定地方的立法权限；此前中央所确立的“税收法定”原则，也在新的立法规划中落实下来，对于将权力关进制度的笼子具有重要意义；另外，《食品安全法》《大气污染防治法》的修订牵动了全国人民的心，而修订《促进科技成果转化法》表明立法在推动经济增长方面发挥重要的作用；对国家荣典权立法，则显示出党和国家在利用法律进行社会治理上能力的增强，党依法执政的水平在显著提高。立法可以对很多问题予以直接的调整，而规定立法本身的法律就显得格外重要。《立法法》是一个国家的宪法性文件，2015 年的修法在多个方面重置了主要的国家权力。

赋予设区的市以地方立法权是此次修法中的重大举措。《立法法》第七十二条第二款规定了设区的市可以在不与上位法相抵触的情况下，就城乡建设与管理、环境保护、历史文化保护等方面的事项制定地方性法规。地方性法规本来可以就更多的问题做出规定，但是新获得此项权力的设区的市，其权限还要受到限制。除了第二款所说的事项上的限制外，《立法法》第七十二条第四款要求省、自治区人大常委会在综合考虑人口数量、地域面积、经济社会发展情况以及立法需要、立法能力等因素的基础上确定设区的市开始地方性法规立法的具体步骤和时间。从条文对设区的市的地方性法规立法权的规定来看，是要让地方在相关问题上获得更多的自主权，如主要涉及城市管理问题。相比省、自治区的人民政府所在地的市，经济特区所在地的市和国务院已经批准的较大的市，设区的市的地方立法权要小很多，而且还要求省区的人大负起责任，避免各地不顾实际地“一哄而上”。①

2015 年，很多地方已经开始积极行动，10 多个省市人大常委会已经确定了 85 个开始制定地方性法规的市、州。对地方立法权限上的放权，主要服务于两个目的：第一，在全国经济发展下行压力增大的情况下，地方经济活力

① 李适时．全面贯彻实施修改后的立法法——在第二十一次全国地方立法研讨会上的小结[N]．法制日报，2015-09-17.

不足，这个时候更应该发挥地方的积极性，在地方性法规制定权上推行新设置，将会使得地方获得更多的法律政策优势，并且可以更加尊重地方的特色；第二，从《立法法》授权范围来看，主要是与城市管理等领域有关，在大国的治理之中，中央与地方的关系非常值得关注，从此次修订也可以看出一些趋势，基本上是中央保持政治上的主导权，在经济上更多放权给地方。

除了在国家基本权力的纵向分布上做出新规定外，新修订的《立法法》还在横向上就立法与行政权做出新规定。其中最核心的是规定了“税收法定”原则，要求“税种的设立、税率的确定和税收征收管理等税收基本制度”要由法律规定。在我国时行18个税种中，只有个人所得税、企业所得税、车船税由法律规定，其余15个税种均由国务院制定的暂行条例规定征收，除此之外，还存在大量国务院各部委颁行的税收行政规章。党的十八届三中全会、十八届四中全会都提出要落实税收法定原则，《立法法》仅仅是从原则上予以抽象规定。

2015年3月25日，全国人大法工委起草的《贯彻落实税收法定原则的实施意见》经党中央审议通过，税收法定立法正式纳入日程。该意见提出要在2020年之前完成相关税收立法工作，之后就废止改革开放初期制定的《全国人民代表大会关于授权国务院在经济体制改革和对外开放方面可以制定暂行的规定或者条例的决定》。2015年6月，根据党的十八大和党的十八届三中全会、十八届四中全会做出调整的《十二届全国人大常委会立法规划》，对2013年编制的立法规划中的相关内容进一步细化，将制定“环境保护税法、增值税法、资源税法、房地产税法、关税法、船舶吨税法、耕地占用税法。”[①] 与税收法定相配套的，对政府使用资金的另一项限制就是预算。2015年8月31日，十二届全国人大常委会第十次会议通过了修改《预算法》的决定，在

① 阚珂．我国税收立法规划走过三十五年[N]．法制日报，2015-08-14.

完善政府预算体系、健全透明预算制度，改进预算控制方式、建立跨年度预算平衡机制，规范地方政府债务管理等方面做出新的规定。

无论是强化预算管理，还是落实《税收法定》原则，都可以被视为真正做到人民通过代表控制政府所掌握的资源，将权力关进制度的笼子里。当然需要关注的是，“税收法定”作为一项源自西方的法律制度，在引入中国的时候必须在限制政府权力和保持政府活力之间维持平衡。中国政府一直承担主要社会治理职能，简单地提倡“小政府，大社会”并不一定适合中国。在权力分配之外，立法要在社会治理中发挥先导性的作用，2015 年，全国人大在网络安全、未成年人保护、食品安全、环境治理等人民最关心的问题上也做出了许多新的努力。全国人大在治理体系中的作用越来越突出，如新的《促进科技成果转化法》对科技成果转化的关注，对企业在科技成果转化中的主体地位的强调等都直接关系到国计民生问题。在治理体系现代化的建设中，全国人大立法需要弥补司法个案性、行政合法性不强的不足，在更多问题上积极树立新规。

互联网在给人们生活带来便利的同时，也诱发了新的“犯罪”形式，为此，法律需要对此做出新的调整。《刑法修正案（九）》对网络安全犯罪做出了新规定：对《刑法》原来的有关危害计算机信息系统安全的规定做了补充和完善；强化了互联网服务提供者的网络安全管理责任；把信息网络上常见的，带有预备实施犯罪性质的行为，在刑法中作为独立的犯罪形式加以规定；对网络上具有帮助他人犯罪的属性的行为，专门作为犯罪形式加以规定。[①] 具体来讲，增加了《刑法》第二百八十七条之一，对设立实施诈骗、传授犯罪方法、制作或者销售违禁物品、管制物品等违法犯罪活动的网站、通信群，以及制作、发布违法犯罪信息的行为予以入罪处理；而《刑法》第二百八十

① 法工委解读《刑法修正案（九）》涉网络条款[N]. 民主与法制时报，2015-11-17.

七条之二规定对故意帮助他人实施相关犯罪的行为进行处理。

在人们生活越来越离不开微信、微博、网络支付的时代，对网络犯罪的新规定会使人们用好网络这头“巨兽”。就普通人而言，大家更为关心的是衣食住行上的问题。近些年来的食品不安全、环境恶化也从民间话题成为国家议题。党的十八大将美丽中国作为一项政治任务提出来，生态文明被提到与政治文明同样的高度，提出共同构筑“五位一体”总体布局。就立法工作而言，有越来越多的声音主张以法律手段来维护碧海蓝天，缓解“心肺之患”。2015 年 8 月 29 日，新的《大气污染防治法》由十二届全国人大常委会第十六次会议修订通过，在强化政府责任、完善制度、坚持源头治理、加大处罚力度等方面做出新的规定。与空气一样引发社会和公众关注的是食品安全，鉴于一些食品安全危机新闻频繁被曝光，2015 年 4 月 24 日，十二届全国人大常委会第十四次会议表决通过了新修订的《食品安全法》。在原法条的基础之上增加了 50 条，形成 10 章 154 条的篇幅，因惩处力度大幅增加而被冠以“史上最严”法条的称号。如对生产经营添加药品的食品和营养成分不符合国家标准的婴幼儿配方乳粉等违法行为，最高处罚货值金额由 10 倍罚款提高到 30 倍。从行政权力部门的回应到最后立法机关的修法，再到法律的推行改变人们的生活，这是一个非常长期的过程。在此过程中，一旦公权力部门与民间的交流不畅，就会损害公信力。

二、司法权的政治构建

2015 年，中国法治发展的一个重点是司法改革。在之前的一段时间里，法院改革的基本方向是专业化，如 1995 年修改的《法官法》提高了法官的任职要求，统一司法考试将法官与其他公务员予以分别；人民法院前两个“五年改革纲要”更是将这种专业化予以落实，在此过程中形成了比较强的司法独立趋势。当然这种司法独立的诉求不是直接从政治层面提出来的，而是经由司法专业化、法官职业化、审判程序化等技术性的方式隐秘地提出来的。但是，这样的改革既带来了司法与政治关系的调整，也使得司法无法满足人民多种司法需求。总的来讲，司法的高度专业化满足的是社会上的精英人士，社会弱势群体无法通过专业化的司法服务获得足够的司法保障，正是在这个背景下，“三个至上”被提出来，作为对之前一段时间司法政策的中和。

对于司法改革的制度设计，党中央始终以满足人民群众的需求为出发点和落脚点。“三个至上”的提出是为了缓解多年以来不断上升的涉诉上访的压力，对调解的重新强调也是最高人民法院在多年前就做出的必然选择。2015年的司法改革也是在回应现实需要之下产生的。按照上述两条线索，可以发现：第一，司法改革是为回应司法领域的相关问题产生的，而法院独立审判权也是在这个范围内才可能存在。第二，党对司法总体把握没有减少，司法改革不是要形成一种司法独立的错误倾向。因此，2015 年，司法改革在赋予法院很多自主权的同时也对法院系统内部的腐败问题予以严肃处理，并毫不动摇地强调法院服务大局的定位。

尽管司法逻辑在 2015 年越来越明显，但是司法改革本身并不能超越党的政法传统的基本限定，法律为大局服务依旧是最为核心的要求之一。例如，2015 年 1 月 19 日，商务部在《中外合资经营企业法》《外资企业法》《中外合作经营企业法》的基础上制定了《外国投资法（草案）》，表明我国在法律上鼓励外商投资、促进国内企业参与国际竞争。而随着“一带一路”倡议的提出，2015 年 7 月 7 日，《最高人民法院关于人民法院为“一带一路”建设提供司法服务和保障的若干意见》公布实施，就全国法院如何运用审判权对“一带一路”建设提供服务与保障提出了明确的措施指导。同时，最高人民法院专门成立“一带一路”司法研究中心，从智识上支撑国家倡议的施行。

（一）以保证审判权为核心

如果说2014年主要厘清了党的领导与依法治国的关系的话，那么2015年主要在司法领域展开了实实在在的改革。无论是推动最高人民法院两个巡回法庭、跨区法院建设以抵制司法的地方化，还是建立领导干部干预司法的记录制度以保证审判独立，都可以看出司法改革越来越尊重司法本身的规律，也就是要保证法院在审判中严格依法办事，不受外界不当干预。在2015年的司法改革中，法院的地位逐渐突出，这种改革并不是按照某些理论上的设想推动司法独立，而是在保障审判权依法行使的基础上，确保司法可以实现维护社会正义这一社会治理的职能。

党的十八届四中全会提出的许多改革措施，都已经以地方试点的方式在全国逐渐展开。2014年中央全面深化改革领导小组第三次会议通过的《关于司法体制改革试点若干问题的框架意见》，提出了司法人员分类管理、职业保障、司法责任制、省以下法检的人财物统一管理等4项重大改革措施。至2014年末，涵盖了上海、广东、吉林、湖北、海南、青海、贵州等7个试点省市的司法改革方案全部推出。从试点省市的分布来看，包括了从东至西、由南向北的经济发展程度各不相同的地域，正是在这个基础上将司法改革逐步推开。在中国这样一个政治经济文化发展不平衡的大国，所有的改革都要面临中央与地方关系的协调问题，适合上海的改革放在青海就会因为经济发展程度迥异而走样，河南的高院能动性放在湖南可能就因为缺少强势的司法领导者而无法推行，陕西的改革放在广西就有可能因为少数民族自治而被修正。这就要求政策决策者在布局司法改革的顶层设计时，不仅在统一性与地方性之间要保持平衡，同时需要继续推行中国改革中所形成的“试点—推广”的经验模式，此模式在司法改革中也同样适用。

从司法体制改革的4项措施中可以看出，中央一方面要保障司法的权威，提高司法工作者的职业保障，另一方面要求对错案实行追责，做到权责统一。之所以推出这些改革，是与此时中国社会治理的现实难题联系在一起的。随着对法院重视程度的加强、人民群众权利意识的增强，人们逐渐对司法作为最后一道防线的重要性予以肯定。法院收案量逐年增加，在“案多人少”的同时，疑难案件的数量也开始增加。这一方面给法官带来超额的审判压力，另一方面也使得法官在很多新型疑难案件面前难以招架。这些疑难案件不仅仅涉及司法上的疑难问题，还有的是因为涉及行政权等司法难以处理的问题。正是在这样的背景下，广西高级人民法院曾明确规定17类案件不予受理。这种规定试图将解决纠纷的压力排除在法院之外，而且成为越来越多法院的实际策略。“立案审查庭”在各个法院地位的上升，在某种程度上也是因为法院需要有这样的一个机构来对纠纷进行识别，将自己难以处理的问题拒之门外，但这样的策略实际上违背了诉讼法的规定，使得公民的诉权无法得以保障，也给国家治理造成很大的困扰。2015年的司法改革在这方面做出了重大调整，2015年2月4日，《最高人民法院关于适用〈中华人民共和国民事诉讼法〉的解释》发布，将立案从审查制改为登记制，要求切实保护民事纠纷双方的诉权，在将纠纷转移到司法过程之后，再通过其他措施处理，使法院可以依法审理案件，保障法院的独立审判。

以前各个法院的立案庭实际上会对来诉当事人的纠纷进行实质审查，很多难以处理的纠纷事实上不会进入审判之中。尽管根据诉讼法的相关规定，符合一定的形式要件，法院就应该立案并对纠纷进行审判，但在实践中立案庭会对案件进行一种偏向实质主义的审查，这一点在行政诉讼中表现得格外明显。2015年4月1日，中央全面深化改革领导小组第十一次会议审议通过《关于人民法院推行立案登记制改革的意见》，将立案过程中的审查制改为登记制。根据该意见的要求，法院在接到当事人提交的民事、行政起诉状时，对符合法定条件的起诉，应当登记立案；对当场不能判定是否符合起诉条件的，应当接收起诉材料，并出具注明收到日期的书面凭证；需要补充必要相关材料的，人民法院应当及时告知当事人，在补齐相关材料后，应当在7日内做出是否立案登记的决定。

这一点尤其对监督行政权意义重大，过去对于涉及地方政府一方的纠纷，地方法院往往不予受理。即便受理了，也很少判决行政机关败诉。有研究表明，行政诉讼中原告败诉率很高，而大部分原告会选择上诉。从这个意义上来讲，各级法院在审判中存在着某种“地方保护主义”倾向。在20世纪80—90年代，司法改革曾经花很大的精力来解决司法的地方化问题，当时的缘由是经济改革所带来的全国性市场要求各地法院不偏袒当地企业，而后来我们在类似行政诉讼中看到的“地方保护主义”，实际上是在保护当地的政府机关，而不利于形成全国统一的法律秩序。从法院的角度来说，地方法院不予受理疑难的纠纷是情有可原的，此次案件受理方式的改革，会对政府的依法行政提供有力的司法制约和引导。该意见为各级法院设置了更多的义务，要求它们对符合受案条件的纠纷进行审理，但是这本身不足以保证法院公正审判。法院还需要有其他的配套措施，才能够使得法院不仅能够受理，而且还能够判得下去。

设置跨区法院和领导人干预司法的记录制度正是出于这个考虑。这两项改革的基本逻辑在于，保证省以下法院、检察院在人财物上的省直管，使得地方法院、检察院不受地方财政、人事的制约，跨区法院、检察院的设置也是基于这样的逻辑。省以下法院、检察院人财物统一管理在2014年就已经确定在上海等7个省市推行，2015年各地逐步形成比较成形的方案。2015年9月15日，中央全面深化改革领导小组第十六次会议通过《法官、检察官单独职务序列改革试点方案》《法官、检察官工资制度改革试点方案》。同年10月29日，广东省法官、检察官遴选委员会成立，通过《广东省法官、检察官遴选委员会章程（试行)》，从队伍建设方面保证统一管理的实现，要求广东省的法官、检察官今后统一提名、管理，并由法定程序任免。当然，在广东，由省委组织部、省委政法委、省编办等8个部门推出的8名常任委员和60名非常任委员组成的遴选委员会来决定法官的任免，事实上会对《法官法》等相关法律的施行产生实质性的冲突，这种法律冲突该如何解决，还值得进一步思考。

2014年末，上海市第三中级人民法院、北京市第四中级人民法院相继成立，两家跨区法院分别对上海、北京辖区内的各种跨行政区划案件进行审理。2015年2月10日，跨区法院“第一案”——中铁十六局铁路公司诉北京市密云县人民政府案——在北京市第四中级人民法院正式开庭审理。尽管跨区法院在全国铺开的时间表还不清楚，但是社会公众对此充满期待。与建立跨区法院逻辑类似，最高人民法院设立了两个巡回法庭，审理跨行政区重大行政和民商事案件。2015年1月28日，最高人民法院第一巡回法庭在广东省深圳市成立，主要审理广东、广西、海南范围内的重大行政和民事案件；1月31日，最高人民法院第二巡回法庭在辽宁省沈阳市成立，主要审理辽宁、吉林、黑龙江范围内的重大行政和民商事案件。从两个巡回法庭的设置中我们大体上可以看出，这一轮司法改革中的内在逻辑，不是为了推动司法独立，而是通过司法来进行社会治理。

最高人民法院巡回法庭改革颇具中国特色。第一，巡回法庭本身不是独立的一级设置。美国的九个巡回上诉法院的判决本身不是终审判决，当事人不满的时候可以向联邦最高人民法院上诉，但是中国的巡回法庭是最高人民法院的派出机构，所做判决就是终审判决。第二，从巡回法庭的受案范围来看，主要是为了避免“地方保护主义”。审理重大行政案件是为了避免地方法院受到地方行政机关的干涉，审理重大民商事案件是为了避免地方利益的考量，但巡回法庭没有重点提到刑事诉讼。这种改革思维也带来很多理论和实践上的问题，巡回法庭的实施一般是为了解决当事人诉讼难的问题，中国基层法院中的派出法庭就以其巡回审判而广为人知。但是最高人民法院的巡回审判比较特殊，某种意义上意味着审判权的下移，毕竟巡回法庭的法官配备不同于最高人民法院，在重大案件中是否能够保证案件得到最优质、最合适的法官处理成为需要进一步思考的问题。第三，就管辖权而言，无论是《民事诉讼法》《行政诉讼法》，还是《法院组织法》，都已经对最高人民法院的受案范围做出了规定。那些同时落在最高人民法院受案范围内和巡回法庭受案范围内的案件，谁具有管辖权值得关注，对于这些问题最高人民法院表述与实践上的差别反映出此项改革的真实意图。

从《最高人民法院关于巡回法庭审理案件若干问题的规定》的内容来看，巡回法庭主要审理各种不满一审判决的上诉、申诉案件，以及在全国范围内有重大影响的民商事案件、行政案件的一审。而巡回法庭认为所受理的案件对统一法律适用有重大指导意义的可以报请最高人民法院审理，最高人民法院也可以自行决定审理对统一法律适用有重大指导意义的案件。这在事实上与巡回法庭的最高司法权地位相冲突，所以巡回法庭真正的功能可能仅仅在于减轻最高人民法院、当事人的负担，以实现“依法及时公正审理跨行政区域重大行政和民商事等案件，推动审判工作重心下移、就地解决纠纷、方便当事人诉讼”。当然，最高人民法院的审判权下放本身从理论和实践上所带来的问题还值得我们关注。

无论是最高人民法院的巡回法庭，还是跨区法院的设置，本质上都是为了保障司法审判中的统一和公正，需要在案件受理时就将案件转移到合适的审判机关。除了作为试点的法院机构调整外，最高人民法院还对所有高级、中级人民法院的管辖与执行做出新规定，以保证民商事审判和执行中的公正。2015 年 5 月 1 日，《最高人民法院关于调整高级人民法院和中级人民法院管辖第一审民商事案件标准的通知》开始实施，随后《最高人民法院关于人民法院办理执行异议和复议案件若干问题的规定》发布。两份文件分别涉及对民商事案件审级制度与执行制度的细化规定和调整，既回应了新民事诉讼法修订后在级别管辖与执行方面的新情况，又成为落实人民法院第4个五年改革纲要的重要举措。就一审民商事案件的受理标准问题而言，此次最高人民法院将细化的权力收回，划分了4大类的区域，有针对性地规定了各地法院一审案件的标的。这事实上提高了各地高级、中级人民法院受理一审民商事案件的门槛，既使得基层法院需要受理更多的案件，又使得基层法院可以合理接收案件，合理配置司法资源。

上述改革主要是从司法制度本身的内在逻辑出发的，从审判本身的机制来考虑如何保障司法权的最优配置。2015年，我们也看到另外一种思路，那就是直接针对影响审判权独立行使的因素做出规定，如对领导干部干预司法的处理。2015年2月27日，中央全面深化改革领导小组第十次会议通过《关于领导干部干预司法活动、插手具体案件处理的记录、通报和责任追究规定》；2015年3月30日，中共中央办公厅、国务院办公厅发布《领导干部干预司法活动、插手具体案件处理的记录、通报和责任追究规定》，要求司法机关独立公正行使审判权，拒绝执行领导干部违反法定职责或法定程序、有碍司法公正的要求。“全面、如实记录”领导干部干预司法、插手案件的情况，做到“全程留痕，有据可查”，并每个季度向同级党委政法委和上级司法机关报告上述情况，必要时立即报告。两项规定对中国司法过程中长期存在的“打招呼、批条子、递材料”等问题形成了一定的遏制。

（二）以司法责任制为约束

在赋予法院和法官较大的权威和权力的同时，我们还必须考虑司法本身存在的腐败问题。2015年的司法改革在加强司法权威的同时，也注重提高对司法权的制约，完善司法责任制。2015年8月18日，中央全面深化改革领导小组第十五次会议通过了《关于完善人民法院司法责任制的若干意见》和

《关于完善人民检察院司法责任制的若干意见》。同年9月21日，《最高人民法院关于完善人民法院司法责任制的若干意见》发布，在保障法院宪法和法律范围内的独立审判权、遵循司法规律、重视法官办案地位的前提下，从审判监督和审判管理出发完善对法院司法责任的追究。同年9月28日，最高人民检察院发布《关于完善人民检察院司法责任制的若干意见》，按照“谁办案谁负责，谁决定谁负责”的基本原则来推行司法责任制，要求在检察机关办理的案件发生被告人被宣告无罪，确认发生冤假错案，国家承担赔偿责任，犯罪嫌疑人、被告人死亡等情形时，一律启动问责机制。上述两份意见旨在保障司法权与加强对司法责任的监督之间保持平衡，最高人民法院的文件规定了“审理案件时有贪污受贿、徇私舞弊、枉法裁判行为的”等7种需要追究相关司法人员违法责任的情形；同时规定了不以错案处理的8种情形，如对法律依据理解和认识不一，但在专业认知范围内能够予以合理说明的，再如对案件基本事实的判断存疑，但根据证据规则能够予以合理说明的，等等。最高人民检察院的文件主要规定了需要承担责任的各种情形。总的来讲，两份意见试图在遵循司法规律的基础上，在司法权限与责任之间保持适度平衡。

完善司法责任制，除了直接的规定外，还需要在制度上减少司法腐败的机会。多年来，法院腐败经常出现在执行环节中，主要是因为法院对涉案财物的处分不当。2015年1月24日，中共中央办公厅、国务院办公厅印发《关于进一步规范刑事诉讼涉案财物处置工作的意见》，进一步规范了刑事诉讼程序中查封、扣押、冻结、处理涉案财物司法程序。以往财物处理过程中存在随意性过大、保管不规范、移送不顺畅、信息不透明、处置不及时、救济不到位等问题，这既不利于保障当事人的权益，又容易给法院带来腐败的机会。该意见探索建立涉案财物的集中管理信息平台，要求公检法在查封、扣押、冻结、处理涉案财物时及时录入信息，实现信息共享和互相制约，并在此基础上规定了相关的救济途径。

在一系列改革举措的保障下，可喜的是，法院和法官的权威和形象有所好转。2015 年 2 月 2 日，广州市中级人民法院就“斯维尔科技有限公司诉广东省教育厅涉嫌行政垄断案”做出一审判决，认定省教育厅在“工程造价基本技能赛项”省级比赛中指定广联达公司软件为独家参赛软件的行为，违反《反垄断法》规定，这被认为是法院首次对行政垄断说“不”。同年 5 月 28 日，该案在广东省高院二审结案。法院之所以可以对行政纠纷进行裁判，很关键的一点是人们认为法院是行使中立审判的司法机关。随着法官职业化的推进，在中国公众视野中的优秀法官的形象也发生了改变，在持续宣传司法为民的过程中，优秀法官开始引起人们的关注。2014 年底，上海市高级人民法院副院长邹碧华离世，引发各界关注。2015 年 1 月 24 日，最高人民法院与上海市委联合召开会议，追授邹碧华“全国模范法官”“上海市优秀共产党员”荣誉称号；同年 3 月 2 日，中央组织部、中央宣传部、中央政法委、最高人民法院党组印发《关于认真学习贯彻习近平总书记重要批示广泛开展向邹碧华同志学习活动的通知》，并追授邹碧华“全国优秀共产党员”荣誉称号，随后全国法院系统展开大范围的学习活动。以往法院系统的全国优秀法官是以陈燕萍为代表的、关注基层、擅于使用调解等方式的法官，但是邹碧华是一名学者型法官，很多著作获得学术界的认可。他处理了很多专业性很强的案件，并且在很大程度上参与、领导了上海市近一轮的司法改革。由此我们可以看到，中国的法官已经向两端发展，一端是处在城市中、以其法律技术解决专业纠纷的法官，另一端则是活跃于乡村、以调解等方式解决简单民间纠纷的法官。

三、社会分层下的司法治理

对司法素质的不同要求更多是根植于社会本身的分层。在东部与西部、沿海与内部、城市与乡村之间形成了中国社会分化；而在同一个地理区域中，富有者与贫穷者、接受过良好教育者与文化程度不高者之间的分化越来越明显，社会也由此出现分化。这种分化影响了社会共识的形成，使得司法难以在两种不同的诉求中保持平衡。如在 2014 年底停播 3 天后复播的《武媚娘传奇》遭删减事件中，一些法律界人士要求监管部门公开相关信息，而政府监管部门的出发点则是社会公共利益，如保护尚未成年的学生群体。在类似事件中，关注群体是否单身、是否有未成年子女、是否接受过高等教育、是否在西方国家生活过等都可能会推导出不同的结论。这也反映出中国已经形成了一定范围内的中产群体，这部分接受过良好教育的人对政府的信息公开有了更高的要求，而他们的开放程度是否符合中国大部分人需求，则有待进一步考量。

更为重要的是，当司法涉足社会分层、分化问题时，会处于一种两难境地之中。从 2014 年开始，司法界频繁关注家庭暴力、虐待等问题，但是处理的结果却不一定令人满意。这些问题的出现在于社会转型过程中对传统家庭的解构，在历次的婚姻法改革中，家庭成了由人身权和财产权组合的单位。一旦社会上越来越多的人在乎的是婚前财产公证、婚后夫妻义务、家务承担以及离婚后的财产分割，使家庭失去了温情，这种状态的社会必然会是问题重重的。2015 年，围绕家庭暴力和子女抚养两个问题，我们大体上可以看出法律在介入这种社会问题时的困难。如在后面将要谈到的南京虐童案中，法院的两审判决所带来的诸多争议，事实上对家庭的传统定位造成了冲击。

在传统中国，社会家庭制度的出现正是为了解决生育和抚养的问题。社会制度的产生本来就是为了保证那些没有此制度就无法实现的价值，比如没有婚姻制度的约束，生育行为就得不到保障。但是，现代社会转型过程中已经将这样的家庭理想稀释掉了，城市化过程中家庭职能的瓦解，年轻人对抚育后代、赡养老人以及夫妻间的互相扶助看得越来越轻，而个人的感情、财产变得越来越重要。法律长期以来对婚姻家庭只施加最低限度的控制，因为有一整套的社会规则在起作用，法律不去触碰那些属于道德领域的问题。但是，现在进入法律语境中的家庭不再是一个整体，而是被分解为一组组权利－义务关系的冷漠组合。家庭关系中的暴力、虐待失去了传统道德的制约后，需要以权利－义务这种冰冷的话语来重构，在受到侵犯的家庭群体中，妇女、儿童是更为弱势的群体，他们的权益经常得不到保障，曝光的类似事件使得法律必须对这个问题做出回应。

第一，加强对妇女、儿童的保护力度。尽管从《宪法》到《婚姻法》《继承法》，都对妇女儿童的权益做出更多倾向性的保护规定，但实际生活中他们的权益还是会受到侵犯。如买卖妇女、儿童的行为屡禁不止。2015 年 8 月 29 日，第十二届全国人民代表大会常务委员会第十六次会议通过《刑法修正案（九）》，改变了过去的收买被拐卖妇女儿童通常无罪的做法，规定收买妇女、儿童一律入刑。其中规定："收买被拐卖的妇女、儿童，对被买儿童没有虐待行为，不阻碍对其进行解救的，可以从轻处罚；按照被买妇女的意愿，不阻碍其返回原居住地的，可以从轻或者减轻处罚。"这条规定可以从源头上遏制拐卖行为。同时，《刑法修正案（九）》还废除了嫖宿幼女罪，将分析视角从嫖宿人转向幼女的权益，而在司法实践中这个罪名早已不用了。四川省邛崃市人民法院在 2015 年 3 月的一个判决中，更是直接对嫖宿幼女行为以强奸罪从重处罚，被认为是以强奸罪处罚嫖宿幼女行为的第一案。

第二，多渠道解决家庭暴力问题。伴随着家庭暴力问题频繁见诸报端，法律界采取了较为严格的方式来处理这个问题。2015 年 3 月 2 日，最高人民法院、最高人民检察院、公安部、司法部联合发布中国首个反家庭暴力刑事司法指导性文件《关于依法办理家庭暴力刑事案件的意见》；同年 7 月 28 日，国务院常务会议通过《反家庭暴力法（草案）》，并提交全国人大常委会审议。该草案设立了许多新的制度，重点在于保障家庭成员尤其是妇女儿童权益。在正式立法形成之前，法院在遇到相关案件时其实已经在敏感问题上做出了回应。

第三，保护未成年人权益。2015 年 1 月 1 日，最高人民法院、最高人民检察院、公安部和民政部联合印发《关于依法处理监护人侵害未成年人权益行为若干问题的意见》。该意见发布之后，同年 2 月 4 日，全国首例由民政部门同时申请撤销生父母双方监护人资格的案件在徐州宣判，成为我国加强未成年人保护的典型案例。被媒体广泛关注的“南京养母虐童案”也做出一审判决，认定养母构成故意伤害罪，二审维持一审有罪判决。除此之外，留守儿童生活问题也进一步暴露。2015 年 6 月 9 日，贵州省毕节市四名留守儿童自杀，留守儿童的生存环境再一次被人们关注。从上述法治事件中可以看到，我国婚姻家庭领域所遭遇的重大变化，法律正在以一种比较积极的姿态进入这个领域。但很多时候，这些问题的产生是整个社会转型的结果。在经济发展过程中，农民通过农业生产所能获得的收入太少，所需要的生活必需品和医疗、教育又都是市场所提供的，收入差距使得农民不得不进城务工。但户籍制度、教育管理制度、经济收入问题使得这类家庭的子女无法在城市生活、就学，形成了留守儿童问题。这些问题的产生有着深厚的社会背景，在讨论毕节事件时，不少观点认为，应该改变中国的户籍制度、教育制度，这些说法的出发点是好的，但显然是不可能很快实现的。因此，讨论中国司法的实践问题，一定要将之放在社会转型的大背景下来思考。

当城市已经成为一种理想，农村以及与之相联系的生活方式、记忆都可能被放弃。在人们期待从农村走向城市的过程中，就会放弃很多曾经熟悉的生活方式，接受新的生活。“南京虐童案”中孩子的生母与养母是表姐妹关系，生母认为自己无法给孩子提供良好的教育生活环境，主动将儿子交给表姐抚养。在“虐待”行为曝光后，生母与其他亲属以多种方式请求司法机关不要以犯罪论养母，认为这样会毁了孩子的将来。更为重要的是，从养母的陈述中可以看出事情更多的面向，在案件进入法院之前，检察院也在听证基础上决定对养母不予逮捕，因为除了不表态的人之外，出席听证会的绝大多数都从孩子的未来发展出发认为不应该逮捕养母。在中国传统家庭伦理中，为了孩子的未来，父母可以对孩子实施一定的惩罚，即便有时候这种惩罚过重，也可以被原谅。而当我们从儿童的权利出发，父母子女关系被法律化为监护者与被监护者的时候，就会认为不能以牺牲这种基本权利为代价，所以即便是父母对子女的惩罚，也可以被认为是虐待，即便只是一次的责罚也可能构成故意伤害。究竟要如何在子女的权利与未来的前途之间进行平衡？检察院本身无法做出判断，所以检察院一方面认为养母的教育方式不当构成故意伤害，另一方面又考虑到养母及时认识到错误、取得养子及其亲生父母的谅解，建议法庭从犯罪事实、性质、情节等方面，充分考虑儿童利益最大化原则及孩子身心健康和未来成长，做出公正判决。面对这样一个难题，检察院将问题转移到法院，要求法院做出回应。之所以一审、二审都判决养母构成故意伤害罪，背后是一种新的法治理念的影响，这已经超越了政法传统下的基本想法，不同家庭伦理在转型过程中共存，而“南京虐童案”的二审判决很可能会毁掉养母的生活，也损害了孩童的利益。

实际上，从2015年的首例撤销监护权的案件中我们会发现，法院在撤销监护人尤其是父母的监护权时，是非常审慎的。在徐州的一起案件中，涉案女童被生母遗弃、遭生父性侵，民政局在向法院起诉后，法院做了大量的调查走访工作才做出判决，并指定区民政局作为女童监护人。发生在乐清市的浙江省第一例撤销父母监护权案，案情也与之类似，司法系统在处理涉及家庭问题的案件时还是非常审慎的。再以家庭暴力为例，尽管有学者主张家庭暴力的范围不仅限于家庭成员之间，还应该包括同居关系、恋爱关系、伴侣关系、前配偶关系之间，而且暴力的形式除了身体暴力外还要纳入性暴力、冷暴力、财产限制等形式。但在国务院常务会议通过的《反家庭暴力法（草案)》中，不仅将家庭暴力的范围限定在家庭成员之间，还明确表明仅仅处理身体暴力问题，这既考虑到中国家庭关系的重要性，也考虑到司法操作中的可行性问题。

各种不同声音背后其实是两种群体。一种是接受了现代西方法治观点的人，将父母、子女都看成是平等的民事主体，作为监护人的父母需要对作为被监护人的子女承担义务，本来是出于家庭伦理照料子女，现在是法律的要求；另一种是比较认同传统中国家庭观念的人，父母对子女的适当惩罚并不会被认为不当。这其实是中国社会发展中所带来的社会分层的必然结果，不同群体的意见分歧越来越大，越来越难以取得一致。2015 年 5 月的成都女司机违章驾驶导致的纠纷和庆安枪击事件，都体现出中国社会观点的差异和重大分歧，在信息沟通不畅的情况下，舆论的过度关注本身会造成观点的极端化和易变性。

在司法公开的过程中，公众观点通过网络、媒体的方式进入司法过程之中。司法公开本来是为了监督司法过程，体现司法民主，但是在实际生活中则存在两种风险：第一，社会大众各不相同的观点在热点案件上的发酵，会使得法官难以给出一个满足所有方面的判决，进而判决本身可能成为引爆社会舆论的导火索。不明真相的大众很容易表现为情绪性发泄，缺乏理性思辨，所以我们也可以看出在庆安枪击事件和成都女司机事件中大众舆论的不可捉摸。第二，伴随媒体的市场化改革，一些媒体会为了自身利益而炒作一些事件、案件，而恶意的报道会误导舆论，对法院的独立审判形成压力，进而使得媒体监督这一指向司法公正和民主的措施成为影响司法公正的不确定因素。如在 2015 年 1 月二审结束的复旦投毒案中，媒体对林森浩的翻供、胡志强的证词都有过煽情的报道，即便在做出二审判决后，司法与舆论的彼此影响依旧没有结束。

四、通过行政的社会规制

在涉及家庭关系转变的热点案件中，主要是由司法来承担这种社会治理的功能；在经济问题中，则是由行政机关承担更为重要的职能。2015 年，既可以看到司法在家暴、抚养权、虐待问题上对人们家庭生活的影响，也可以看到政府在住房公积金、食品安全、出租车、银行存贷款利率等问题上对人们经济生活的指引。政府在后一类更为专业化问题上的措施，延续了传统上我们对行政权力的期望，与当代西方国家所出现的行政权的崛起构成了某种程度上的契合之处。现代西方国家中并存着两种趋势：一是法学界都关注到国家社会生活的法律规制，法律为政治生活树立规矩，为社会生活提供预期，为公民权利提供保障；二是行政规制的增加，在福利国家的从摇篮到坟墓的国家公共服务提供中，大多数的公共资源是通过行政的方式传递到每个公民手中的。行政权的行使就不可能如司法权那般被动，行政权行使事实上会呈现出比较积极的一面，而且并非行政权运作的每一个环节都有法律规制，很多时候它是在自己的逻辑下运作，行政立法行为甚至超过了立法机关所制定的法律可以管辖的范围。在很多专业性问题上，立法的反应过慢，司法无法进行利益重组，只有行政权可以发挥优势。这种对行政权的爱恨交织之状在中国已经渐露端倪。2015 年 5 月 1 日，国务院发布的《存款保险条例》正式实施，对金融改革中的利率市场化产生重大影响，行政权对经济生活的规制变得格外重要。

2015 年，国内外都产生了许多新问题，如互联网治理中要求有新的手段来保证网络安全、协调集体与个人的权利，经济下行压力下需要行政机关为经济发展营造良好环境，等等，这些问题虽然一般属于行政范畴，但是过去更多的是通过行政命令的形式来解决。在依法行政的大趋势下，行政权更多通过法律的手段来行使。在这个意义上，我们可以看出，政府在简政放权的过程中，将更多的权利、利益归还到社会、公民手中，但是在社会需要由政府来提供公共服务的领域，或者必须由政府来即时处理的问题上，行政规制发挥着更为重要的作用。

除了成为指导性案例的少数判决外，中国的大多数判决仅仅对个案中的利益分配产生影响，法院不会涉足利益分配问题，这些问题是交给立法机关通过民主的程序来设定的。但由于立法程序过于迟缓，所以需要行政机关更为主动地参与到利益分配中来，当政府介入社会治理时，势必就要对利益格局产生新的影响。如 2015 年 1 月，辽宁沈阳、浙江东阳等城市陆续发生出租车司机罢工事件，导火索就在于网络专车的兴起挤压了出租车司机本不丰厚的利润。监管部门在应对之时，并没有像很多人期待的那样对出租车行业进行彻底改革，而是进一步固化了原有的行业体制。2014 年 8 月 12 日，北京市交通委运输管理局发布《关于严禁汽车租赁企业为非法营运提供便利的通知》，尽管名义上是解决“黑车”问题，实质上是严禁私家车辆或其他非租赁企业车辆用于汽车租赁经营，控制的是互联网公司与汽车租赁公司跨界合作，以固化出租车公司与司机利益分配机制。

政府所推动的改革很多时候会遇到类似的利益团体的阻挠，这也印证了中央多次提到的改革“深水区”“攻坚期”的基本判断。2015 年 1 月 20 日，《财政部 中国人民银行 住房和城乡建设部关于放宽提取住房公积金支付房租条件的通知》发布，要求地方明确租房提取条件以方便提取。如其中规定，“职工连续足额缴存住房公积金满 3 个月，本人及配偶在缴存城市无自有住房且租赁住房的”即可提取。然而时隔半年，政策落实情况却不容乐观。住房公积金提取中存在太多的不规范之处，这种政策上的模糊使得提取公积金“黑市”出现，住建部的规定试图在明确提取条件的情况下既方便居民，又解决诸多不合法之处。但是住房公积金在地方涉及主体较多，改革将会触及不少利益相关方，如公积金沉淀资金大都以活期的方式托管在银行，其利息及公积金贷款所得均属于公积金增值收益，背后牵扯着的银行与地方政府的互联利益，这导致中央的政策有时很难在地方执行。

互联网时代，互联网在给人们生活带来极大便利的同时，也给国家战略、社会治理带来国际国内两个方面的挑战，既包括中国不断受到的网络攻击，也包括网络兴起后对公民名誉权、财产权的侵害。从国际层面来说，由于互联网的13个根服务器都在国外，其中美国拥有1个主根服务器和9个辅根服务器，所以在互联网的发展中，很多时候中国的信息安全和国家主权面临极大的风险，中央也早已意识到这种风险。就国内层面而言，互联网时代的到来改变了传统的经济模式与社会交往模式，使信息得以更迅速传播，政府面对瞬息万变的这些领域时其社会治理能力受到极大挑战，在应对由网络引发的社会危机时要恰当处理变得难上加难。除了给社会治理带来挑战之外，网络也对公民基本权利造成很大的安全隐患，尤其是互联网经济的发展对公民的财产安全带来了巨大的风险。

2015年政府的网络治理策略，就是希望在巩固国家网络安全和保障公民权利方面做出更多的实质性改变。中国已经形成了包括国家法律、行政法规等在内的互联网治理体系，但是仍然有许多不足，如涉及网络安全的法律法规中部门规章居多，缺少整体性规定。在这个意义上，《网络安全法》的出台非常必要，而且它必将是一部包括多方面内容的法律。2015年6月24日，十二届全国人大常委会第十五次会议审议《网络安全法（草案）》，对网络空间主权和国家安全、经济社会信息化健康发展、网络安全保护等方面做出了规定。在具体问题上，行政机关已经开始探索应对之道。在2015年7月18日十部委联合出台《关于促进互联网金融健康发展的指导意见》的基础上，7月31日，中国人民银行发布《非银行支付机构网络支付业务管理办法（征求意见稿)》，在确定了中国人民银行监管地位的基础上，直指网络支付中存在的各种弊病。

国家治理网络的能力在互联网时代格外重要，互联网时代的到来事实上改变了政府传统的社会治理模式。网络使得信息的跨国流动变得非常方便，地方政府无法通过封锁的方式来压制人民诉求。但是这并不意味着政府会对利用网络的恶意行为不管不顾，治理网络中的很大一块就是要治理网络谣言。在最高人民法院和最高人民检察院专门出台司法解释，明确将网络谣言“转发500次”作为入刑情形之后，① 司法机关事实上认定的此类犯罪很少，处理此类问题的更为重要的权力机关是行政机关。中国社会已经形成了一个比较稳定的意见群体，他们对国家和社会生活中的众多问题保持关注，但是免不了有失实的时候，这个时候政府就要区分情况进行具体的治理。2015年8月12日，天津港瑞海公司危险品仓库发生爆炸，众多的虚假消息通过朋友圈、微信群、微博的方式迅速传播。国家互联网信息办公室对网络谣言采取零容忍态度，加大对各类谣言和违法信息的打击力度，查处了360多个传播谣言的微博、微信账号，并责成地方网信办和互联网企业依法对散布谣言的“网络大V”采取措施。

如果说媒体是现代社会中的“第四种权力”的话，网络话语权则是这种权力的重要组成部分。实际上，网络正以它的匿名、信息来源广泛、传播迅速等特征对社会产生巨大的影响力，在很多热点、敏感事件中，数字媒体和以网络大V为代表的自媒体事实上控制着舆论的方向，尤其是在政府应对不力的时候更为明显。正是因为网络上发表观点的随意性和舆情的可控制性，才出现了“网络敲诈”“有偿删帖”等副产品。诸如“口碑互动公关公司有

---

① 最高人民检察院法律政策研究室．《关于办理利用信息网络实施诽谤等刑事案件适用法律若干问题的解释》解读[J]．人民检察，2013 (23).

偿删帖非法牟利案”“21 世纪网新闻敲诈案”“立二拆四网络推手案”等网络司法案件，既侵害了公民的合法权益，也危及了国家的社会和经济秩序。2015 年 1 月 21 日，国家网络信息办公室、工业与信息化部、公安部、新闻出版广电总局四部门联合召开会议，开展了为期半年的专项整治工作。网络环境中作者是潜在的、分散的，这也给治理网络侵权带来了困难。2015 年 4 月 22 日，国家版权局发布《关于规范网络转载版权秩序的通知》，剑指网络转载的侵权问题。

此外，逐步规范政府权力行使，重构政府与社会、政府与经济、政府与公民的关系，成为 2015 年行政体制改革的重要工作。2015 年 2 月 27 日，国务院正式公布《政府采购法实施条例》，出台 12 年的《政府采购法》终于有了配套法规。该条例对一些原则性规定予以细化，从制度上推进政府采购的规范化、法制化，以遏制腐败寻租。

五、法律职业共同体的建构

无论是司法改革的新动向，还是社会分化中的治理难题，或者是行政规制中的政府与公民信任问题，背后都是因为不同群体观点或意见存在差异。不同法律主体对司法改革的主张差别很大，因为彼此都会从各自的立场出发来构建新的司法模式；社会分化之下的不同主体也越来越难以达成利益共识；而政府与民众之间缺乏信任已经成为政府亟须应对的问题。在中国法治建设中，需要的是各种观点之间可以达成基本的共识，伴随法治兴起的是法律人共同体所认可的“法律至上”的基本假定，而党要在广大人民群众所认可的实质主义基础上平衡程序正义。与此同时，法律人共同体内部的分化，也意味着需要对这一群体进行重塑。本部分从主体的角度出发观察 2015 年中国法治进程，其中的许多措施试图将法律人放在适当位置，并缓和法律人与普通人之间的分歧，两种群体之间的分歧实质上是社会分化的产物。

在行使行政权过程中利益会被重新分配，这主要是针对不特定多数人所做出的划分；而法院在具体案件中会对特定当事人的利益造成影响，加之判决之中总会有败诉方。所以法院总免不了被当事人怀疑，当事人对法官的猜忌有可能会升级。当事人暴力侵害法官、法院与当事人冲突等恶性事件频发，数量呈逐年上升趋势。2015 年 5 月 11 日，浙江省金华市婺城区人民法院发生法官打人事件；同年 9 月 9 日，湖北省十堰市中级人民法院民三庭庭长等 4 名法官被捅伤。类似事件的发生既是对司法公信力的考验，也使得我们反思司法工作中存在的问题。改善法院和法官形象需要从多个方面入手，首先要提高法官的办案质量，很多时候当事人的不满针对的是司法中的不当行为。2015 年的中央政法工作会议，特别强调了司法队伍建设的重要性。从理论上说，法官根据法律和事实做出判决，除非法官存在贪污腐败、枉法裁判等问题，否则当事人应该会认可法院的判决。产生不信任的原因很多，从社会角度来说，社会大众基本的规则共识缺失，而一些媒体的报道使得社会大众对法院和法官产生了比较负面的看法。

法律运用本身极具专业性，而许多当事人的文化程度有高有低，在大众的实质正义与法院多数时候所追求的程序正义之间，难免会出现间隙。这不仅要求法院在司法过程中做到司法为民，还要求律师的参与，律师制度的出现对于弥合法官与当事人之间的分歧起到了特别重要的作用。从 20 世纪 90 年代律师从国家工作人员转变为自由职业者之后，律师就成了诉讼当事人的代表者，他们可以将法律方面的专业要求转达给当事人，也会将法言法语解释给当事人。当事人或许会对法院有所怀疑，但是对自己的律师一般是充满信任的，事实上，对当事人负责也是绝大部分律师的立场。所以在司法改革过程中，一直有强化律师功能的主张，这不仅是从保护当事人利益出发的考量，也是缓解日益紧张的法官与当事人关系的重要举措。

中国的相关法律规定了在特定情形下，必须有律师参与。如可能判处死刑的案件中，被告人必须聘请律师或者由国家指定从事法律援助的律师，这既是为了尊重和保障人权，也是为了形成被告人与公诉人诉讼能力大体相当的基本诉讼格局，为法院判决的程序正当性提供支持和保障。2015 年 1 月 19 日，《最高人民法院关于办理死刑复核案件听取辩护律师意见的办法》（以下简称《办法》），规定了最高人民法院在办理死刑复核案件中就辩护律师提出查询立案信息、查阅案卷材料、当面反映意见、提交书面意见、送达裁判文书等事项中的处理办法和流程。《刑事诉讼法》第二百四十条第一款规定："最高人民法院复核死刑案件，应当讯问被告人，辩护律师提出要求的，应当听取辩护律师的意见。"《办法》是对这一规定的细化。《办法》明确辩护律师可以联系最高人民法院查询立案信息和查阅、摘抄、复制案卷材料；可以通过提交书面意见和当面反映意见两种方式参与死刑复核程序；律师要求当面反映意见的，承办法官应当及时安排，等等。当然，从刑事科学的角度来说，此举主要是为了贯彻减少死刑、慎用死刑的刑事政策，保证死刑适用的公平性。

2015 年 9 月 16 日，最高人民法院、最高人民检察院、公安部、国家安全部、司法部联合出台《关于依法保障律师执业权利的规定》，旨在依法切实保障律师执业权利，进而保障当事人的利益，促进司法过程的公正有序。具体而言，这一规定要求完善律师执业权利保障机制、救济机制、侵犯律师执业权利的责任追究机制，同时对假冒律师执业和非法从事律师法律服务的行为加大惩处力度。律师对司法过程的合法、适度参与有利于促进司法公正，维护公民的权益。在中国尚不完善的司法环境中，存在极少数律师通过不法手段借参与司法之由恶意炒作敏感案件，干预司法公正，如一些媒体报道的热点案件背后，实际上存在一些律师的恶意运作。

2015 年 7 月 11 日，公安部指挥各地公安机关摧毁了一个以北京锋锐律师事务所为平台，涉嫌先后组织策划炒作 40 余起敏感事件、严重扰乱社会秩序的重大犯罪团伙。借助“维权”律师、推手、“访民”，其以“维权”“正义”“公益”为名，通过严密组织、精细分工来追求非法利益，是这个群体的基本运作模式。在中国律师市场逐渐成熟的过程中，利润分配体系也在慢慢固化，顶级外国律师事务所摘取高端法律服务中的高额利润，国内知名律所也开始在这场角逐中占据越来越重要的地位。除此之外的众多小规模律师事务所，在法律服务市场上只能做很少的案件，在中国律师服务业最终成熟之前，必定会经历类似的重新洗牌和队伍重组的过程。国家司法管理部门如果不在这个过程中做好谋划，可能会带来很严重的问题，锐锋律师事务所的蜕变就是明证。2015 年 9 月 15 日，中央全面深化改革领导小组第十六次会议通过《关于深化律师制度改革的意见》，提出要建设拥护党的领导和拥护社会主义法治的高素质律师队伍，表明对律师除了职业素质要求外，还要有政治素质上的要求。

除了要对律师业进行规制以外，2015 年还加大了对司法人员的规范。尽管法律中对司法人员的回避有一些规定，但是过于概括，在现实生活中，各种各样的社会关系都可能成为司法不公产生的原因。2015 年 9 月，最高人民法院、最高人民检察院、公安部、国家安全部、司法部联合出台《关于进一步规范司法人员与当事人、律师、特殊关系人、中介组织接触交往行为的若干规定》（以下简称《规定》），旨在完善廉政风险防控、防止利益输送等制度，建立健全公正、高效、廉洁的办案机制，确保司法人员与当事人、律师、特殊关系人、中介组织无不正当接触、交往行为。《规定》严禁 6 种接触交往行为，还对司法人员在退休之后的相关从业行为做了限制。

在司法改革实践中，每当司法运作中出现严重问题，一个重要的归因就是司法队伍的问题，或者是司法队伍的职业素质不够，或者是出现贪污腐败等行为。因此，司法改革关键在于加强队伍建设，之前的法官职业化就是这样推行的。2015 年 1 月 20 日的中央政法工作会议要求全国政法工作人员要主动适应新形势，具备高度的政治责任感，推进严格、文明、公正执法，并以时代责任感扎实推进司法体制改革，在不正之风面前，要以严的纪律铁的规矩切实加强政法队伍建设。司法改革最终还是需要落实到司法工作人员身上，因而必须进一步加强对司法队伍的思想教育、组织管理和业务培训。

在我们通常认为的法律人共同体中，除了我们经常看到的法官、检察官、律师外，还有非常重要的一个职业团体，那就是法学家。中国的法律改革受欧陆法学的影响很大，欧陆法学尤其是德国法律文化中的法学教授地位较高，事实上引领了法律改革的潮流。在中国市场化浪潮中，学院之中的法学教师与“下海”的律师之间的收入差距越来越大，使得法学教师越来越多地参与到司法实务之中。一些学者型律师会利用手中所掌握的学术资源，直接为自己负责的案件谋求最大利益，在这过程中，常常会引起法学界对学术定位的反思。2015 年 8 月，武汉大学法学院某教授以其曾代理过的一起经三级法院审理最终败诉的案件判决书为研究对象，在期刊《法学评论》上发表题为《法官自由心证必须受成文法规则的约束》的文章，对该案的审判裁决加以严厉批评，由此引发了众多法学学者、律师、法官及检察官的争论。对生效判决进行学理分析、评论、批判的研究在案例指导制度正式建立以来越来越普遍，此事件特殊性在于：一是文章的言语过于情绪化，二是文章作者是案件败诉方代理人，三是有滥用学术影响力之嫌。

在依法治国逐渐成为共识的过程中，法学职业越来越与金钱、利益联系在一起。法学教育沦为职业教育，法学教员也进入这种利益生产机制之中，在此过程中，学者的独立性难免会受到影响，不同法律主体之间会产生重大分歧。除了我们看到的职业律师的分化外，还可以看到学者角色的特殊性。总的来讲，法学界学者出现了两种典型：一种是以上述武汉大学法学院某教授为代表，出于相关利益考虑而涉足具体的法律案件；另一种是接受自由主义法治观念的一部分学者，他们对中国的法治发展现状不甚满意。中国法治建设顺利推进，就必须在法律职业共同体的不同人员之间建立共识，否则任何一个热点事件的出现都有可能成为撕裂这个共同体的导火索。从已有的措施来看，对法律人共同体的治理已经包括了法官、检察官、律师在内。2015年9 月15 日，中央全面深化改革领导小组第十六次会议一次性通过《关于深化律师制度改革的意见》《法官、检察官单独职务序列改革试点方案》，《法官、检察官工资制度改革试点方案》等文件，对法律人共同体的建设做出统筹安排。

六、结语

党的十八届四中全会所提出的建设中国特色社会主义法治体系，不同于以司法为中心的美国式法治，而是一个系统性工程。在法治国家、法治政府和法治社会的“三位一体”建设中，以法院为中心的司法只是其中一部分，而且可能是比较技术性的一部分。真正涉及利益重组的问题，需要由党和国家通过政治安排来加以协调处理，而众多复杂的社会治理问题，则主要由行政机关来解决。总的来说，在中国政治体制的框架内，推进国家治理体系和治理能力的现代化，迫切需要解决的是仔细厘定权力和责任的分配问题，并在制度层面做出妥善安排。

从中国的改革发展实践来看，党领导下的国家法治路线图是对现代治理体系的一种法律表达。在利用法律为现代治理提供工具和手段的过程中，党的执政方式更为成熟。2015 年8 月24 日，十二届全国人大常委会第十六次会议通过《关于特赦部分服刑罪犯的决定》，对参加过中国人民抗日战争、中国人民解放战争的服刑罪犯在一定条件下实行特赦，以表明对反法西斯战争的高度肯定。除了对刑罚权的调用外，会议还通过了《国家勋章和国家荣誉称号法》，表明中央开始创造性地使用荣典权。权力的设立和使用离不开法律的规定，通过法律规范的转化，党的方针政策得以贯彻落实。

中国法治顶层设计的成形与实践（2016）

邵六益　曾诗洋[①]

导言

法治是事关国家发展全局的一整套治理体系，也是社会主义核心价值观的重要元素。党的十八大以来，新一届中央领导集体高度重视法治建设。其中最重要的一步就是召开党的十八届四中全会，首次专门以全面推进依法治国作为会议主题，勾画了法治建设的蓝图，使得法治建设成为推进国家治理体系和治理能力现代化的重要途径。法治建设不仅包括具体领域的制度革新，更意味着宏观层面上的整体推进。2012 年以来，围绕法治发展中的重大理论和实践问题，中国法治建设逐渐形成了一系列新的战略和思路：法治从国家延伸到政府、社会领域，呈现出“三位一体”的法治发展格局；在法治思路上破除了西方专业化的迷信，重新回归中国政法传统；社会主义“法治体系”取代了“法律体系”的提法，并将党内法规纳入其中，形成了党规与国法并举的结构。2016 年，中国法治建设延续了上述趋势，既有具体改革的推进，也有基本思想的转型与重构，使得法治的顶层设计逐渐清晰。这种顶层设计，

① 邵六益，中央民族大学法学院讲师、法学博士；曾诗洋，北京大学法学院法律硕士。

主要体现在理念、制度和实践三个维度上，三者也构成了法治建设的“三纲”。

第一，从理念上看，确立了国家制定法、道德、党规党法多元并举的法治思路。在改革开放后长期的法治实践中，我们采取了以国家法为中心的思路，在“有法可依、有法必依、执法必严、违法必究”的十六字方针中，立法是法治实践的起点和基础，立法学自20世纪90年代以来成为一种显学。2011年，中国特色社会主义法律体系基本确立，法治建设的重心转移到了法律实施领域，法治理念也发生了重大变化：

一方面，当我们将关注点从纸面上的法律转移到生活中的法律，就会发现，生活秩序的维持不能仅仅依靠法律条文，老百姓的生活更多会受到风俗、习惯的影响。在法律理论中，我们大体上将这两个领域概括为法律与道德，或者学术讨论中的“西方中心主义”和“本土资源论”。2016年底，中共中央政治局就中国历史上的法治和德治进行了第三十七次集体学习，习近平指出，法治和德治不可分离，不可偏废，国家治理需要法律和道德协同发力。①

另一方面，在影响国家政治经济社会生活的规则体系中，除了法律以外，党的路线、方针、政策也都有着重大影响。以往我们常以红头文件来概括这些“法外影响”，有时会关注其负面影响，而未将其纳入法治体系之中。2014年，党的十八届四中全会提出建设中国特色社会主义法治体系，将党内法规纳入国家整体法治框架之中。在此基础上，2016年，中国共产党的党内法规建设取得显著成效，为党和国家体制的改革和完善，构建现代治理体系奠定了基础。例如，2016年，监察委员会制度开始在地方试点，监察委员会整合了监察局、检察院和纪委的相关职责，将党纪与国法共同纳入全面从严治党

① 习近平：坚持依法治国和以德治国相结合[OL]. 人民网，2016-12-10.

的伟大工程之中。

第二，从制度层面来说，明确了司法权在国家治理中的显著地位，改变了过去过度依靠行政权进行管治的思路。新中国成立之初，国家与个人之间存在强大的、受政府管理的社会机制，即全面而深入的单位体制或人民公社制度。通过户籍、票证管理等手段，国家实现了对社会的全面调控。改革开放以后，人民公社制度退出历史舞台，家庭联产承包责任制得以实施，基层治理由村委会承担。市场经济鼓励人口的自由流动，社会治理从地方性管理变为国家统一管理。过去，单位制或公社制都是基于身份的管理。后来，就业、消费、教育、医疗等开始面向全体公民，由此转变为基于契约的管理。为了保持转型过程中的社会稳定，国家通过行政机关管理方式，继续保持对社会和个人的管理。20 世纪 90 年代兴起的社会治安综合治理，就是这种转变的体现，行政管理依旧是国家非常倚重的治理手段。

2016 年，在制度层面的安排中，国家对公安、法院的改革方向是不同的：一方面，以规范公安执法为契机，中央全面深化改革领导小组通过相关改革文件，重新厘定了公安的职权范围，重塑了公安执法与公民自由之间的平衡；另一方面，司法的功能得到加强，但是法院活动需要遵循司法消极、被动的预设，不管是审判中心主义还是员额制改革，已经改变了法院全能主义的意象。

第三，从司法实践来看，重提多元纠纷解决机制，以满足人民群众多样化的司法需求。法治实践需要以专业化为基础，提升程序的严格性也是多年来司法改革的重要趋势。但是，在社会分化的背景下，完全按照法律程序处理争议，有时会带来负面影响。若出现实质性的结果不公，将导致人民群众对司法的不信任。在法治建设中，我们一直面临法律专业化与大众化之间的融合问题。在不同时期，司法政策摇摆于专业化与大众化之间，进而导致理解上的混乱。2016 年，司法改革努力寻求两者之间的平衡：一方面，司法改革是对司法专业化的强调，如推进刑事司法程序中的审判中心主义、构建法律人职业共同体；另一方面，司法改革也要满足现实社会的需求，如在强调法院审判的同时，强调“枫桥经验”的重要意义，以便满足不同群众的司法需求。

理念、制度、实践三个维度的顶层设计，是理解 2016 年中国法治的基本框架。同时，顶层设计还需要落实到具体问题上。就 2016 年而言，公安制度改革、公检法关系的调整、国家立法的推进、信息时代的政府执法权落实、司法改革中“人”的专业化、审判中心主义改革、司法解释的发展、法治与德治的协调，以及迈向全球治理的法治思维建立，形塑了这一整年法治发展的基本面貌。

一、国家治理体系的不断完善

尽管学术界一再强调法院的重要性，但实际上，在国家治理中法院是比较靠后的环节。如果法律制定后得到良好实施，公民、法人和其他组织都可以在法治的框架下活动，也就不太需要司法作为最后的防线。对于中国人的日常生活而言，行政机关的作用比司法机关要大很多，公安系统承担包括治安管理、户籍管理、刑事侦查、交通管理、出入境管理等方面功能，发挥着最前线、最重要的作用。只要公安系统运转良好，大部分刑事案件都可以避免，日常纠纷也会减少，所以一般在地方政府架构中，公安机关的体量最为庞大，其政治地位也较为突出。公安机关在社会管理中倾向于采取由上而下的思路，行政机关的自由裁量权在公安执法中体现得最为明显。在复杂多变的现实面前，公安机关的这种自由度是非常必要的，但也给选择性执法甚至权力滥用打开了口子。随着公民权利意识的觉醒，自由与秩序之间的矛盾日益凸显，2016 年的“雷洋事件”更是将长期存在的公安暴力执法问题推向公众视线，也使得公安制度的改革得以提速。

（一）公安制度改革的契机与深入

公安机关的行政性力量对于解决一些即时性的问题具有较好的效果，长期以来，国家治理都将公安力量摆在最重要的位置上。改革开放后，公民权利意识增强，社会焕发活力，政府职能开始从管理转向服务，公安机关的权力在国家治理中的地位也有所调整。从 20 世纪 90 年代开始，出现了各种要求限制公安机关权力的呼声。尽管如此，在社会转型的背景下，各种治理难题依旧，公安机关仍然处在最为重要的前线。在党政考核指标中，一旦某个地方出现了重大的社会治安问题，当地人民群众的满意度会急剧下降，地方领导干部的前途就可能会受到影响。人们对公安执法的态度向来是矛盾的，一方面可能对自身所受到的各种束缚感到不满，另一方面又希望政府维持社会治安。中国社会治安形势中的“超稳定结构”，对于每个人来说是安全的，前提是自身不违法，也因此中国的老百姓可以平静地接受随处可见的辅警，这是建立在他们会保护人民权利的合理期待之上的。如果这些执法者成为肆意侵害人民权利的暴力之源，那么人们的美好愿望就会受到打击，本以为会成为人民之友的警察便容易成为扰民、伤民之所在。

2016 年 5 月，北京市民雷洋在前往机场迎接亲戚途中，被昌平区公安执法人员以涉嫌嫖娼带走，2 小时后死亡，引发社会舆论的普遍关注。尽管官方已经给出了通报并做出最终处理，但是民众仍议论纷纷。值得关注的是，为什么一旦出现警民冲突，民众几乎“一边倒”地支持涉案公民？换句话说，为什么公安机关承担了那么多的治理功能，却难以得到民众的理解？如果说公安机关在执法过程中拥有了太多的裁量权，应该如何将他们的行为纳入法治化的轨道？

2016 年 5 月 20 日，中央全面深化改革领导小组召开第二十四次会议，公安执法问题首次成为会议议题。会议通过了《关于深化公安执法规范化建设的意见》（以下简称《意见》）。《意见》并不是简单地采用法治化、规范化的单向性指标，而是把公安改革当作一项系统化的工程，充分考虑了公安执法的复杂性和特殊性。《意见》以实现公安执法规范化为目标，提出要构建5个体系，即完备的执法制度体系、规范的执法办案体系、系统的执法管理体系、实战的执法培训体系、有力的执法保障体系，其中大部分是从规范公安执法入手的，但是也可以看出中央对公安执法的重视。规范公安执法并不是要将执法人员的手脚完全束缚住，而是要尊重规律地保障其执法，“有力的执法保障体系”从某种意义上讲就体现了这一点。为了保护公安执法中的被执行人，《意见》还提出了“四化”目标，即执法队伍专业化、执法行为标准化、执法管理系统化、执法流程信息化，“四化”使得公安执法行为在保持灵活机动性的同时更加受到约束。当然，“四化”目标的提出，不仅有利于保护被执法人员，其实也保护了公安执法人员。比如执法流程的信息化可以使得更多的执法信息被留存下来，方便在发生纠纷时调取证据，由此做到不偏袒任何一方。“五个体系”和“四化”目标，已经将公安执法的方方面面都囊括进来，既有对执法队伍人才素质的要求，也有对执法过程的要求，还有对公安执法管理体系的要求，更有适应信息化时代的技术要求。

（二）分工负责的法院与公安关系

公安机关不仅承担维护日常社会治安的功能，还要承担大多数刑事案件的侦查功能。在侦查、起诉、审判链条中，刑事诉讼特别依赖于侦查，其既是启动大多数刑事案件的关键，也是后续环节的证据来源。“流水线作业”模式导致整个链条以侦查为中心，使得后续步骤成为侦查的自然展开，不能对侦查进行监督，更无法保障犯罪嫌疑人的权利。一些重大的冤假错案之所以发生，大部分是在侦查阶段就已经定下了基调。随着社会治理中公安角色的变化，侦查在刑事案件的处理环节中不再是最重要的步骤。刑事司法程序中的审判中心主义改革，在某种意义上就是这一变化的体现。

2016年6月27日，中央全面深化改革领导小组召开第二十五次会议，审议通过了《关于推进以审判为中心的刑事诉讼制度改革的意见》（以下简称《意见》）。党的十八届四中全会已提出将“以审判为中心”作为严格司法的重要举措，但是并没有给出具体的规定，此次《意见》对刑事诉讼中如何以审判为中心给出了较为明确的规定。第一，落实非法证据排除规则。以侦查为中心的重要表现就是认定公安机关的侦查报告，而不管侦查过程中是否存在刑讯逼供等违法行为。我国已在原则上确立的非法证据排除规则，在实践中的落实情况并不理想。《意见》要求全面落实证据裁判要求，实现非法证据的排除。第二，完善证人、鉴定人的出庭做证制度。以审判为中心，就是要贯彻直接言辞原则，使得双方可以对对方的证据效力进行质证，如果鉴定人、证人不出庭，庭审过程只能流于形式，法庭是否认定某项证据的效力就会变成一种“主观”行为，难以说服双方当事人，更难以避免某些偏见。第三，为了实现法庭上的对抗，以便事实越辩越明，《意见》要求扩大法律援助制度，使得刑事诉讼被告人得到更为有效的辩护。第四，《意见》指出，要推进案件的繁简分流，对于一些简易案件，采取其他形式进行高效率的处理，则是实现审判中心主义的必然要求。

《刑事诉讼法》第七条规定：“人民法院、人民检察院和公安机关进行刑事诉讼，应当分工负责，互相配合，互相制约，以保证准确有效地执行法律。”但是在侦查中心主义下，审判结果受到“流水线作业”输入端的严格限制，审查起诉和法庭审判都无法起到把关的作用。也因如此，我国的刑事诉讼中的无罪判决率非常低，2011至2016年，全国刑事诉讼中的无罪判决率每年均低于0.1%。《意见》通过各种措施，旨在落实法庭审判环节，为刑事审判的公正司法提供了一种思路。但是同样需要注意的是，以审判为中心的改革，并非是要将法院摆在一个“法律帝国”王侯的位置上，庭审对侦查、公诉环节的监督，仅仅是刑事审判中的角色分工要求，并不代表其宪法地位的改变。尤其是还要考虑到法官的职业素质问题，在“案多人少”的情况下，法官的工作量很大，如果期待法官仅仅通过法庭上第一次接触证据就对刑事案件尤其是疑难案件做出判决，有时候就有些强人所难了。20 世纪 90 年代的改革曾要求双方当事人只提交证据目录，避免法官先入为主做出判断，力图实现庭审实质化，但导致的结果是，法官的最终判决要靠庭审之后的证据审查，庭审更加流于形式。由此可以看出，推进“以审判为中心”的诉讼体制改革乃是整体性的工程，进行顶层设计时还需要考虑到各种因素。

（三）公务员职业伦理的塑造

在推进国家治理体系和治理能力现代化的过程中，既需要推进制度的现代化，也需要实现公职人员的职业化。前述的“雷洋事件”所引起的对公安执法人员素质的争议，以及曾多次出现的关于城管的讨论，归根结底都是人的问题。中国实行《公务员法》，公务员职位类别按照公务员职位的性质、特点和管理需要，划分为综合管理类、专业技术类和行政执法类。一方面，随着国家政治体制等方面的改革，尤其是在现代社会中，公共管理与政府行为之间界限越来越模糊，我们越来越多地意识到担任专业技术职务的公务员只是负责履行专业性职责，而不直接牵涉政治领域的问题。而另一方面，由于中国的改革尚未结束，行政执法类的公务员手中掌握着较多的具体权力，加之对他们的政治伦理限制较少，所以更容易出问题。

2016 年 7 月，中共中央办公厅、国务院办公厅印发《专业技术类公务员管理规定（试行）》和《行政执法类公务员管理规定（试行）》，对两类公务员的职位设置、职务级别、任免升降、考核评价等方面做出了规定。在此前一天，中共中央组织部等联合印发《关于推进公务员职业道德建设工程的意见》（以下简称《意见》），旨在从职业伦理上促使公务员树立为人民服务的信仰。专业技术类公务员是专门从事专业技术工作，为其他工作提供技术支持和保障的公务员，其工作具有更多的技术性；行政执法类公务员主要从事行政执行辅助工作，帮助执行行政许可、行政处罚、行政强制、行政征收、行政收费或者行政检查等。尽管他们的工作是一种辅助性的技术支撑，但这些工作也需要职业伦理，《意见》就其道德建设专门提出了要求，强调公务员的职业道德建设要采取集中性和经常性学习教育相结合的形式，既要有理想信念教育，还要有比较清晰的规范，以及较为完善的职业道德建设体制机制。当然，《意见》的要求是针对所有公务员的，而在我们所提到的行政执法类和专业技术类的公务员身上，这种要求则更为迫切。

二、法治体系的逐步成形

党的十八届四中全会提出全面依法治国的目标，将法治体系扩充到国家法与党内法规并重。国家一方面需要不断加强立法，完善国家法律体系，另一方面需要将党内法规的体系、适用、效力以及与国家法的衔接问题讲清楚。在“七五”普法规划（2016—2020）中，党规也加入其中，成为增强公民法治意识的重要组成部分。2013 年党内“立法法”的颁布极大提升了依规治党的水平，使得党内法规建设有了一个较为清晰的原则指导。严格规范体系只是一个方面，更为关键的是要使这些规范落到实处，党内法规的实施也是如此。

（一）党内法治责任机制的完善

2016 年 6 月 28 日，中共中央政治局审议通过《中国共产党问责条例》

（以下简称《条例》），为全面从严治党提供了一个新利器。2009 年 6 月，中共中央曾发布《关于实行党政领导干部问责的暂行规定》，但其并非正式规定，而且仅仅针对领导干部等少数人员，此次《条例》在其基础上有所改进，如明确了问责的主体和对象，解决了谁来问责、对谁问责的问题。《条例》不仅将责任落实到党委（党组）、纪委（纪检组），也分解到组织、宣传、统战、政法等工作部门。除此之外，《条例》还要求落实党组织管党治党政治责任，并提出对党的领导干部实行终身问责。总的来讲，问责的重点是党组织的主要负责人这一“关键少数”。

2016 年 11 月，党的十八届六中全会召开，其后不久，中共中央办公厅和国务院办公厅印发《党政主要负责人履行推进法治建设第一责任人职责规定》（以下简称《职责规定》），对县级以上的地方党政主要负责人应该如何在法治建设中履行职责做出了规定。在党的十八届四中全会提出“全面依法治国”的基础上，中国的法治建设逐步从以国家制定法为核心的法律体系建设转向党规、党纪与国法并重的社会主义法治体系建设。在法治建设中，党发挥着尤为重要的作用，如何做到党的领导与依法治国的统一，使得各级党组织在宪法和法律的规定下发挥作用，这既是全面依法治国需要解决的命题，也是落实全面从严治党的必然要求。而如何抓党政主要负责人这一“关键少数”，更是成为协调上述两者的核心所在。《职责规定》既对地方党政主要负责人的职责要求做了规定，也给违法违纪行为划定了红线。

《职责规定》要求各级地方党委在法治建设的重大问题上把握方向，比如明确规定党政主要负责人“对法治建设重要工作亲自部署、重大问题亲自过问、重点环节亲自协调、重要任务亲自督办”，还需要对领导班子其他成员、下级党政主要负责人依法办事进行督促，支持人大、政府、政协、司法机关的法治工作；而对政府的主要负责人而言，则需要在推进依法行政的工作中发挥主要作用，如推进法治政府建设、推动政务公开、支持行政诉讼等。同时，还明令禁止党政主要负责人的违法违规行为。尽管党的十八届四中全会已经提出建立领导干部干预司法活动、插手具体案件处理的记录、通报和责任追究制度，但如何处理这种行为，还没有明确先例。更为重要的是，推进法治建设不能依靠干扰法治追究，更好的方式是事前的督促，而对于地方政府而言，来自党委和行政主要负责人的督促是最为有效的。《职责规定》第五条要求，党委主要负责人要督促其他班子成员和下级党政主要负责人“不得违规干预司法活动、插手具体案件处理”，使得地方党委主要负责人成为第一责任人，站在了维护法治运行的第一线上。在我国，党的领导与依法治国之间存在着非常紧密的关系，每个党员都可以成为一面旗帜，但抓少数领导干部显然是更有效的，抓好“关键少数”，对于更好推进依法治国具有更大的效用。

（二）重点立法领域的突破

自 2011 年中国特色社会主义法律体系基本确立后，中国告别了立法的粗放式扩展阶段，不再简单追求法律数量的增加，立法工作逐渐理性化。如果说以前的立法还有可能是为了完善法律体系，2011 年之后的立法工作则更多是为实际工作的需要服务。2016 年，国家立法工作在以下几个重要领域有所突破：第一，新中国成立以来数度被提及的民法典制定工作进入快车道；第二，制定了网络安全领域基本法，保障公民信息安全和国家战略安全；第三，立法回应慈善、公共服务、环保等重点领域热点问题。

1. 民法典编纂进入快车道

党的十八届三中全会确立了市场在资源配置中的决定性作用，所有权的稳定和明确是交易得以进行的前提，这使得民法典的编纂工作进入一个新阶段。新中国成立后，国家曾先后 4 次启动民法典起草工作，但都未进行到底。

总的来说，作为市场经济和市民社会基本法律的民法典，其制定需要有两个方面的条件：一是以市场经济作为基本经济制度；在计划经济时代，所有的商品生产、分配、消费都是靠国家计划来完成，不需要调解私人平等主体之间的法律关系。二是相关制度基本定型。制定法具有一定的稳定性，如果基本经济制度变化太快，相应的规定就必须迅速调整才能适应新需要，那么，就不可能期待制定出一部全局性的法律。改革开放以来，在缺失民法典的三十余年间，国家虽然采取了制定各单行法规的方式予以弥补，但是这些不同法律之间的协调成本以及法律漏洞的存在，使得编纂民法典依旧具有价值。党的十八届四中全会明确提出了制定民法典的基本要求，使这一工作进入历史的快车道。

2016 年 6 月 27 日，十二届全国人大常委会第二十一次会议首次审议了《民法总则（草案)》，计划在 2017 年 3 月召开的十二届全国人大第五次会议上表决；整个民法典编纂工作预计在 2020 年完成。民法总则被视为民法典的“总则编”，对整个民法典的基本精神起到提纲挈领的指引性作用。此次所讨论的草案在以下几个方面颇具亮点：第一，对民事主体的权利义务做出了更新，比如将限制民事行为能力人的年龄标准从“十周岁”降低到“六周岁”，增加对胎儿的继承权的保护，等等。第二，对法人组织的分类仅仅采取“营利”与“非营利”的二元划分，以更加适应市场经济发展的需要。第三，对网络虚拟财产、数据信息纠纷给予关注，这是互联网时代的必然选择。由此可以看出，民法总则在一定程度上体现了新时期的基本要求，当然，民法典作为制定法所必然具有的滞后性与中国不断深化改革之间必然会存在一定摩擦。

2. 陌生人社会中的慈善法

与西方社会不同，在中国传统社会中，慈善事业要么是以宗教的形式存在，要么就是民间个人的行为，缺少成熟的组织系统。因此，当慈善事业在中国起步时，必然会遇到诸多的问题。进入21世纪以后，中国慈善捐赠额从2006年的不足100亿元增长到2016年的1000亿元左右，整个慈善事业呈现出勃勃生机。慈善事业呈现出捐赠主体多元化、捐赠标的和慈善方式多样化等特点，社会对慈善工作透明度提出了更高的要求。而慈善捐助中的诸多不规范、公开透明程度低，也饱受社会诟病。

为了将慈善事业纳入法治化轨道，2016年3月16日，《慈善法（草案)》经十二届全国人大第四次会议表决通过，自2016年9月1日起施行。该法回应了慈善事业发展过程遇到的各类问题，或许可以带来中国慈善事业的繁荣时期。慈善事业的繁荣，一方面是社会健康的表现，而另一方面也可能是其他社会救助渠道不畅的结果。一个社会的健康不能仅靠慈善事业一端，更多非营利性机构、基金会的成立也同样重要。另外，在一个社会的救助体系中，慈善事业只能是一个补充，更多的还是要靠完善的社会保障机制，对于走共同富裕道路的中国来说，更是如此。

3. 社会保障性立法的发展

中国人口的老龄化趋势在很早之前就显现端倪，而传统单位制的改革使得养老不再依靠原先的单位，社会结构的变化也使得养老责任更多地脱离家庭。在这种背景之下，社会保障制度在中国兴起，使得社会法在法学界获得了像传统公法、私法一样的地位。随着社会保障制度的不断发展，社会保障基金的规模也不断扩大。从2000年8月中共中央批准、国务院设立全国社会保障基金后，通过财政拨款、国有资本划转等方式不断充实，到2015年底，其资金规模已超15 000亿元。同时，社会保障基金领域也成为腐败的重灾区，曾多次出现社保主管部门的“小官巨贪”事件。制定一部全面的法律，或许是解决这一问题的一个手段。不仅如此，保障基金安全，实现其保值增值，也成为社保基金所面临的大问题。

2016 年 3 月 28 日，国务院公布《全国社会保障基金条例》（以下简称《条例》），自同年 5 月 1 日起施行，以有效防控风险，实现其保值增值。《条例》对全国社会保障基金的定位是储备型基金，它不同于社会保险基金，由于其关乎城市绝大多数人群，关乎国家和社会稳定，所以在投资运营上要坚持安全性、收益性和长期性相结合，而不做短期的投机性投资行为。其中，安全性显得格外重要，也是社会保障基金投资运营的首要目标，《条例》对此做出了明确的规定。同时，《条例》还提出建立多层次的监管机制，以实现对“保命钱”的制度监管。

4. 公共文化服务领域首迎保障性立法

2016 年 12 月 25 日，《公共文化服务保障法》由第十二届全国人民代表大会常务委员会第二十五次会议表决通过，自 2017 年 3 月 1 日起施行。该法在立法思路上坚持以人为本，推动基本公共文化服务标准化、均等化，并坚持政府主导，鼓励社会力量广泛参与，坚持共建共享。目前国内文化建设领域仅有《非物质文化遗产法》《文物保护法》等少数法律，而且对文化遗产或者文物的保护于国家的文化强国战略而言仅仅具有保障性作用，其建构性价值不足。对于当代中国而言，文化自信至关重要。中国经济总量已经跃居世界第二位，中国文化的影响力却未能与之相匹配。相反，西方文化，尤其是物质主义、消费主义、金钱至上的价值理念在不同程度上影响着国民。而伴随经济、文化领域的东西方交流，同时到来的还有一些人在政治思想理念上的西化。不仅如此，国民在文化资源的获得上不平等，资源分配不公的现象突出。《公共文化服务保障法》的出台意味着政府针对上述问题提出了解决方案，例如，强调政府公共文化服务供给的责任，要求实现公共文化服务的标准化、均等化，要求利用网络等新技术来服务文化建设，等等。

5. 逐渐完善的环境保护法律体系

在经济高速发展的同时，中国的生态环境也发生了很大变化。西方国家“先污染，后治理”的发展模式早已备受质疑，但是在全球化和市场经济逻辑主导下，真正做到以环境保护为先的确存在困难。虽然我们早就将国际社会所宣传的“可持续发展”理论作为各方认可的价值向全社会推广，科学发展观也在一定程度上回应了经济增长的速度与质量问题，但是中国的生态环境还是在不断恶化。如近年来，雾霾问题就成为困扰许多城市的棘手问题之一。

从环境保护的法律制度上看，1984 年通过的《水污染防治法》是中国第一部有关污染防治的法律。其后，国家在 1996 年和 2008 年分别对其进行了修订，但是对污染物的界定依旧不明确，对相关责任人的惩罚力度也不够，并且很大程度上还是采取了“先污染、后治理”的思路。尤其是水污染防治态势在新时期已经发生了很大的变化，面临着一些新的问题，比如地表水质特别差和特别好的水体都在减少，主要污染物因子出现了结构性变化，在这样的背景下需要改变传统的防治思路。2015 年 8 月 27 日，第十二届全国人民代表大会常务委员会第十六次会议正式将水污染防治法修订列入五年立法规划。2016 年 6 月 12 日，环保部发布《水污染防治法（修订草案）》（征求意见稿），此意见稿以改善水环境质量为核心，在保留旧法的有利条款的同时，强调预防为主、防管结合的防治思路，以完善水污染治理体系。

具体来说，此意见稿在下述方面有所改革：第一，改变了防治思路，强调预防在先的原则，并增加了 8 个方面的预防性措施；第二，降低了提起与水污染有关的环境公益诉讼的门槛，如人民检察院可以成为公益诉讼的主体，从事环保的公益社会组织都可以提起公益诉讼，不受此前的从事公益满 5 年的要求所限制；第三，明确了党政同等责任，改变了过去只有政府主要负责人对重大环境污染事故承担责任的成例；第四，对跨界流域监管有了新安排，要求实行统一规划、统一标准、统一监测、统一执法的防治措施；第五，增加了环评、监测机构等第三方机构与排污单位的连带责任。上述新举措的确对很多问题做出了回应，有的力度还很大，涉及方方面面。

6. 网络安全领域首次出台专门法律

20 世纪 80 年代的美苏就“空间”所展开的竞争，核心在于对空间资源的争夺，在冷战的背景下，掌握空间资源这种热战手段可以形成强大的威慑力，苏联就是在这场军备竞赛中走向了瓦解。而当前国际竞争已经从直接的军事较量转到了隐形的信息技术较量和经济较量，直接以军事方式来制裁一个国家的做法较为少见，经济封锁已经取代军事干预成为大国制裁的主要手段。尤其在经济全球化的背景下，大国难以承受外贸损失，小国难以承受资源匮乏，经济封锁可以实现不战而屈人之兵。随着建立在网络和信息之上的金融业逐渐成为各国经济的支柱，西方经济强国打压小国经常是以金融战为第一步，接着是外交手段干预。中国作为快速增长的经济体，网络安全实际上就包含了对信息经济的主导权。不仅如此，中国实际上已经成为世界上最重要、最巨大的网络经济实体，从网络购物到手机支付，中国在这些领域早已处于世界领先地位。但是在互联网技术方面，一直是以美国为首的西方世界占据主导地位，这隐藏着巨大的商业和战略风险。因此，中国加快制定《网络安全法》无疑是一项战略性的举措。从法律条文表述看，我们对网络安全的认识也不再仅仅停留在技术和商业层面，而是从国家主权的角度切入的。

2016 年 11 月 7 日，十二届全国人大常委会第二十四次会议通过《网络安全法》。这是我国专门针对网络安全问题的首部综合性法律，也是我国信息网络领域的基础性法律，其在法律层面体现了国家在网络空间的战略部署，堪称网络安全领域的“中国方案”。此前，国务院曾于2010年发布《中国互联网状况》白皮书，其中就已将互联网归属到主权的管辖范围。此次《网络安全法》确认了网络安全的重要性，拓展了我们对主权的传统理解：主权不仅包括对国民、领土、领海（水）、领空的主权，还包括对新兴的信息世界的主权，网络已与国家主权、安全和发展利益直接相关。从这个角度，我们可以理解《网络安全法》所设定的相关制度的全局性和重要性：这一法律既按照国际惯例将重要行业和关键领域纳入关键信息基础设施保护范畴，也创造性地将重要数据跨境安全评估独立出来，提到制度化的高度。除此之外，《网络安全法》也对网络安全预警和应急制度做了特别规定，如根据需要，经国务院批准可以在特定区域采取限制通信临时措施，可见国家对网络的重视已经达到了像对领土一样的高度。同时，《网络安全法》也对个人信息保护、打击网络诈骗等问题做了规定。

7. 立法解释权与香港政制

在中国的立法体制中，全国人大及其常委会有权制定法律，并且对法律具有解释权；但在法律实践中，全国人大常委会很少行使法律解释权。然而，在香港回归后，全国人大作为香港基本法所确定的主权者，开始对基本法的相关条款进行解释，使得法律解释权从纸面规定走向了实践。自1999年全国人大常委会就吴嘉玲案释法起，全国人大就香港基本法先后五次释法，这在立法解释工作中是绝无仅有的。2016年11月7日，十二届全国人大常委会第二十四次会议经表决，全票通过了《全国人大常委会关于香港特别行政区基本法第一百零四条的解释》，有力回应了香港立法会选举中个别候选人和议员的极端错误行径。在香港第六届立法会选举和议员宣誓过程中，有人公然煽动“港独”情绪以及主张具有“港独”性质的言论，公开声明要借助立法会的平台来推动一些激进主张；尤其是在立法会候任议员的宣誓仪式上，梁颂恒和游蕙祯故意宣读与法定誓言不一致的誓词以公然违反香港基本法，损害“一国两制”基本方针。全国人大常委会就基本法的这次释法，使得人大的法律解释权从纸面落到实践，有利于完善我国的立法体制，也为全国人大常委会今后在其他领域的角色承担提供了经验。

（三）法律的公共政策之维

法律作为上层建筑的组成部分，其本身的变化大多是因为经济基础的变迁。如就人口政策而言，新中国成立后，国内人口政策经历过几次变化，比如从信奉人多力量大，到推行计划生育，再到党的十八届五中全会后的全面放开“二孩”政策。考虑到中国人口构成等社会经济因素，中央决定实施全面放开“二孩”政策。随着人们生育意愿的降低，很多地方，尤其是中小城市，已经开始出现人口的负增长，某些用工大省开始出现民工荒；而从国际经验来看，如果一个国家的人口老龄化比例超过一定的界限，极容易带来社会危机，影响国家的活力和竞争力，中国亦是如此。在这样的背景下，国务院开始着手解决无户口人员的问题。过去，未取得准生证的新生婴儿无法落户问题一直存在，最终导致全国存在着众多无户口人员。2016 年 1 月 14 日，国务院办公厅印发《关于解决无户口人员登记户口问题的意见》，要求为无户口人员登记户口，以切实保障公民的相关权益，并分别对因不同原因所导致的无户口问题做出了不同安排。当然，在人口政策调整的大背景下，我们看到了户籍政策的相应调整，这表明，政策、法律是不断适应新情况、新变化的产物。

三、限权与法治政府建设

在学界对法治的通常理解中，司法具有较高的地位，一般认为司法是正义的最后一道防线，但是对于国家和社会治理而言，发挥更重要作用的则是政府机关所构建起来的执法体系。对普通公民而言，他可能一辈子都不会跟法院、检察院打交道，但是他从出生开始，准确地说在出生前，就已经进入国家治理范围之内了。在各项权力中，行政权是具有扩张性和侵犯性的，在推进依法治国的进程中，如何规范行政权的行使，意义重大。从 2004 年国务院提出要推行依法行政开始，这项工程已经进行了十几年，而如果将起点放在 1989 年《行政诉讼法》颁布的话，我们对行政权有意识的控制已经有了近 30 年的经验。除了主动推进法治政府建设外，还需要回应行政相对人提出的诉求。行政诉讼、行政复议等救济制度的存在，为公民针对争议表达不同意见提供了制度化的渠道。行政活动在很大程度上就是关于权力和权利彼此互动的过程，在人民主权成为各种权力正当性之来源的时候，保障权利和限制权力几乎成为构建法治政府的必然选择。尽管中国的行政诉讼在诞生之时便有着复杂的时代背景，但学者和媒体总是试图赋予其限制权力的功能，而且将实现行政诉讼的规范化作为主要目标。我国在推动行政诉讼发展方面做出了很多探索，2016 年也可以看到这种趋势。

（一）行政公开提升法治政府水平

要规范政府行为，公开是非常有效的措施。让权力的行使暴露在阳光之下，有助于避免腐败的滋生。中国从 20 世纪初就开始探索政府信息公开，如 2000 年发布的《中共中央办公厅、国务院办公厅关于在全国乡镇政权机关全面推行政务公开制度的通知》，就对基层国家政权的政务公开做出了规定；2005 年，《中共中央办公厅、国务院办公厅关于进一步推行政务公开的意见》正式印发；2008 年，《政府信息公开条例》的颁布意味着政府公开工作迈入法治化轨道；最高人民法院还曾出台过关于审理政府信息公开行政案件若干问题的意见。但是在实际操作中，哪些行为应该公开，应该以什么样的方式公开，公开到什么程度，都存在解释的空间。如政务公开中的“以公开为原则，以不公开为例外”，由于这一规定过于笼统，避免不了以“例外”为由拒绝公开的情形出现。而且，对于不依法公开的情况，责任追究一般止于党纪处分，未能进入公众视野，对政府官员的威慑力也比较小。

2016 年 2 月 17 日，《中共中央办公厅、国务院办公厅关于全面推进政务公开工作的意见》（以下简称《意见》）发布，对各级行政机关的信息公开工作做出部署，要求在 2020 年实现政务公开工作总体上迈上新台阶。随着互联网时代的到来，政府的行政方式也需要做出相应的改变。以政务信息公开为例，如果政府机关将某些信息人为地进行封锁，人们不明真相，反而会使得谣言满天飞。通过观察很多社会热点事件的舆论走向，我们发现，披露真相是最好的辟谣手段。“谣言止于公开”，公开是建立政府公信力的基础。《意见》针对过去政务信息公开不到位提出了决策公开、执行公开、管理公开、服务公开、结果公开、重点领域信息公开等规定，以打造法治政府、创新政府、廉洁政府和服务型政府。《意见》在以下三个具体问题上更具创新性：第一，推行行政执法公示制度。在政务公开中，有政府机关需要主动公开的，也有依申请公开的，行政执法公示属于前者。在推进执行公开和管理公开问题上，《意见》要求主动公开重点改革任务、重要政策以及重大工程项目的执行措施、实施步骤、责任分工、监督方式，根据工作进展，公布取得的成效和后续措施，并听取公众意见建议。第二，提出实行政务公开负面清单制度，各省（自治区、直辖市）政府和国务院各部门要依法积极稳妥制定政务公开负面清单，细化明确不予公开范围，对公开后危及国家安全、经济安全、公共安全、社会稳定等方面的事项纳入负面清单管理，及时进行调整更新。第三，积极运用大数据、云计算、移动互联网等技术手段，提升政务公开信息化水平，加快推进“互联网 + 政务”，构建基于互联网的一体化政务服务体系。加强政府门户网站建设，整合各种信息资源，加强协调联动，打造信息公开第一平台，以便及时、全面地发布政策解读信息，引导舆论导向，回应人民关切。

（二）规范行政诉讼将行政权关进笼子

中国有着比较悠久的“父母官”传统，政府机构在老百姓心目中具有非常崇高的地位，所以在中国推行行政诉讼制度可能会遇到两个方面的难题：一是老百姓是否敢于去起诉政府机构，他们怎样能从政府管治的对象，变成与政府对垒的行政相对人；二是政府机构能否主动转变角色，将被起诉理解为正常的法治活动，而不将起诉它们的公民、法人或者其他组织当作闹事的“刁民”。这种转型过程可能会比较漫长，这也提醒我们，中国在行政诉讼发展过程中可能会遇到各种问题，如被广泛关注的行政诉讼立案难、胜诉难、执行难“三难”问题。有数据表明，在2010年之前，行政诉讼的原告胜诉率只有30%，后来更是下降到10%以下，而在某些省份，此比例只有2%。绝大多数时候，行政相对人起诉行政机关经常是唱独角戏，政府方面一般都会缺席庭审，“告官不见官”的现象很常见。这些必然会使得民众对行政诉讼的满意度不高，行政诉讼案件的上诉率和申请再审率约为民事和刑事案件的6倍和8倍，就足以表明形势之严峻。对行政诉讼的完善需要从多层次、多角度入手，首先需要行政机关自身转变观念，但也不能完全寄希望于行政机关自身的自我限权，而应该同时从制度上加以保证。党的十八届四中全会针对完善行政诉讼制度，提出要“健全行政机关依法出庭应诉、支持法院受理行政案件、尊重并执行法院生效判决的制度”；2015年，《行政诉讼法》做出了大量修改，对被诉行政机关的应诉提出了更多的要求。同时，《法治政府建设实施纲要（2015—2020年）》也明确提出，要“支持人民法院依法受理行政案件，健全行政机关依法出庭应诉制度，尊重并执行人民法院生效裁决”。

2016 年 7 月 7 日，《国务院办公厅关于加强和改进行政应诉工作的意见》（以下简称《意见》）正式印发，其中就行政机关如何完善应诉工作给出了具体的指导意见，对行政机关支持、配合法院依法开展行政审判工作提出了 5 个具体要求，同时明确了行政机关应诉工作的职责划分，对行政机关的应诉能力建设给予高度关注。第一，支持法院依法受理和审理行政案件，解决立案难和审判难的问题。第二，认真做好答辩举证工作。也就是说，行政机关应在审判中积极配合法院的工作。第三，依法履行出庭应诉职责。就像前面所说的那样，很多时候行政机关在行政诉讼中根本不会出庭，尤其是行政机关的负责人更是难以见到，行政相对人作为原告难以得到对等的待遇。第四，配合法院做好庭审工作，此举有利于法庭真正做到独立审判。第五，积极履行人民法院的生效裁判，解决行政诉讼的执行难问题。

2016 年 4 月 15 日，最高人民检察院发布《人民检察院行政诉讼监督规则（试行）》（以下简称《规则》），明确了行政诉讼监督的范围、受理程序等问题。实践中，由于审判人员素质良莠不齐，在审判中无法完全避免贪污受贿、徇私舞弊、枉法裁判等现象。对此，《规则》强化了检察系统的法律监督，有助于进一步规范行政审判工作，增强法官的责任感，促进行政审判质量的提高。另外，《规则》还对行政相对人可以申请启动监督程序的情形做出了规定，如明确了行政相对人申请监督的具体情形、时限要求，保障入口通畅、及时发现问题，同时还规定了检察机关对行政机关违反法律规定、可能影响法院公正审理的行为实施监督的方式，促进依法行政。

在完善行政诉讼的探索中，一些地方政府走在了前列。例如，贵州省副省长在一起行政诉讼中出庭应诉，开创了省级政府相关负责人出庭应诉的先河。2016 年 4 月 11 日，贵州省贵阳市中级人民法院公开开庭审理了一起村民不服贵州省政府驳回行政复议申请的行政诉讼案件，贵州省副省长陈鸣明作为行政机关负责人出庭应诉。2015 年修订的《行政诉讼法》提出，被诉行政机关负责人应当出庭应诉，不能出庭的应当委托行政机关相应的工作人员出庭，相关评论指出这确立了行政机关负责人出庭应诉制度。在陈鸣明之前，出庭的行政机关负责人一般级别较低，陈鸣明则成为省级领导干部出庭应诉史上的第一人，就此而言，此举可以起到一定的示范作用。在行政相对人的情感受到伤害，或者案件具有广泛社会影响的情况下，由行政机关负责人出庭可以起到很好的平复当事人情绪、引导舆论的作用。但是在更多的平常案件中，由直接负责行政处理决定的工作人员出庭，其实可以更好地帮助法院查明事实，有助于法庭做出合法合理的判决。

（三）信息时代的精准社会治理

在国家和社会治理中，更多依赖的是行政机关，尤其是公安机关，但这并不是说只需要依靠行政机关就可以了，真正的治理实际上是一种社会综合治理。综合治理在20世纪八九十年代就已经成为基本的治理思路。早在1991年，中共中央、国务院就发布了《关于加强社会治安综合治理的决定》，提出解决中国社会治安问题的根本出路是社会治安综合治理，强调的是行政、司法等手段的综合运用，共同将社会秩序维持在可控的范围内，但是综合治理因其复杂性、综合性，经常沦为没有严格标准的维稳手段。在互联网时代，综合治理更强调依赖信息的精准治理，大数据的应用使得这一点成为可能。

1. 综合治理迈向大数据时代

2016年1月28日，国家质检总局、中央综治办、国家标准委正式发布《社会治安综合治理基础数据规范》国家标准（GB/T 31000—2015）。该标准于2016年3月1日起正式实施，为社会治安综合治理工作和信息化建设提供重要支撑和保障。这也是党的十八届五中全会之后，国家“互联网+”和大数据战略的重要体现。该标准采取“9+X”模式，“9”主要涵盖实有人口、特殊人群、重点青少年、非公有制经济组织和社会组织、社会治安、矛盾纠纷排查化解、校园及周边安全、护路护线等9个方面，“X”则是各地各层级根据业务进行个性化定制和扩展延伸。

在推动综合治理的标准化、规范化和信息化上，该标准有三大亮点：第一，利用大数据技术，对重点领域实施精准管理。如针对重点青少年群体的管理，该标准提出，引导加强动态信息采集和应用，尤其是闲散青少年联系管理、流浪儿童救助，加强对有不良行为青少年的教育、帮扶、矫治、管理，加强专门学校建设和专门教育工作，有效预防青少年违法犯罪。第二，重点防控社会潜在管理风险，如针对流动人口大规模、“同质化”群居所导致的“城中村”问题，该标准提出，加强流动人口基础信息采集登记与动态监测；将寄递物流纳入管理，实行寄递业务流程全程计算机管理，旨在解决一些地方存在危爆物品、寄递物流安全监管不到位、责任不落实等突出问题。第三，着力打造系统化的沟通机制以化解社会矛盾，依托社会治安综合治理信息化平台，建设纵向贯通、横向集成、共享共用、安全可靠的在线矛盾纠纷化解信息系统，做好矛盾纠纷的受理、统计、督办、反馈等工作，使社会矛盾能够早发现、早解决。

2. 完善社会治理领导责任体系

在制定标准的同时，中共中央办公厅、国务院办公厅还于2016年3月23日发布了《健全落实社会治安综合治理领导责任制规定》（以下简称《规定》），把社会治安综合治理工作实绩作为对领导班子和领导干部综合考核评价的重要内容，与其业绩评定、职务晋升、奖励惩处等挂钩，以全面推进平安中国建设。严重暴力犯罪、非正常上访、群体性事件等是影响公共安全的重要来源，经过几年的大力整治后，问题得到一定的缓解，但是社会因素复杂多变，公共安全建设和维护工作不可松懈，深化平安建设的任务依旧很艰巨。党的十八届四中全会明确提出要“深入推进社会治安综合治理，健全落实领导责任制”。中央从实施好“四个全面”战略布局的高度，多次做出重要指示，要求把平安中国建设置于中国特色社会主义事业发展全局来谋划，还强调各级党委和政府要切实承担起“促一方发展、保一方平安”的政治责任，明确并严格落实责任制，落实责任追究。

《规定》明确规定了各级党政领导班子、领导干部对社会治安综合治理和平安建设的具体职责，具体包括以下 4 个方面的内容：第一，在责任归属和责任内容方面强调严格落实“属地管理”和“谁主管谁负责”的原则，明确了各地党政主要负责同志是社会治安综合治理的第一责任人，社会治安综合治理的分管负责同志是直接责任人，领导班子其他成员承担分管工作范围内社会治安综合治理的责任。第二，要求各地、各部门、各单位将社会治安综合治理的各项任务分解为若干个易于执行的具体目标，如要求落实完善述职制度、监督制度、考核评价制度。第三，要求大力表彰真抓实干、业绩突出的领导干部，形成正确的激励导向。第四，明确了责任追究的情形、方式、追责主体和程序。

3. 信息时代的治理难题

互联网可以是社会治理的重要手段，但也可能成为治理的重要难题。在过去的信息交流体系中，政府可以很快地截断不良信息的流通渠道，并通过官方宣传引导社会舆论。但是互联网的发达使得情势发生了改变，现在每个人几乎都成了一个小型的消息发送枢纽，政府已经很难再用传统的方式控制信息流。而且，还有一些人利用互联网发布信息的匿名性、难以追责等特点从事违法活动。2016 年发生的“魏则西事件”、百度“卖吧”监管困境就是两个典型的例子。传统社会的治理可以通过看得见的方式进行，信息时代的信息、权力是无形的，很多时候需要依靠互联网大公司，由此带来了国家治理的困境。更为可怕的是，以各种方式掌握了信息的人还可能会对普通公民进行精准诈骗，从事违法犯罪活动。

4. 网约车的地方新政

执法具有极强的针对性，将对人们的生活产生重大影响。近些年来，网约车从零星之势扩展到全国，成为人们生活中不可或缺的一部分，但是网约车的发展也带来了一些新问题，尤其是与传统出租车行业的利益冲突在不断加剧。在此背景下，一些地方开始探索网约车的监管制度。2016 年 10 月 8 日，北京、上海、广州、深圳 4 个一线城市在同一天公布了当地网约车管理征求意见稿。此前，2016 年 7 月 28 日，交通运输部等多部委已经联合发布了《网络预约出租汽车经营服务管理暂行办法》，在确认了网约车的合法地位的同时，也对网约车做出了相关限制，以保障乘客的基本权益；随后，全国有 23 个城市出台了网约车管理细则的征求意见稿，4 个一线城市的征求意见稿尤其具有示范效应。从意见稿内容来看，它们对网约车司机在户籍、年龄、证书等方面做出了很多的补充规定，除广州外，北京、上海都要求网约车司机具有本地户籍，深圳要求具有本地户籍或者持有有效的“深圳经济特区居住证”，这实际上大大限制了网约车的车源。加强对网约车的监管本无可厚非，但是如果仅仅受制于某一利益群体的诉求，则不仅有悖于公平正义原则，也与党的十八届三中全会提出的市场作用的定位不符。出台此类征求意见稿，需要向人们证明，本地户籍对于司机从事网约车工作具有实质性影响，否则，就难免会给人留下地方保护主义的印象。

（四）校园欺凌考验教育政策

近年来，校园欺凌事件越来越引发社会关注。据调查，长期被欺凌者往往缺乏安全感，常被抑郁焦虑等不良情绪困扰；欺凌者则会把欺凌作为达成个人目的的有效手段，反社会行为发生的可能性大大增加。为什么近些年校园欺凌事件愈演愈烈？可能有两个方面的原因：首先是教育本身发生了变化，过去学校的教育包含了对孩子各个方面言行的规训，但是现在学校在很多方面都不承担教育职责，尤其是中小学将很多事情交给了家长，而许多家长并没有做好承接这种教育职责的准备。其次，更重要的原因可能是，计划生育政策推行之后，很长一段时期孩子成为 3 个家庭 6 个大人的中心，缺少与兄弟姐妹共同生活的经历，往往容易自我膨胀，甚至不太会处理与同龄人的关系。种种因素的叠加，使得问题越来越突出。

2016 年 4 月 28 日，国务院教育督导委员会办公室下发《关于开展校园欺凌专项治理的通知》，要求各地中小学针对发生在学生之间的校园欺凌进行专项治理，这也是我国首次从国家层面对校园欺凌进行干预。专项治理覆盖全国中小学（包括中等职业学校），将分两个阶段进行：第一阶段为 2016 年 4—7 月，主要是各校开展治理；第二阶段为 2016 年 9—12 月，主要是开展专项督查。具体来说，该通知提出诸多具体要求：各校要集中对学生开展以校园欺凌治理为主题的专题教育，邀请公安、司法等相关部门到校开展法制教育，组织教职工集中学习对校园欺凌事件预防和处理的相关政策、措施和方法；建立校园欺凌事件应急处置预案，明确相关岗位教职工预防和处理校园欺凌的职责；加强校园欺凌治理的人防、物防和技防建设，充分利用心理咨询室开展学生心理健康咨询和疏导；及时发现、调查处置校园欺凌事件，涉嫌违法犯罪的，必须及时向公安部门报案并配合立案查处。该通知还提出，将对整治不力的责任方予以追究，规定在专项治理期间仍发生校园欺凌事件，造成恶劣影响的，将予以通报、追责问责并督促整改。2016 年 11 月 1 日，教育部、中央综治办、最高人民法院、最高人民检察院、公安部、民政部、司法部、共青团中央、全国妇联九部门又共同印发《关于防治中小学生欺凌和暴力的指导意见》，为预防青少年违法犯罪、惩治中小学生校园欺凌与暴力事件提出了行政指导方案。

四、司法改革中的人、物同步

2016 年，中国司法改革的顶层设计蓝图逐渐铺开。2016 年 2 月29 日，在“两会”召开前夕，最高人民法院发布了《中国法院的司法改革》白皮书。白皮书指出，2013 年以来，全国有 417 个试点法院开展了一系列具有标志性和引领性的改革举措，改革成效不断显现，其中一些具有标杆性意义。例如，落实司法责任制、继续有序推动法官员额制改革、保证跨行政区划案件的公正审判、推行多项司法便民措施、更加注重通过司法保障人权、依法保障律师权利、进一步提升司法公开水平、开展人民陪审员制度的改革试点工作、推进失信被执行人信用惩戒机制的建构、防范干部干预过问具体案件，等等。白皮书在呈现成绩单的同时，还列出一份计划书，将司法公正、司法公开、司法独立、司法公信作为未来的努力方向。白皮书指出，将在 2016 年全面推开以司法责任制为核心的四项改革试点工作，完善法院组织体系和管辖制度，确保法院依法独立公正审判；完善诉讼制度，强化人权保障；完善司法为民机制，进一步解决人民群众普遍关注的问题；加快诉讼服务中心建设，完善网上立案平台和律师服务平台，建立失信被执行人信用监督、威慑、惩戒法律制度，推广信息化条件下的电子送达方式，出台关于全面深化多元化纠纷解决机制的意见和建议等。

（一）司法改革的具体推进

2014 年底，最高人民法院设立第一、第二巡回法庭，作为改革试点。到 2016 年底，两年间两个巡回法庭共结案 3948 件，其中共审理跨行政区域案件 633 件，发挥了司法改革“排头兵”作用，形成了一批可复制、可推广的经验，加强了对巡回区地方法院的审判业务指导，并推动了裁判尺度的统一。在第一、第二巡回法庭获得成功的基础上，最高人民法院综合考虑了各地的地理位置、区域面积、经济社会发展水平、人口数量以及最高人民法院受理案件类型、数量等因素，决定在南京、郑州、重庆、西安增设巡回法庭；2016 年 11 月 1 日，中央全面深化改革领导小组第二十九次会议审议通过了这一申请。2016 年 12 月 19 日，最高人民法院审判委员会审议通过《最高人民法院关于修改〈最高人民法院关于巡回法庭审理案件若干问题的规定〉的决定》，对各个巡回法庭的巡回区做了明确划分。最高人民法院巡回法庭的设置，有利于最高人民法院实现审判重心下移，缓解最高人民法院的审判压力，更好地满足民众的司法需求，实现司法公正。

1. 因地制宜解决"案多人少"难题

实际上，全国的司法系统都面临着巨大的工作压力，"案多人少"的困境已存在多年，如何应对这个压力是中国司法系统转型的关键所在。改革开放近 40 年来，法院受理的案件数量从 1978 年的 61 万件增加到 2015 年的 1952 万件，增长 30 多倍；而法官的人数从 1978 年的 6 万人增加到 2016 年的将近 20 万人，增幅明显不成比例。其中，全国法院受理的案件 80% 以上在基层法院，基层法院受理案件的大多数又是简单案件。也就是说，案件压力主要在基层，而且大部分案件是简单案件，在处理这类案件时，耗时耗力的专业化司法程序显然不是最佳的选择。2016 年 9 月 13 日公布的《最高人民法院关于进一步推进案件繁简分流优化司法资源配置的若干意见》提出总体性要求，强调依法快速审理简单案件，严格规范审理复杂案件，实现简案快审、繁案精审，做到该繁则繁、当简则简、繁简得当。这一要求扭转了司法改革中一直存在的"一刀切"思维，对于地区法治发展不平衡的中国而言显得格外重要。

2. 中院内部破产审判庭改革

党的十八届五中全会以来，转变经济结构，促进中国经济的升级换代成为国家的重要战略目标。经济结构调整是一把双刃剑：一方面要鼓励创新创业，使一大批具有核心竞争力的企业能够发展起来，但另一方面也意味着某些老旧企业可能难逃破产重组的命运。在经济遭遇下行压力的情况下，新一轮经济调整很可能带来新的企业倒闭潮，这与地方利益是不相符的，由此也就很可能会像20世纪90年代那样出现地方保护主义浪潮。如何让司法机关在国家战略中发挥作用，更好地推动企业的升级换代和经济结构的重组呢？

2016年8月11日，《最高人民法院关于在中级人民法院设立清算与破产审判庭的工作方案》（以下简称《方案》）下发，以贯彻中央关于推进供给侧结构性改革、依法处置“僵尸企业”的工作部署。“僵尸企业”主要是指在钢铁、煤炭等传统行业中存在的效率低下、债务沉重的国有企业。处置“僵尸企业”，有利于缓解产能过剩问题，促进产业的转型升级。从发展历程来看，1993年，深圳中院成立全国首个破产审判庭；2007年，《企业破产法》开始施行，十多年间许多中高级法院设置了破产审判庭。但由于此类纠纷立案率、结案率低，地方保护主义盛行、法官腐败问题一直没有得到解决，因此，建立具有权威性、职业化、专业化的独立破产审判庭就显得很有必要。早在2014年11月，已经有两家高级法院、14家中级人民法院和5家基层法院开始进行试点工作。《方案》明确了清算与破产审判庭的设立范围、职能范围、案件管辖、人员配备和配套措施等操作要求，充分考虑了破产案件的复杂性、法官专业性、法院内部绩效考核机制等方面，指导各地法院推进破产审判体制改革。以机构设置的范围来说，《方案》明确要求直辖市、省会城市、副省级城市所在地的中级人民法院应当设立清算与破产审判庭，其他中级人民法院视当地情况而定。破产审判庭设置范围的扩大，也显示了该问题越来越严重，而司法系统在这种经济转型之大局中，势必需要承担一定的职责。

（二）司法改革中人的职业化

司法改革归根结底还要靠人来落实，无论是以加强司法专业化为目标，还是以强调司法为民为目标，都需要从事司法工作的人具有高超的能力——对法律的掌握能力或者解决多元纠纷的能力。但是，现实中却有越来越多的优秀法律人不愿意加入司法队伍。比如在2016年的公务员招考中，北京市基层法院审判员的报考人数很低，成为录取比例最高的岗位之一。法官岗位丧失吸引力是由于：一是案多人少、工作量大，二是待遇低，三是人身安全得不到保障，四是职业尊荣感不强。司法改革要顺利推进，就一定要解决上述问题，司法的现代化首先就是要推动司法人员的现代化和职业化建设。

1. 保障司法人员顺利履职

2016年2月26日，北京市昌平区人民法院回龙观法庭法官马彩云在其住所楼下遭枪击身亡，两名犯罪嫌疑人在逃亡途中自杀身亡。一名犯罪嫌疑人曾是马彩云所审理的离婚后财产纠纷案的原告，因对判决不满产生杀人动机。马彩云法官是一名非常优秀的基层法官，却遭遇此等不幸，令人痛惜。由于社会转型带来一些规则不明确，很多人会在法律、法院判决面前选择投机，而一旦法院的判决与其所设想的结果不一致，便将不满转移到法院、法官身上，因此法官不仅承受着案多人少带来的工作压力，还要整天提心吊胆，不知道哪一天会遇到前来报复的当事人。马彩云事件是近年来法官因履职遭侵害的又一起悲剧。

2016年7月28日，中共中央办公厅、国务院办公厅印发《保护司法人员依法履行法定职责规定》（以下简称《规定》），宣示了中央对保护司法人员依法履行法定职责、打击侵犯司法人员合法权益行为的态度和决心。《规定》共27条，涵盖了4个方面内容：第一，保障法官依法独立行使审判权，明确法官在依法办案过程中不受非法干涉，提出司法人员可以全面、如实地记录任何单位或个人干预司法活动的情况，并对违法干预的相关单位和个人依法追责。第二，保障司法人员的任职安全，强调非因法定事由、非经法定程序，不得将法官调离、免职、辞退或者做出降级、撤职等处分；法官对处理、处分决定不服的，可以依法提出复议、复核、申诉、再申诉；对追究法官错案责任给出了严格的限制。第三，在业绩考核上，强调采取客观公正、符合司法规律的考核办法和标准，并由中央政法部门统一制定评价标准。第四，细化了对司法人员各类权益的保障机制。

2. 员额制推动法官职务设置和待遇去行政化

2014—2016年，全国各地不时传出法官辞职的消息。北京市一些基层法院曾对此做出限制性规定，要求工作满一定年限才可以辞职。《人民法院第四个五年改革纲要（2014—2018）》曾对我国沿用公务员管理模式管理法官提出改革建议，要求更加尊重司法职业特点，坚持以法官为中心、以服务审判工作为重心，将优秀人才留在审判一线。在党的十八届三中全会确定的完善司法人员分类管理、完善司法责任制、健全司法人员职业保障和推动省以下地方法院检察院人财物统一管理4项司法改革重点措施中，司法人员的职业保障是不可或缺的重要一环，但是在我们的管理体制中，一直将法官的职务设置与工资待遇参照政府公务员的行政级别来管理，使得法官职务晋升受到职级限制，法官工资待遇不能体现职业特点。

2015年9月，中央全面深化改革领导小组第十六次会议提出了推进法官、检察官队伍专业化、职业化的要求。2016年1月23日，全国高级法院院长会议讨论法官职务套改工作，推进法官单独职务序列及工资制度改革试点。此次会议确定改革分“两步走”：第一步是继续推进法官职务套改，要求最高人民法院配合人力资源和社会保障部研究制定法官职务套改配套工资政策，为推进法官单独职务序列改革打基础。第二步是推进法官单独职务序列及工资制度改革试点，积极配合中组部、人力资源和社会保障部等抓紧研究制定试点方案及具体实施办法。

在中国的法官人员构成中，一直是将从事审判一线的审判人员、司法辅助人员一起算作法官，近两年来进行的员额制改革，实际上是对司法工作人员进行划分，区分出司法工作一线人员和从事行政管理等辅助工作的人员，以实现以审判为中心，促进司法职业化和专业化，更加尊重司法内在规律。这种趋势从党的十八届三中全会召开以后就已经开始，新一轮司法改革的核心，还是集中在法官员额制改革方面。由于员额制改革直接涉及法官、检察官的切身利益，改革阻力很大，被视为“深水区”。但员额制改革却是推动其他改革的前提和基础，如司法责任制不仅仅是“错案追究制”，更要求赋予法官更大的独立性和更高的权威，这也就必然会涉及法官资格或法官员额问题。首批试点改革的 7 个省市（北京、吉林、上海、湖北、广东、海南、青海）已经在 2016 年 6 月底前完成了员额法官选任工作，入额法官更突出了“三化”：正规化、专业化、职业化，试点法院将 85% 以上人员集中在办案一线，一线办案力量增加 20% 。从理论上说，员额制改革后，入额法官由于减少了非审判业务，加之有审判团队的配合，可以显著提高审判效率。但是数据显示，由于立案登记制等因素导致案件数量激增，员额制改革不但并未缓解甚至还加剧了法院案多人少的困境。

3. 推动法律人职业共同体建设

以员额制为代表的改革代表了一种以法律人为切入点的思路，在西方尤其是美国的法律实务界，已形成了以律师和法官为主的法律人职业共同体。

中国曾经一度也有一个法律人共同体，那时无论是法官、检察官还是律师，同样属于国家公务人员，按照统一方式管理，这种职业共同体是以政治权力为标准的划分。随着法律职业越来越专业化，我们发现需要在这些法律职业从事者之间构建一种知识上的共同点。从 1998 年开始我国就有了统一司法考试，近些年来进入司法队伍的门槛逐渐提高，法官的职业化程度逐年上升，但是似乎又形成了另一种形式的分化，那就是体制内的法官、检察官与律师的分野。一般情况下，律师的收入是体制内工作者的数倍甚至数十倍，这也是许多经验丰富的法官“下海”的原因之一。人们很少见到成功律师进入法院系统，也很少听闻多少知名法学教授披上法袍。最高人民法院曾试图从其他法律人群体中选拔优秀人才进入法院系统，但是收效甚微。

2016 年 6 月 13 日、17 日，中共中央办公厅和国务院办公厅印发《关于深化律师制度改革的意见》《关于推行法律顾问制度和公职律师公司律师制度的意见》，对律师业改革方向、如何发挥律师为政府国企做好帮手提出了指导，随后中共中央办公厅印发《从律师和法学专家中公开选拔立法工作者、法官、检察官办法》，提出要建立从律师和法学专家中选拔立法司法人员常态化机制，并提出了选拔的规划方案。鉴于法学专家和成功律师较为自由的职业特点，选拔他们进入法官队伍一定要把好关。该办法设置了选拔的“高门槛”，即从政治素养、执业操守、业务能力和从业资历 4 个方面进行考核，同时明确了禁止性规定，有 7 种情形的不得参加公开选拔。在全面依法治国的战略中，法律职业共同体承担着非常重要的职责，只有建立起一支政治素质过硬、业务能力强、职业道德水准高的司法队伍，才能保证司法改革的各项目标真正实现。

4. 两高出台司法官员惩戒制度

在法律职业共同体设想下，法律执业者拥有相当的独立性，在宪法和法律的框架内对案件的处理结果负责。但是，法官也好，检察官也罢，并不当然比其他人更守法、更廉洁。实际上，司法领域的冤假错案曾被频频曝出。党的十八大以来，一些重大冤假错案被纠正。一次不公正的审判对司法公信力的损害是相当致命的，对于塑造司法公信力而言，避免冤假错案是最为根本的举措之一。2016 年 11 月 7 日，最高人民法院、最高人民检察院联合印发《关于建立法官、检察官惩戒制度的意见（试行）》（以下简称《意见》），首次明确提出要对在审判、检察工作中违反法律要求、违反职责要求的法官、检察官依规予以惩戒，并详细制定了实施法官、检察官惩戒工作的办法。

虽然《意见》仅有 13 条，但是比较完整地规定了惩戒的原则、依据和主体，以及惩戒的程序和对象。《意见》要求设立省一级的惩戒委员会，由政治素质高、专业能力强和职业操守好的人员组成，其中既包括法官、检察官代表，也包括人大代表、政协委员、法学专家和律师代表等。惩戒委员会与省级法院、检察院平行，不直接受理对法官、检察官的举报、投诉，而是根据法院、检察院既有的调查结果，对法官、检察官的错误行为进行处理。被惩戒法官、检察官不服的可以向做出决定的法院、检察院申请复议，并有权向上一级法院、检察院申诉。对司法人员的惩戒机制，不仅仅是惩罚机制，更能够确立“审判者裁判，裁判者负责”的原则，有利于从根本上提升司法公信力水平。

（三）以审判为中心的司法改革

1. 保证法庭秩序

以审判为中心的司法改革，就是要将案件的裁决交给法庭来做，而不是受法庭之外的因素影响；就是要更加重视法庭审理过程本身，而不是交由庭前或者庭后的卷宗审理。新的情况如何为法庭活动确定新的规则，就成了改革必然要遇到的一个问题。2016 年对人民法院法庭规则的调整，正是为了应对新的环境和新的庭审要求而做出的。早在 2015 年 12 月 21 日，最高人民法院审判委员会第 1673 次会议就已通过《最高人民法院关于修改〈中华人民共和国人民法院法庭规则〉的决定》。2016 年 4 月 13 日，最高人民法院公布新的《人民法院法庭规则》（以下简称《规则》），这是该规则自出台起 22 年内的首次修改。22 年来，很多规定已经不太适应庭审活动的需要，尤其是难以满足以审判为中心的司法改革的需要。在以审判为中心的司法改革中，刑事、民事、行政三大司法相继完成了全面修改，人民陪审员制度、律师制度也做了改革，在一系列改革措施之下，规则修改势在必行。

新的《规则》致力于维护法庭安全，规范庭审秩序，保障诉讼参与人的各项权利，具体包括 6 个方面：第一，更加注重保护诉讼当事人的权利，如对刑事案件的被告人或上诉人、未成年人、特殊群体的照顾；第二，更加注重庭审规则的公平，要求审判人员平等对待庭审活动的各方，并强调庭审过程接受监督；第三，更加注重庭审安全，对进入法庭的人员设置了更为严格的安检要求，并对危及法庭安全的行为赋予法院一定的惩罚权；第四，更加注重对法庭秩序的维护，比如注重塑造审判长或独任审判员的权威、加强对扰乱法庭秩序行为的处罚规定；第五，更加注重庭审活动的公开，要求通过各种信息化手段公开案件庭审信息，以便向社会公众开放，接受媒体和大众的监督；第六，更加注重司法礼仪，对出庭人员的着装、审判长法槌的使用、宣判时的纪律都做了规定，以培养出庭人员对法律的敬畏和对司法的尊重，更加凸显司法文明。总的来讲，此次修改主要侧重两个方面，一方面是对权利的维护，另一方面是对法庭秩序的维护，后者也可以看作是对法庭权力的强调。从这个意义上说，新的《规则》试图对出现在庭审活动中的权力与权利关系进行一次重构。

2. 提升司法说理水平

在过去的民事审判活动中，法庭审判缺少必要的说理，尤其体现在裁判文书的简单三段论表达上，这种缺乏说理的裁判文书不仅让研究者经常质疑法官的混乱逻辑，也让当事人和普通社会大众难以理解司法过程，从而影响司法公信力的构建。尤其在新媒体时代，各种新型诉讼形式层出不穷，社会大众对司法文书提出了更高的要求，最高人民法院力推司法文书上网工作，也使得统一司法文书写作、规范用语、加强说理成为改革的必选项。

2016 年 7 月 5 日，最高人民法院发布《人民法院民事裁判文书制作规范》和《民事诉讼文书样式》（以下合并简称“新规”），对民事文书的制作给出了新的规定，并于同年 8 月 1 日起正式生效。“新规”此次修订、起草了 568 个诉讼文书样式，其中包括 463 个人民法院文书样式和 105 个当事人参考文书样式，对各类民事裁判文书所要采取的形式做出了规定，以简易程序和小额诉讼为例，其裁判文书包括要素式、令状式和表格式 3 种。除了这种格式上的要求外，“新规”还从内容上针对各种裁判文书的特征提出了要求，力求改变裁判文书内容上的同质化，体现不同审级的不同职能，具体而言，一审侧重于查清案件事实，正确适用法律；二审侧重于解决争议事实与争议性的法律问题，实现两审终审；审判监督程序侧重依法纠错，维护裁判权威。“新规”要求上述审级职能上的分工不仅要体现在庭审过程中，还要体现在诉讼文书中，比如要求简易程序、小额诉讼的文书精简，倡导二审、再审判决书尽量进行提炼概括，归纳之前审判程序中的审理要点。通过此种区别，力求使法官有重点地完成自己分内的“说理任务”，提高中国司法裁判文书的说理水平。

3. 保证司法判决执行可能

以审判为中心改革的主要切入点是审判本身，司法公信力有待提高的另一个原因是有些生效的司法判决得不到实施，这样就使得当事人辛辛苦苦取得的判决流于形式。“执行难”破坏的不仅是司法辅助环节，还从根本上瓦解了司法的功能定位；解决执行难不仅能够保证司法结果得到正确有效实施，而且在提高人们对司法的信任方面具有重要意义。2016 年 11 月 21 日，最高人民法院下发《关于落实“用两到三年时间基本解决执行难问题”的工作纲要》。此阶段的“执行难”表现为多个方面，如被执行人无财产可供执行，有履行能力的被执行人逃避、规避甚至抗拒执行、部分执行，案件财产处置变现难度加大，等等，我们关注的执行难主要是“有财产可供执行”但未能执行的情形。最高人民法院提出了“一性两化”的工作思路。“一性”是指突出执行工作强制性，要求重视强制性这一本质属性，最高人民法院联合最高人民检察院、公安部在全国部署展开了集中打击拒不执行判决裁定的专项活动；各级人民法院在执行中也越来越重视采用罚款、拘留等强制措施。同时，最高人民法院还就“拒执罪”的适用条件和程序等问题做调研，努力使得该项罪名发挥效用。

“两化”是指推行执行信息化和执行工作规范化，一是当今社会已经进入信息化时代，司法工作也需要据此做出调整，就执行工作而言，不仅可以建立覆盖全国及主要财产形式的网络化执行查控体系，还可以针对执行工作建立全方位、全流程的监控机制。二是执行工作的不确定性也使得各种腐败现象滋生，负责执行的司法人员可以“灵活”地在各种弹性空间中为当事人谋求更大的利益，当然同时也获得自己的非法利益，近些年来不断出现法院执行部门工作人员因贪腐问题被追究党纪甚至司法责任的现象，解决执行难问题也需要推进执行工作的规范化，这既可以从完善的执行工作规范体系建设入手，也可以通过信息化建设入手。当然，执行难的长期存在，不仅是一个法律问题，更是一个社会问题，但缓解执行难对于缓解司法公信力危机、落实以审判为中心的司法改革具有直接的意义。

4. 部门联动保证改革成功

审判中心主义改革不仅仅是法院一家的事情，就像我们在前面所说的那样，在刑事审判中，审判中心主义其实是改变了过去长期存在的侦查中心主义的倾向，使得法院可以在很多问题上更有发言权。审判中心主义改革的成功需要多个部门的配合，各部门之间的联动显得更为重要。2016 年 10 月 11 日，最高人民法院、最高人民检察院、公安部、国家安全部、司法部五部门联合印发了《关于推进以审判为中心的刑事诉讼制度改革的意见》（以下简称《意见》），以推动刑事诉讼中的审判中心主义。《意见》共有 21 条，涉及刑事诉讼的侦查、起诉、审判 3 个阶段，关乎 5 个部门，力图在宏观上协调不同阶段、不同部门之间的关系。具体而言，《意见》对侦控机关工作提出了要求，包括证据的收集与移送方面，明确要求取证过程全程同步录音录像，以保障人权和当事人的各项诉讼权利，禁止刑讯逼供。在推动庭审实质化方面，《意见》在证人制度、非法证据排除等问题上更倾向于证据中心主义，防止庭审之外的证据对审判结果产生影响。

（四）大案要案塑造法治文明

2016 年，因一些司法大案要案相随，使我们时刻感受到法律就在我们身边，让我们体会到正义虽然会迟到，但是永远不会缺席。从 2016 年初的“快播案”，到聂树斌案平反，到雷洋案的不起诉决定，等等。司法从来不是少数人在沙龙或者咖啡馆谈论的某种高大上的议题，而一定是人们茶余饭后都可以谈论的接地气的公共话题。

1. 快播案重塑秩序与自由

2016 年 1 月 6 日至 8 日，“快播案”在北京市海淀法院公开审理，法院将 20 多个小时的庭审进行了同步直播，也使得本案成为各界关注的焦点。案件缘起于 2013 年 11 月 18 日，北京市海淀区文化委员会查获快播公司托管的服务器 4 台，认定视频资源中属于淫秽视频的文件为 21 251 个。2014 年 8 月，潜逃境外的快播公司首席执行官王欣被押解回国；2015 年 2 月 6 日，海淀检察院以涉嫌传播淫秽物品牟利罪，对快播公司及王欣等人提起公诉。2016 年 1 月 7 日，北京市海淀区法院对快播案进行了公开审理，9 月 9 日再次开庭，9 月 13 日公开宣判，海淀法院以传播淫秽物品牟利罪判处快播公司罚金 1000 万元；判处王欣有期徒刑 3 年 6 个月，并处罚金 100 万元。与此相关的是，网络的兴起使得相关领域的监管成为难题，快播案实际上警示我们需要重新思考各方主体在网络侵权或者犯罪中的责任分担，国家互联网信息办公室于 2016 年 11 月 4 日发布《互联网直播服务管理规定》，强化了对直播平台、直播内容和直播主播的管理，这是在重塑网络言论、表达、行为自由与社会秩序之间的关系。

2. 首例高官终身监禁判决做出

党的十八大以来，中央加大反腐力度，众多“老虎”“苍蝇”被绳之以法，但是很少有官员被判处极刑。在现有的减刑、假释等制度框架下，其中不少官员在执行部分刑期之后就会以各种方式回到社会，这导致了人民群众对司法严肃性的怀疑，更使得中央大力反腐的效果大打折扣。为了从立法上改变刑法“牙齿不硬”的情况，《刑法修正案（九)》第四十四条针对贪污、受贿罪增加了“终身监禁条款”，相比于 1997 年《刑法》第三百八十三条，进一步规定“对犯贪污、受贿罪，被判处死刑缓期执行的，人民法院根据犯罪情节等情况可以同时决定在其死刑缓期执行二年期满依法减为无期徒刑后，终身监禁，不得减刑、假释”。作为介于死刑立即执行与死刑缓期执行的中间刑罚，“终身监禁条款”弥补了直接死刑过重而无期徒刑过轻导致的量刑落差，顺应了限制和废止死刑这一潮流，重申了人权观念在我国刑法领域的适用。

2016 年，“终身监禁”条款正式进入司法判决之中，全国人大环境与资源保护委员会原副主任委员白恩培、国家能源局煤炭司原副司长魏鹏远和黑龙江龙煤矿业集团股份有限公司物资供应分公司原副总经理于铁义相继因受贿以及巨额财产来源不明，被依法判处死刑，缓期二年执行，并决定在其死刑缓期执行二年期满依法减为无期徒刑后，终身监禁，不得减刑、假释。“终身监禁”条款并不是独立的刑罚方式，它适用的前提除了“犯贪污、受贿罪”外，还要求“被判处死刑，缓期两年执行”，在这两个基础上；可以附加“终身监禁”。在白恩培、魏鹏远、于铁义三人的判决书中，法院都提到“受贿数额特别巨大，犯罪情节特别严重，社会影响特别恶劣，给国家和人民利益造成特别重大损失”。4 个“特别”标准一定程度上界定了“终身监禁”的适用条件，避免了“终身监禁”条款可能存在的滥用。

3. 聂树斌案终改判

“聂树斌案”是近年来引发社会各界关注的重大案件，加上知名法律学者的关注更使得该案成为检验司法公正的一个标杆性案件。1995 年，河北青年聂树斌涉嫌强奸杀害一女子，被检察机关提起公诉，很快石家庄市中院和河北省高院维持死刑判决，聂树斌被迅速执行死刑。2005 年，另一起强奸案的被告人王书金自认系聂树斌案真凶。在聂家亲属、代理人、媒体以及法学界多年的积极推动，以及党的十八大以来，司法机关错案纠正制度化、常态化建设加速推进的合力下，聂树斌案的再审程序终于启动。2014 年 12 月，最高人民法院指令山东省高级人民法院复查此案。复查结果是，原审判决在被告作案时间、作案工具、被害人死因等问题上存在重大疑问，主要证据不确实、不充分，并建议最高人民法院重审。

2016 年 6 月 6 日，最高人民法院决定亲自提审，并指定第二巡回法庭负责审理。再审期间，合议庭详尽查阅原审卷宗、察看案发现场、询问原办案人员和相关证人、咨询相关领域的专家、多次听取最高人民检察院意见，并 5 次约谈聂树斌家属及代理律师，依法保障其诉讼权利。经审理发现，关于此案的多项关键事实不能确认，多项关键证据缺失，多项定罪证据存疑。据此，再审法庭认为原审判决在事实认定、证据采信、法律适用和诉讼程序等方面均存在重大疑问，没能达到基本事实清楚、基本证据确凿的要求，有违人民法院审判刑事案件的基本原则，因此基于“疑罪从无”的原则改判聂树斌无罪。2016 年 12 月 2 日，最高人民法院第二巡回法庭在辽宁沈阳对原审被告人聂树斌故意杀人、强奸妇女再审案公开宣判，宣告撤销原审判决，改判聂树斌无罪。聂树斌案的改判，既是对司法工作中“证据裁判”“疑罪从无”原则的肯定，也在很多工作方法上做出了有益的探索。如以“全面审查”代替了“复查”，而且开创了异地复查的先河，山东高院还召开了聂树斌案复查工作听证会，邀请法学专家学者、代表委员和基层群众代表广泛参与。这些都为完善冤假错案预防纠错制度积累了宝贵的经验，也对我国法治建设产生了积极的示范效应和推动作用。

（五）丰富发展立法的司法解释

司法解释是中国一个特殊的司法现象，在某种程度上是一种司法立法。由于中国的地域广阔，加之司法人员的专业技术能力良莠不齐，所以最高司法机关必须在立法之外制定一些指导性的规则，用以统一各级法院的裁判尺度。无论是常见的司法解释，还是曾经推行的案例指导制度，都有这样的考虑。尤其是对专业技术性特别强的案件，如知识产权类、涉外民商经济类案件，一般都是在经济发达的地区首先出现，然后慢慢向其他地区推行，发达地区法院所积累的经验可以被总结提炼出来为其他地区所用，发布相关的司法解释就是其具体体现。

1. 专利权保护增加新规范

2016 年 3 月 22 日，《最高人民法院关于审理侵犯专利权纠纷案件应用法律若干问题的解释（二）》（以下简称《解释（二）》）发布，并于 2016 年 4 月 1 日起施行。在知识产权的三大类型中，专利权纠纷是最为复杂的，经常与其他学科有非常紧密的关联，纯粹学习法律的人难以驾驭该领域。在不少中小城市，经常找不到专业的法律人才处理这类纠纷，而随着中国经济的发展，此类纠纷也开始往中小城市扩散，所以亟须在这个领域制定更为细致的裁判规范。最高人民法院也就扮演着经验的总结提炼推广者的角色，《解释（二）》是在 2009 年司法解释的基础上，对专利侵权判定标准的进一步细化，以便保证专利法的正确实施，并及时回应科技创新给专利审判工作带来的新挑战。《解释（二）》共有 31 条，主要来源于《最高人民法院公报》所刊登的典型案例以及对专利审判经验的总结，这也足见此次司法解释指导审判工作的价值导向。

2. 物权法司法解释出台

2016 年 2 月 22 日，《最高人民法院关于适用〈中华人民共和国物权法〉若干问题的解释（一）》（以下简称《解释（一）》）公布，自 2016 年 3 月 1 日起施行，共计 22 条。作为民事领域的重要基本法，《物权法》自 2009 年颁布施行之后一直没有相应的司法解释，这与很多法律制定的情况不同。但是围绕《物权法》相关问题的争论一直在持续，从《物权法》制定之时就如此，从某种意义上来说，关乎公民财产权的物权法涉及西方自由民主制思维框架中最核心的权利，也一度是社会主义中国与西方国家的重要区别所在。《解释（一）》主要是对一些必须即刻回应的问题做出了解释，如不动产登记、物权共有、善意取得等问题，主要是为了解决当下社会生活中人们经常遇到的房屋买卖、机动车过户等问题。但是司法解释只有短短的 22 条，从某种意义上说，表明此次司法解释的出台并不是基本法律部门一个非常系统的思考，更像是一种应急式的考虑。如由温州所引发的住宅土地使用权 20 年到期后的延长问题，就尚未被关注到。当然，我国的《民法典》制定工作正在推进，很多问题既不需要在司法解释中规定，也不适合马上就确定下来，很可能在未来的民法典编纂中统一规定。

3. 民事执行领域新规频出

司法作为正义的最后一道防线，需要建立在判决的最终落实之上，如果法院的判决得不到实施，那么最后一道防线也将沦为虚设。2013 年 7 月，《最高人民法院关于公布失信被执行人名单信息的若干规定》出台，该规定的实施取得了良好的法律效果和社会效果，一大批案件得到执结，“执行难”得到有效缓解。然而，公民、企业的资产状况查询，对失信被执行人的惩戒措施，都需要依靠其他国家机关的辅助。其中，对相关公民或者企业的财产情况的了解就需要借助银行、税务等机关的通力配合。“执行难”是指客观上的“难以执行”，最高人民法院在《关于解决“执行难”问题的报告》中提及了“四难”：被执行人难找、被执行财产难寻、协助执行人难求、应执行财产难动。而“执行乱”是指法院或执行人员违背法律或者执行规定的情形，具体包括针对被执行人、债权人、案外人的乱执行以及违反法定分配原则的情况。2016 年 9 月 25 日，中共中央办公厅、国务院办公厅印发《关于加快推进失信被执行人信用监督、警示和惩戒机制建设的意见》，要求加快推进对失信被执行人跨部门协同监管和联合惩戒机制建设，构建“一处失信，处处受限”的信用监督、警示和惩戒工作体制机制，对失信被执行人在入党、担任公职、荣誉授予、从事特殊行业、高消费等方面均做出限制性规定。

2016年12月19日，《最高人民法院 最高人民检察院关于民事执行活动法律监督若干问题的规定》（以下简称《规定》）出台，剑指长期存在的民事执行难、执行乱以及执行检察监督亟须解决的有关问题，两高旨在加强对民事执行活动的监督，促进依法执行。《规定》不仅细化和完善了制度规范，增强了可操作性，还在多个方面对执行工作有所突破，一方面，明确了法院和检察院的职责，要求双方彼此配合，如在规范法院接受监督工作的范围、部门、效力的同时，也从案件类型、管辖原则、受理程序、监督方式上明确检察院在执行监督中的权限，强调法律监督者应依法监督。另一方面，对民事执行活动的监督不仅是官方行为，更要发挥当事人的主动性和积极性，《规定》明确了当事人向检察院申请监督的情形，以便让人民群众在利益相关案件中真正感受到公平正义。

4. 精准打击电信网络诈骗

近年来，利用通信工具、互联网等技术手段实施的电信网络诈骗犯罪活动持续高发。而且，很多诈骗针对的是老人、学生等社会弱势群体，诈骗犯罪所导致的社会后果很恶劣。

2016年9月23日，最高人民法院等六部门联合发布《关于防范和打击电信网络诈骗犯罪的通告》，在此之前，2016年7月17日，上海市反电信网络诈骗中心平台正式启用；2016年9月20日，公安部打击治理电信网络新型违法犯罪查控中心在北京市公安局正式揭牌。在司法实践中，由于缺乏相关规定，使得在处理此类案件时缺少相应的规则依据。2016年12月20日，《最高人民法院 最高人民检察院 公安部关于办理电信网络诈骗等刑事案件适用法律若干问题的意见》发布，旨在依法惩治电信网络诈骗等犯罪活动，保护公民、法人和其他组织的合法权益。此意见基本上确立了惩处电信网络诈骗犯罪的几项基本原则：坚持依法从严惩处，坚持依法全面惩处，坚持全力追赃挽损，坚持依法准确惩处。

5. 刑事执行的规范化

在过去的刑事执行案件中，减刑、假释、暂予监外执行等类型案件成为灵活性、可操作性很大的灰色地带。部分重刑犯死刑过重，生刑过轻，假释及暂予监外执行比例过高，实际服刑过短等问题，不仅严重影响了刑法的严肃性、司法的公信力，也导致这些领域出现了徇私舞弊、权钱交易的可能。为了保障相关刑事执行程序中的公平、公正，需要有统一的法律规定。2016年11月15日，《最高人民法院关于办理减刑、假释案件具体应用法律的规定》发布，于2017年1月1日起施行。该规定修正了2012年发布的关于减刑、假释的规定，相关修订主要体现在以下几个方面：第一，充分发挥减刑、假释作为改造犯罪的奖励性措施的功能，正确定位两项制度。第二，贯彻《刑法修正案（九）》的规定，在特定情形中限制减刑，如新增的“终身监禁”条款就暗含了不得减刑、假释的规定。第三，具体做出适用减刑、假释规定，体现宽严相济的刑事政策，如对危害国家安全犯罪、暴力恐怖活动犯罪、严重暴力犯罪等罪犯，对他们的减刑、假释做出严格规定，以便更好改造，而对于年满80周岁、没有社会危害性或者患有疾病、生活难以自理的，对他们的假释放宽适用，以体现人道主义精神。

五、法治与德治的协调发展

法治在世界各国国家治理中发挥着越来越重要的作用，但是这丝毫不意味着法律就是唯一的选择或者是最好的选择。法律是维持正义的最后一道屏障，也就意味着只有在其他的社会规范没有发挥效用的时候，法律才会登场，一个完全依靠法律的社会，很可能是一个堕落的社会，“法律是最低限度的道德”，法治也是最低限度的社会秩序。所以不可以将社会的秩序完全交给法律来维系，真正解决问题还需依靠社会规范的重建。“文革”结束后，我们将健全法制作为恢复国家秩序的重要手段，但是伴随着改革开放后的“不争论”等的影响，法制建设与社会秩序之间反而出现了更为悖论的关系：法制建设越来越完备，但是各种违法事件、社会秩序的混乱现象却越来越多。一个可能的解决思路是，在深化法治的同时，更加注重道德等因素的作用。这一视角有助于我们更冷静、客观地看待一些受舆论关注的事件，如电信领域的精准诈骗、网络直播中的灰色地带等，它们的产生大多是社会问题的反映，只有真正改变了其赖以生存的社会环境，问题才可能得以最终解决。

当然，这并不是要求我们将道德与法律混淆起来，法律由于其国家性、公共性、普遍性、强制性，所以必须具有明确性。相反，那些含义模糊不清的内容，如果制定为法律就只会导致更多的混乱。也就是说，很多倡导性的规定只能停留在道德层面，而不能进入法律的领域，否则只会使法律变得更为含混不清。而且，立法资源是非常有限的，我们更应该将立法资源放在更合适的地方，社会公德立法需要有一个适当的限度。

（一）社会治理离不开道德

2016 年 3 月，公安部破获涉案价值达 5.7 亿元的非法经营疫苗系列案，相关案情让人触目惊心，引发社会广泛关注。尽管国家在食品药品方面有着比较严格的规定，也对相关的违法犯罪行为科以重罚，但是在巨大的利益面前，总是有人不惜铤而走险。我们通常会将问题的出现归结为少数人的丧心病狂，或者是整个利益链条中存在监管漏洞，但是如果我们仔细思考一下就会发现，敢牺牲全国人民尤其是婴幼儿的生命健康进行违法犯罪活动，当事人肯定缺乏基本的道德底线。在有着羞耻文化的儒家文化中，类似的犯罪人可能会以有尊严的方式自己了结生命，尽管按照法律的规定不至于处以极刑。当然，这里不是要以道德审判的方式来处理此类问题，而是表明，缺乏基本道德约束的社会是非常危险的，法律的底线抵挡不住利益背后的铤而走险。

与之相似的，社会转型所带来的陌生人化使得城市生活变得冷冰冰，越来越多的年轻人进入大城市工作和生活，晚婚年轻人无法满足的情感和生理需要催生了广阔的市场。从网络色情到直播空间中的低俗表演，成为现代社会一些人的新需要。对于这样的社会危机，最为直接的治理手段只能是法律规制。

2016 年 7 月 27 日，公安部宣布将对网络直播平台开展为期约 3 个月的专项整治。此时国内有百余家网络直播平台，用户规模超过 2 亿，但内容同质化严重，用户忠诚度低，盈利模式单一。在竞争日趋激烈的情况下，某些直播平台和一些主播开始游走于灰色地带，以低俗内容吸引用户关注，甚至有突破法律底线之虞，如借助网络直播平台的赌博行为。为了依法打击利用网络直播平台实施的各类违法犯罪活动，纠正上述网络直播乱象，公安部和文化部分别部署了整治行动，以期进一步净化网络环境。

（二）重提依法治国与以德治国相统一

在改革开放后相当长的时间里，往往强调的是效率优先，在经济效益面前，传统社会的身份关系、社会主义道德似乎让位于经济发展逻辑。心灵秩序转变带来了社会的紧张与失序，各类违法犯罪频发，国家曾发起多次“严打”以应对这种犯罪多发的情形，但是，这种运动式执法既得不到法学界的支持，也收获不了长期效果。2001 年，中央提出依法治国与以德治国相统一的思想，希望避免片面强调法治所带来的社会失范。

2016 年 12 月 9 日，中共中央政治局就我国历史上的法治和德治进行第三十七次集体学习。习近平总书记指出，法律是准绳，任何时候都必须遵循；道德是基石，任何时候都不可忽视。[①] 在推进国家治理现代化的过程中，既需要将依法治国基本方略、依法执政基本方式落实好，又需要推行社会主义核心价值观，坚持依法治国和以德治国相结合，使法治和德治在国家治理中相互补充、相互促进、相得益彰，推进国家治理体系和治理能力现代化。在时隔十几年后，中央再次强调依法治国与以德治国的统一，但此次的背景和目标，与之前有很大的不同。2001 年是为了避免在市场经济改革中造成社会失范，主要还是从社会秩序本身的角度入手，更多是一种应急之策；2016 年的法治策略则是为中国特色社会主义法治体系划定了基本框架，借助德治的口号将法律之外的因素纳入国家治理体系之中。

（三）多元化的纠纷解决机制

多元纠纷解决机制在中国有着非常深厚的传统，其中，调解被认为是中华法治文化对世界的重大贡献之一。2004 年，最高人民法院发布《人民法院第二个五年改革纲要（2004—2008）》，将完善多元化纠纷解决机制列为 50 项改革任务之一，从此多元化纠纷解决机制进入理性建构阶段。但是，制度建构对司法诉讼的过高期待、制度程序设计的系统性缺陷、制度运作中部门利益和权利冲突等问题频发，使得多元纠纷解决机制的推动陷入缓慢的阶段。通常认为，法院判决更加适合城市生活，而调解等多元化纠纷解决方式更适合农村。2010 年，中国城镇居住人口首次超过农村，这种趋势还会继续，在这样的背景下，如何看待调解等纠纷解决方式的地位？

---

① 一根准绳与一块基石的关系，习近平这样说[OL]. 人民网，2016-12-13.

2013 年，中央将“枫桥经验”作为重要司法经验予以推广，使得多元纠纷解决机制在新时期有了新定位、新使命。2016 年 6 月 29 日，《最高人民法院关于人民法院进一步深化多元化纠纷解决机制改革的意见》（以下简称《意见》）和《最高人民法院关于人民法院特邀调解的规定》（以下简称《规定》）发布，内容涉及多元化纠纷解决机制的多个层面。两份文件的出台，明确了多元化纠纷解决机制目标，提出了具体的制度建设和程序安排，有利于构筑起国家多元化纠纷解决机制的框架，体现了我国法律制度对社会转型与全球化趋势新需求的响应。

法官员额制改革和立案登记制改革使得“案多人少”的矛盾更加突出，客观上要求对司法诉讼进行分流，节约司法资源，提高司法效率；与此同时，社会矛盾日趋复杂，要求注重司法程序和办案效果，减少零和思维带来的风险，争取双赢和自主协商解决的机会，尊重多元文化和民间规范。《意见》以构建多元化纠纷解决机制为目标，既明确了调解的重要地位，又在制度上增强了调解的多方助力，如推动律师调解制度的建设，鼓励律师加入各种类型的调解组织之中。同时，在具体的纠纷中，针对交通案件等老百姓日常生活中易产生纠纷的情形，《意见》提倡平台建设，适度打造“一站式”纠纷解决平台。《规定》聚焦特邀调解制度，确立了法院在当事人自愿原则下引导调解的基本原则，明确了法院的通知告知、确定合适的调解方法等义务，对诉调对接进行有益探索，最终在保护当事人权益与缓解法院系统工作负担之间找到平衡，保证特邀调解取得良好的法律效果与社会效果。

六、迈向全球治理的中国法治

法治不仅是维护公民权利和进行国家治理的工具，也是国际治理的重要手段。尤其是在中国日益走向国际舞台中心的时代，更需要以法治手段维护中国的国家利益，以和平的方式向世界传递中国声音。2016年，中国政府更加注重以法治手段影响世界。在涉及国家安全的南海问题上，中国政府以明确的立场回应菲律宾等国的无理要求，确定中国南海政策；同时，制定司法解释，明确中国的海事司法管辖权。在外交领域，继续以白皮书等形式，传递中国人权事业发展的信息，揭穿美国虚假宣传。在打击犯罪领域，针对电信诈骗中的国际背景，中国政府利用高超的外交和国际法手段，重拳打击跨境诈骗行为。

（一）以多种手段回应南海问题

南海自古是中国的领海，由于特殊情况，20世纪我们曾经采取“搁置争议，共同开发”的策略，东南亚不少国家长期侵占我国领海、海岛。随着中国综合国力的提升，以及国家对海洋资源的重视，近年来国家加强了对南海的主权宣示与实际控制。2013年1月22日，菲律宾背弃先前谈判解决南海问题的承诺，单方面向海牙常设仲裁法庭申请对“南海管辖权”的争端进行强制仲裁，南海仲裁案的闹剧从此开始。2014年12月7日，中国发布了《中华人民共和国政府关于菲律宾共和国所提南海仲裁案管辖权问题的立场文件》，系统阐述了中国对于南海仲裁案的立场，强调了中国不接受、不参与的立场，该立场文件也是目前官方对于南海仲裁案最为权威的表达。为了践行国际大国责任，中国依然需要在国际法的框架下，尽最大可能地阐明中国立场，并维护国家利益。

2016年5月12日，外交部外国记者新闻中心举办中外媒体吹风会，外交部条法司司长徐宏在会上重申了南海问题的中方立场——不接受、不参与仲裁，对于未来的裁决结果不承认、不执行，并且强调南海仲裁庭没有管辖权，无权做出判决。中国之所以没有派代表出庭或者提交相关抗辩，主要是考虑到南海仲裁案不可能得到公正处理，现行的国际法体系是在二战后形成的，尤其是在20世纪90年代后，美国主导了现行不平等的国际法秩序。在相关问题上，中国一贯主张通过友好谈判予以解决，避免受到不合理国际法规则的束缚。中国政府不参与仲裁，并不意味着中国政府毫无作为。

在举办吹风会的同时，在卡塔尔首都多哈举行的中阿合作论坛第七届部长级会议通过了《多哈宣言》，该宣言意味着拥有22个成员国的阿拉伯国家联盟对中国在南海仲裁案的立场表示支持。中国政府之所以强调以外交手段而非法律手段处理南海争端，乃是因为法律是一种确认性规则，在现行国际法体系下只会有利于美国及其盟友，外交手段乃是一种国际政治方式，建立在重塑国际法的前提下，这种政治重建依赖于中国综合国力的提升，不能仅仅停留在国际政治层面，还需要以各种办法纳入新的法律框架下，否则难以掌握话语权。当然，在国际敏感问题的处理中，为了更好地维护国家利益、国民权利，需要灵活采取各种手段，如中国政府支持民众对日索赔行为，使得正义缓缓到来。2016年6月1日，日本三菱综合材料公司在北京向掳日中国劳工谢罪，双方就历史责任、赔偿金额等问题达成和解，并签署《和解协议书》，民间的这一胜利就得到了各方面的支持。

（二）司法管辖构筑事实主权

司法管辖权是国家主权的重要组成部分，中国对海洋的控制需要挑战现行的国际法框架，这是非常困难的。其实，还有另外一种构筑海洋主权的方式，那就是将相关问题从一个国际问题转变成国内问题，即不去直接触及主权问题，而是以实际的司法管辖去造就既成事实。国家海事主权需要通过立法管辖、执法管辖以及司法管辖的共同保障才能实现，司法管辖权是国家司法权的主要内容，也是国家主权的重要组成部分。长期以来，我国海洋权益的维护在管辖权层面上更多集中于立法和执法管辖层面，而对海洋缺乏全面的管辖。习近平总书记多次强调要“坚决维护领土主权和海洋权益”，最高人民法院院长周强也提出“海事司法是经略海洋、管控海洋工作的重要组成部分”①。对我国管辖海域行使专门司法管辖，能够集中体现国家司法主权意志，并形成一贯性行使司法主权的证据。

2016 年 8 月 1 日，《最高人民法院关于审理发生在我国管辖海域相关案件若干问题的规定（一）》和《最高人民法院关于审理发生在我国管辖海域相关案件若干问题的规定（二）》发布，并于 2016 年 8 月 2 日起正式施行。前者主要针对海上司法管辖、刑法等国内法在我国管辖海域的适用等一般性问题，后者则主要对涉海案件审理中存在的具体问题做出了规定。从内容上来说，两个司法解释在以下 3 个方面做出了规定：第一，明确了司法管辖海域不仅包括内水、领海，还包括了毗连区、专属经济区、大陆架等海域。第二，细化了应该“依照我国刑法追究刑事责任”的那些发生在我国海域犯罪行为的标准。第三，重点对海上渔业执法提供司法保障，对“无证捕捞”等行为规定了比较明确的强制措施。

（三）完善司法协助机制打击跨境电信诈骗

据公安部门统计，2010 年至 2014 年，每年诈骗金额平均都在百亿元人民币以上，2014 年有 107 亿元，2015 年暴增至 222 亿元，但多年来追回不到 20 万元人民币。很多诈骗分子选择在非大陆地区实施犯罪行为，其中台湾成为针对大陆的电信诈骗的基地，发生在大陆的诈骗案有 1/3 的源头是在台湾，而且大多数大型诈骗团伙的骨干主要来自台湾。根据我国《刑法》规定，中国对这些行为有管辖权，但是在司法实践中困难重重，一方面，两岸对电信诈骗犯罪的司法判决差异较大，另一方面，有些台湾政客在暗地里支持这种

① 周强，加强海事审判工作　推进实施海洋强国战略[OL]．最高人民法院网，2015-12-17.

行为。

为了更好地保护中国公民的权益，中国政府积极推动司法协助，大陆与台湾的司法协助已有一定的基础，如1990年9月10日，两岸红十字会签订了《海峡两岸红十字会组织在金门商谈达成有关海上遣返协议》；2009年4月26日，海协会与海基会于南京签署了《海峡两岸共同打击犯罪及司法互助协议》；近年来，海峡两岸警方开展了多领域的共同打击犯罪双边、多边协作，有效保障了两岸同胞权益和交往秩序，尤其是两岸警方联合打击涉两岸的电信诈骗、毒品犯罪、非法传销等，取得重大成效。但是，来自台湾的电信诈骗屡禁不止。必须有更为有力的方式打击此类犯罪，特别是发生在大陆之外针对大陆居民的电信诈骗。2016年4月13日，67名在肯尼亚对大陆居民实施电信诈骗的犯罪嫌疑人被遣返回国，加上同年4月被遣返回国的10名电信诈骗犯罪嫌疑人共77人，这是我国首次从非洲大规模押回电信诈骗犯罪嫌疑人，而在77名犯罪嫌疑人中有45名是台湾地区的。大陆从非洲引渡台湾电信诈骗犯，不仅符合大陆的司法管辖权规定，也符合国际法，既有助于保护中国公民的权益，也对塑造台湾岛内良好的社会风尚具有重要意义。

（四）境外NGO在华告别无法可依状态

在美国等主导的外交渗透中，NGO（非政府组织）发挥着重要的作用，越来越多的证据表明，NGO在国外一系列政治事件中起到了关键作用。正确认识NGO在中国的地位和正负面影响，并以适当的措施应对，对中国国内治理乃至国家安全具有重要作用。随着中国日益崛起为世界大国，美国将中国作为其重要的影响对象，而在NGO领域我国尚缺乏相应的法律保障。我国对境外NGO的管理主要依据1989年6月颁布的《外国商会管理暂行规定》和2004年3月颁布的《基金会管理条例》。为了填补规范缺失和秩序空白，我国需要一部针对境外非政府组织的立法。

党的十八届三中全会提出加强对社会组织和在华境外非政府组织的管理，引导它们依法开展活动；党的十八届四中全会则提出加强在华境外非政府组织管理，引导和监督其依法开展活动。为了贯彻党的十八届四中全会的决定，2014 年 12 月及 2015 年 4 月，十二届全国人大常委会先后两次对相关法律草案进行审议。二次审议后，全国人大常委会将法律草案全文向社会公布征求意见，在广泛听取和充分吸收各方面意见的基础上对法律进行了修改和完善。2016 年 4 月 28 日，全国人大常委会审议通过《境外非政府组织境内活动管理法》，并于 2017 年 1 月 1 日起正式施行，境外 NGO 组织在华活动告别无法可依的时代。

迈向新时代的全面法治（2017）

吴蔽余　邵六益①

导言

2017年10月18日，中国共产党第十九次全国代表大会在北京召开。习近平在党的十九大报告中指出，中国特色社会主义进入了新时代，并提出到2035年，要基本建成“法治国家、法治政府、法治社会”。② 中国特色社会主义新时代是法治的新时代，这是我们理解2017年开启的新时代全面法治的一个基本判断。

理解新时代，既需要政治的逻辑，也需要法治的逻辑。就政治的逻辑而言，“新时代”提出了一个政治时间的建构，开启了一段以中华民族伟大复兴为主要目标的新历史。无疑，这种宏大叙事是振奋人心的，但是一个政治的宏大叙事必须落实到制度实践的维度，特别是法治的维度，才能有鲜活的生命。从法治的逻辑而言，“新时代”提出了一个法治时间的建构，它的表征是

---

① 吴蔽余，北京大学法学院法学理论专业博士研究生；邵六益，中央民族大学法学院讲师，法学博士。

② 习近平．决胜全面建成小康社会夺取新时代中国特色社会主义伟大胜利［OL］．人民网，2017-10-28.

提出全面依法治国，并落实为一系列立法、行政和司法改革。

新中国的法治建设经历了“法制—法治—全面法治”的历史轨迹。全面法治意味着政治、经济和社会生活中更为广泛的事务将由法律来调整，并意味着法院、检察院、国家监察委员会将在国家治理中承担更多责任，并对行政机关形成更有效的监督。对中国共产党而言，这意味着一种全新的治理模式的形成。通过对权力的自我设限，一些曾经的法外之地、灰色地带将进入阳光下，在公开透明的制度中接受监督。中国共产党通过政治权威确保了对法治建设的政治领导，并依靠政治权威将党规和国法融合起来，主动将权力关进制度的笼子里，确保党员和党组织在宪法和法律规定的范围之内活动。党的十八届四中全会以后，更为融合的党法关系已经形成。无疑，这有利于党永葆生机活力，有利于建设富强、民主、文明、和谐、美丽的国家。在新时代里，个案中的民生问题更加突出，在新媒体的传播下更加引人关注；人工智能、大数据等新技术的运用带来了很多法律问题；过度发展带来的生态环境问题成为制约人民生活水平进一步提高的瓶颈。而全面依法治国就是要集中精力解决上述问题，通过法治的健全，通过《民法典》的最终出台，让发展成果惠及大多数人，让法治意识进入大多数人的生活和心灵，使广大人民群众成为捍卫自由、平等、公正、法治的社会主义核心价值观的公民。

因此，坚持全面依法治国，是历史的选择，也是中国共产党领导人民建设中国特色社会主义的选择。新时代的全面法治是由一系列深刻的变革开启的。2017 年见证了这些变革，它们共同构成了本报告的主要内容：第一，将法治政府建设和顶层设计结合起来，在中国共产党的领导下建设法治政府和法治国家。第二，进一步呼应民生的需求，在司法个案中让公民感受到公平正义。第三，重视新技术的应用，让司法回应新技术的需求，也让新技术为公平正义提供支持。第四，更加重视保护生态环境，通过司法体现新的发展理念。第五，深入推进司法体制改革，在永不停歇的改革中让制度焕发新活力。

一、法治政府与顶层设计

新时代要求重新理顺政治与法律的关系，其根本在于理顺党的领导和全面依法治国的关系。党的十九大报告指出，必须把党的领导贯穿到依法治国的全过程。党的领导是依法治国的根本政治保证，这意味着党的领导要通过法治来实现，同时，党要在宪法法律的范围内活动。党要管党，从严治党，这是对党的十八大之前一段历史时期出现的触目惊心的腐败现象的深刻反思，也是党的十八大以来高压反腐的一个制度性总结。为了给全面依法治国奠定基石，必须用法治的武器武装中国共产党，用党规和国法严格规范政府和公务人员的行为，并形成一套自我监察、自我反思的法律制度。

要建构法治政府，就要把权力关进制度的笼子里。制度之所以可以成为权力的笼子，是因为制度具有公开性和约束性，为人民监督权力的使用提供了依据。2017 年，从推行行政执法公示制度，到出台党内法规制定工作五年规划纲要，再到施行党政机关办公用房、用车管理办法，这些构成了法治政府建设的主要内容。

建构法治政府，必须通过党加强顶层设计。顶层设计是自上而下的全面设计，它的另一面是从下而上的试验和试错，即“摸着石头过河”的小范围改革。我们应当看到，顶层设计和“摸着石头过河”是中国法治建设中不可或缺的一体两面，而新时代更加强调顶层设计。这是由中国共产党在中国的特殊地位和历史使命所决定的，也是当下中国在国际上不断得到认同的一种治国方略。2017 年，法治建设顶层设计的最大杰作就是国家监察体制的逐步建立。

（一）不断推进法治政府建设

近代以来，中国从革命到改革的历史进程，都是在中国共产党的领导下进行的。党的各项政策和规定对国家治理起着支撑性和引导性的作用，绝大部分国家工作人员是党员，因而党的自身建设也成为法治建设不可或缺的重要组成部分。在中国，党规和国法共同构成了实质上的国家法制系统。党的十八大以来，中国的法治建设一直延续了国家法律和党内法规两条线并进、相互协调的路径。

2017 年 2 月，国务院办公厅印发了《推行行政执法公示制度执法全过程记录制度重大执法决定法制审核制度试点工作方案》（以下简称《方案》），确定在天津、河北、安徽、甘肃、国土资源部以及呼和浩特等 32 个地方和部门开展试点，在行政许可、行政处罚、行政强制、行政征收、行政收费、行政检查六类行政执法行为中推行行政执法公示制度、执法全过程记录制度和重大执法决定法制审核制度，这对于促进行政机关严格规范公正文明执法，保障和监督行政机关有效履行职责，维护人民群众合法权益具有重要意义。基于行政在国家、社会生活中的重大作用，建设法治中国关键是要建设法治政府。2014 年，党的十八届四中全会决定提出要“建立执法全过程记录制度、严格执行重大执法决定法制审核制度、推行行政执法公示制度”。2015 年，中共中央、国务院印发《法治政府建设实施纲要（2015—2020 年）》。因此，《方案》的出台是建设法治政府、阳光政府的又一个坚实步骤。

2017 年是《中央党内法规制定工作五年规划纲要（2013—2017 年）》（即第一个党内法规制定规划）的收官之年。作为五年规划中的最后一项，2017 年 11 月 30 日，中共中央政治局召开会议，审议通过了《中国共产党党务公开条例（试行）》（以下简称《条例》）。《条例》明确规定了党务公开的主体、公开的范围和公开的程序，自 2017 年 12 月 20 日起正式施行。《条例》

是党顺应互联网信息新时代和人民民主参与愿望加强的时代潮流的体现，彰显了党的执政自信，同时也是对过去，特别是过去5年法治（广义，包括依法治国和党的建设）工作成果的体现和肯定。

《方案》和《条例》构成了2017年“阳光权力”工程的主要内容，一边规范党、一边规范政府，呈现出国家法律和党内法规两线并行、协调推进的特征。

2017年12月11日，中共中央办公厅、国务院办公厅印发的《党政机关办公用房管理办法》和修订后的《党政机关公务用车管理办法》，则再次体现了国法和党规协调推进的特征。两个文件旨在进一步规范党政机关办公用房管理，推进办公用房资源合理配置和节约集约使用，以及进一步规范党政机关公务用车管理，促进党风廉政建设和节约型机关建设。

（二）承上启下的顶层设计

2017年，法治建设顶层设计的主要特点是承上启下。在诸多成果中，最闪亮的一项当属国家监察制度的最终落地。此外，一系列重大顶层设计稳步推开，包括反腐败国家立法、合宪性审查和全面依法治国领导小组的设立。

1. 实施监察体制改革

从中国反腐实践着眼，作为一个政党的中央纪律检查机关，中央纪委对于党内腐败问题的处理和纠察已经“制度化”，但是在国家监察层面，反腐资源、反腐力量分散在各个部门，缺乏统一、权威、高效的反腐败体制。因此，要推动国家法治建设不断向前发展，就需要建立党统一领导下的专门的国家反腐机构。

2016年1月12日，习近平在十八届中央纪委六次全会上的讲话中指出：“要坚持党对党风廉政建设和反腐败工作的统一领导，扩大监察范围，整合监察力量，健全国家监察组织架构，形成全面覆盖国家机关及其公务员的国家监察体系。”① 同时，此次会议明确提出：“建立覆盖国家机关和公务人员的国家监察体系。”2017 年 1 月，根据中共中央办公厅《关于在北京市、山西省、浙江省开展国家监察体制改革试点方案》和《关于在北京市、山西省、浙江省开展国家监察体制改革试点工作的决定》规定的改革“时间表”，1 月 18 日山西省监察委员会正式挂牌成立，1 月 20 日北京和浙江两地监察委也正式选举产生。三地监察体制最重要的特点是，监察委与党的纪委合署办公，实行“一套人马、两块牌子”。合署办公既可以集中反腐力量，又能避免机构重叠；既可以为纪委的工作开展提供形式上的法律依据，又可以通过法律规范纪委监察权的行使。纪委以监察委的名义依法监察干部，既提高了国家治理的法制化程度，又维护和加强了党对司法执法的领导。这是对“坚持党的领导和依法治国相结合”理念的具体贯彻和制度创新。

2017 年 10 月，党的十九大报告提出，深化国家监察体制改革，将试点工作在全国推开，组建国家、省、市、县监察委员会，同党的纪律检查机关合署办公，实现对所有行使公权力的公职人员监察全覆盖。制定国家监察法，依法赋予监察委员会职责权限和调查手段，用留置取代“两规”措施。2017 年 11 月 4 日，十二届全国人大常委会第三十次会议通过了《关于在全国各地推开国家监察体制改革试点工作的决定》。11 月 7 日，《监察法（草案）》在中国人大网首次公布，向社会公开征求意见。这标志着监察体制改革试点工作在原有北京、浙江、山西三地试点的基础上正式推向全国。

新的国家监察体系主要呈现三个方面的特征：一是全面整合反腐机构，解决反腐败力量分散的问题。此次监察体制改革计划将人民政府的监察厅（局）、预防腐败局和人民检察院查处贪污贿赂、失职渎职以及预防职务犯罪

① 习近平．坚持全面从严治党依规治党创新体制机制强化党内监督［OL］．新华网，2016-01-12.

等部门的相关职能整合至监察委员会。同时，党的纪律检查委员会、监察委员会合署办公，一个机构、两块牌子，从而建立集中统一、权威高效的监察体系。二是实现对公职人员监察全覆盖。改革后，监察委员会的监察对象范围较之前大大扩展，扩展到“所有行使公权力的公职人员”，进而实现对公职人员监察的全覆盖。从公布的《监察法（草案)》来看，监察对象包括了从“中国共产党的机关、人大机关、行政机关、政协机关、监察机关、审判机关、检察机关、民主党派和工商联机关的公务员及参照《公务员法》管理的人员”到“法律、法规授权或者受国家机关依法委托管理公共事务的组织中从事公务的人员”，也包括了国有企业管理人员、公办单位管理人员、基层群众性自治组织中从事集体事务管理的人员等。三是赋予监察委调查权，用留置取代“两规”措施。《监察法（草案)》规定，被调查人涉嫌贪污贿赂、失职渎职等严重职务违法或者职务犯罪，监察机关已经掌握其部分违法犯罪事实及证据，仍有重要问题需要进一步调查，并有相关情形之一的，经监察机关依法审批，可以将其留置在特定场所。

2. 加强反腐败国家立法

2017 年 10 月18 日，习近平在党的十九大报告中指出，推进反腐败国家立法，建设覆盖纪检监察系统的检举举报平台。过去，我国对反腐败的认识主要停留在党的自我净化和先进性建设的层面上，反腐的手段主要是党内法规，反腐的对象主要是中国共产党员。反腐的制度性定位还不够清晰，反腐的范围还不够周延，而且“运动式反腐”已被历史证明为是一种低效的反腐形式。未来，我国将反腐纳入整个法制的框架中，使反腐有法可依，实现反腐的制度化、常态化、法治化，使得国家监察委行使监察职能时有法可依，监察、司法、执法等各个部门相互配合、相得益彰，并将建立以预防为主，惩罚为辅的反腐败法律体系。

3. 推进合宪性审查

党的十九大报告中提出，要加强宪法实施和监督，推进合宪性审查工作，维护宪法权威。我国有关“合宪性审查”的讨论可追溯至1982年宪法修改，但当年最终并没有明确具体机制和程序，只是确定了由全国人大及其常委会履行宪法监督职能。党的十九大明确提出，“合宪性审查”是党的十八大以来强化宪法权威性工作延续发展的结果。但宪法制度的设计和落实需要考量多方面的综合因素，有待于进一步的探索，2017年只是这个新征程的起点。

4. 推动设立全面依法治国领导小组

深刻的变革需要强力、高效，最重要的是足够权威的领导。党的十九大报告特别强调，到2035年，我国法治国家、法治政府、法治社会基本建成，各方面制度更加完善，国家治理体系和治理能力现代化基本实现。全面依法治国是一项关涉各方面的系统工程，涉及经济、政治、文化、社会、生态、国防和党的建设等各个领域，充分发挥党总揽全局、协调各方的领导核心作用是法治建设的关键点。党的十八大以来，为了全面深化各领域改革，中央成立了若干领导小组，在实践中收获了很好的效果。于是，党的十九大正式决定成立中央全面依法治国领导小组，加强对法治中国建设的统一领导，中央全面依法治国领导小组负责统筹规划，制定出中国未来法治发展的总体蓝图，实现战略部署、全局协调，厘清各项工作的轻重缓急，做到各项工作有条不紊；同时，实现资源最省、阵痛最小、效益最大。

中国的法治生态越来越呈现出不同于西方的以国家法律为独尊的特征，国家法律和党的法规共同构成国家法制系统的主体。这种法治模式是符合中国的国情的，为世界提供了一种不同于西方的全新的治理路径。

二、民生、民意与法治

伴随着国家法治建设的推进，民众的法治意识也在逐步增强，愈发关注社会热点案件的民生关切促进了法治精神在民生相关个案中的延伸。

2017 年年初，“射击摊大妈案”在法定的量刑幅度内，在法理和情理当中找到了平衡点，既维护了法治的尊严，又体现了人文司法的精神。同时，在社会范围内起到了警示、教育的作用，增进公众对枪支属性和涉枪犯罪危害性的认识，进一步普及了涉枪犯罪的刑法知识。“于欢案”在巨大的社会舆论压力下，昭示了舆情与司法之间紧密而又复杂的关系。案件裁判过程中关于正当防卫的争议、关于量刑幅度的裁量争议、关于民间借贷涉及黑社会介入的质疑、关于警察介入后渎职和玩忽职守行为的质疑都成为一时的社会舆论焦点。“红黄蓝虐童事件”引发社会舆论的激愤与质疑，由于证据缺失而导致真假难辨的真相，让民众对幼儿教育的安全忧心不已，民生问题又一次通过热点案件冲击社会良心。“校园贷”系列案件引发的裸贷、暴力催收、学生自杀等社会乱象暴露了网络信贷监管失利下的乱局。

只有立足现实问题，积极“问法于民”“立法为民”，法律才能更充分地体现民意，更顺畅地抵达人心，释放出更多民生的红利。每一项政策的出台，每一部法律的制定，都应该以民众的诉求和社会的关切为出发点，以维护民众的合法权益为最终目标。法律法规关乎社会关系调整，立法修法尤其应当注重民生导向。正如党的十八届四中全会所要求的，“要恪守以民为本、立法为民理念，贯彻社会主义核心价值观，使每一项立法都符合宪法精神、反映人民意志、得到人民拥护”。舆论关注，一方面说明公众知法用法的意识逐渐增强，另一方面也体现了立法和修法的民生导向、民意关切。法律是民生的兜底工程，没有切实可行的法律法规，保障民生将是一句空话。“法律的权威源自人民的内心拥护和真诚信仰"，而要赢得人心，法律既要植根于正确的理念，也要着眼于现实的需求。经济社会发展日新月异，不能与时俱进的法律，必将遭遇执行难题，有损法律之权威。唯有不断关注民意、直面问题，法律才能跟上时代的脚步。

（一）民生问题的法治建设与不足

案件裁判的争议与相关法律法规中存在的缺陷和漏洞不无关系。从"射击摊大妈案""于欢案"到"红黄蓝虐童事件"，无一不反映出民生立法的缺失与不足，导致个案的正义难以实现。习近平指出："保障和改善民生是一项长期工作，没有终点站，只有连续不断的新起点，要实现经济发展和民生改善良性循环。"① 现代意义上的"民生"是指满足公民基本生活条件、实现公民基本发展需求和保障公民基本权益的社会状态，其内涵不断丰富和深化，与人的全面发展、社会秩序稳定、国家繁荣富强息息相关。如果说民生是对以社会权为代表的基本权利内容的总体概括，那么民生建设则是基本权利实现的方式，同时也是国家履行公共职能的具体体现。民生建设已成为全社会关注的热点，随着社会转型与发展，大量新的社会问题的涌现将会给民生建设带来新的困难，民生建设呼唤更高层次的制度保障形式。"法治是治国理政的基本方式"，这是党的十八大报告对依法治国的深刻表述。愈是政治文明发达的社会，法治的地位和作用就愈基本，发挥作用的领域也愈广泛。法治在治国理政过程中的基本路径是建构和完善符合社会规律的制度，以保障公民和社会的全面发展，这同时也是民生建设所追求的发展目标。对于民生建设而言，民生问题的解决、体制困境的突破以及社会满意度的提升均需要法治的保障和推进。相对于民生建设的两层含义，法治也在两个层面保障和推进

① 习近平强调"改善民生没有终点站"释放啥信号？[OL]. 人民网，2013-05-16.

民生建设：一是保障公民基本权利和实现社会科学发展，二是规范国家职能履行与建构完善民生制度。

1. 完善公众参与机制，合理分配民生资源

民生建设存在着行政权力垄断而社会参与不足的体制症结。忽视社会公众需求，缺乏理性沟通机制，容易导致民生资源分配不均衡，进而影响民生建设的社会满意度。政府与民众的沟通机制缺失，主要体现在做出对社会公众造成重大影响的决策时缺乏意见听取和论证说明。法治保障民生权利，因此，应当落实民生建设的公民参与权，以合理分配民生资源，满足公平正义的民生需求。第一，落实和完善现有参与机制，充分发挥体制潜力。我国法律规定了公民对公共事务的参与权和具体参与制度，如听证制度、监督制度等，完善公众参与机制，首先就要充分发挥现有体制的内在潜力，真正落实这些具体制度的法律效力。第二，积极利用新媒体搭建互动平台，实现平等表达和即时沟通。以微博为代表的新媒体平台为公众意见表达提供了一种新的方式，其显著特征在于意见表达的平等性和信息沟通的即时性。第三，根据现实需要和社会发展规律分配民生资源，维护社会公平正义。民生资源的稀缺性和民生需求的广泛性之间的矛盾是社会主义初级阶段基本矛盾的具体表现。作为保障人权、维护社会公平正义的基本方式，法治理所应当承担起合理分配民生资源的任务。

2. 落实民生权利救济，依法化解社会矛盾

许多民生问题涉及社会公共利益和公民具体利益，如信贷纠纷、幼儿教育与安全、征地补偿等。无论是对公共利益还是个人利益的损害，均是事关民生权利保障的重大问题，其呼唤法治的积极回应，其引发的群体性事件对社会秩序造成的危害，这些都需要依靠法治加以解决。社会矛盾激化酿成群体性

事件的直接原因，是民生权利法治救济途径的失效，以致公民采取极端方式捍卫权利或表达诉求。虽然不排除某些群体性事件的当事人借题发挥而滥用权利，但权利救济途径的不畅仍为权利滥用提供了便利或借口。因此，民生权利的救济需要回归到法治途径。首先，畅通行政诉讼、行政复议等法治救济途径，落实侵犯民生权利的法律责任。其次，规范民生诉求的表达方式，防止民生权利滥用。法治不仅要保障公民权利的实现，而且要规制公民行为，防止权利滥用。最后，做好民生问题的舆情监测工作，建立群体性事件应急机制。法治框架下的舆情监测和应急机制，均是民生问题的制度化解决方式的具体表现。

3. 强化权力监督，保障民生建设的规范化运行

虽然国家投入大量资源、出台相关政策去改善民生，但一些影响民生的社会问题仍然频繁发生，影响公众信任。其中一个重要原因在于执法权限不明、执法方式混乱以及执法监督缺失。同时，执法方式单一以及监督缺失直接导致对公民权利的侵犯。解决频繁发生的社会公共问题，重塑公民对政府的信任，提高执法的社会可接受性，需要强化对各级国家机关的权力监督，以落实其具体责任，实现民生建设的制度化、规范化运行。其一，厘清各级国家机关的权力分工和职能定位，提高民生建设效率。其二，强化对国家机关和社会公共组织的权力监督，确保民生工程质量。其三，民生建设的规范塑造与制度建构。法律规范为解决民生问题、促进民生建设提供了一种制度化方式。民生建设的规范塑造与制度建构应从三方面进行：首先，应当在立法上将民生领域的相关内容具体化与量化，为公民基本生活条件制定相关合格标准；其次，在执法建设上，对整个建设环节的程序、行为以及效果制定兼具合法性与合理性的考量体系；最后，在法律监督方面，将立法、司法和社会公众监督作为考核民生建设质量与水平的法定程序和步骤，将社会满意度调查作为考核行政行为绩效的一部分，形成立体式的监督网络。总之，民

生建设的整个过程必须以规范塑造和制度建构的方式确定下来，这是法治保障路径的最终目标。

（二）民意、舆情与司法之间的互动

1. 舆情民意是司法裁判中的双刃剑

一方面，民意可以对司法活动产生一定的监督，可以在一定程度上保证司法的公正。从专业上来讲，法律行业是一个相当专业的领域，一般人很难涉足，社会的舆情民意和法律行业的理念是一致的，即追求社会公平、公正和正义的价值取向。司法活动象征着这个社会的公平、公正和正义，同时，我们的司法活动也需要监督，除了国家司法机关的自我监督以外，还要靠外界的监督力量。而舆情民意对于司法活动的监督，更大程度上并不是对司法活动运行机制和体制的监督和完善，而是针对具体的个案进行监督和发表看法。网络新技术的发展可以让具体的个案，特别是那些关乎社会公平和正义的敏感案件被放到社会大众的视野中，案件的每一个进展、细节和结果都逃不过社会大众的眼睛，这在很大程度上震慑和杜绝了司法活动中的不法、不公行为。同时，这也对司法工作人员提出了更高的要求，要求他既要严格依法行事，又要保证案件的有效、正确地处理。

另一方面，舆情民意又具有片面性和非理性，这可能会对司法的公正产生负面影响。如果过分关注舆情民意的要求，反而会让司法活动陷入恶性循环的被动状态，进而丧失法律权威。舆情民意往往产生于不全面、不客观或者不翔实的新闻或网络舆论背景下，舆情民意对司法案件的关注有可能导致社会大众对司法案件的过多干预，会消解司法机关为抵制压力所做的各种努力，甚至可能造成“舆论审判”，迫使司法机关屈服于大众的意见，结果将法律问题道德化、政治化，法律的运行变成隶属于道德和政治的活动，影响了司法独立，最终的结果是在民意的幌子下形成多数人的暴政，使司法正义的天平失衡。

2. 建立舆情民意与司法公正的互动机制

司法活动监督机制的缺失，一直都是影响我国司法公正形象的重要原因。因此，引入舆论机制的监督对于司法公正的实现而言，无疑具有相当积极的作用。很多案件由于新闻媒体的曝光和网络舆情的宣传，在人民群众中产生了很大的影响。人民群众对案件的关注度上升，也给司法机关一定的压力，即一定要依法办案，这就减少了司法机关徇私枉法的可能性。同时，人民群众在关注案件进展和结果的过程中，无形中受到了一次生动的法制教育，更加深入地理解了法律的精神和内涵，这也让舆情民意对司法公正的监督机制能够良性运行。

舆情民意很大程度上并不等同于司法公正，舆情民意更多体现的是一种社会的道德伦理规范，是一种有别于法律思维的大众思维，集中体现了实体优于程序、道德优于法律、合理性优于合法性的社会生活逻辑。同时，舆情民意的事实基础往往是片面甚至是错误的，由于传播的客观规律，社会大众往往不能完全了解案件事实的全部真相，而依据片面的事实产生的舆情民意会对司法活动产生不利的影响。因此，司法人员在司法活动中必须完全掌控司法活动的进度和方向，保持司法的独立性，不能受到舆情民意的干扰。这就对我们的司法人员提出了更高的要求：一方面，要接受舆论的监督、人民的审视；另一方面，必须坚守对法律的信仰，严格执法，保证司法的独立性。只有在这样的前提下，民众才会慢慢地把舆论监督的重点从单纯的对司法不公的呐喊转向对从法律角度审视个案，以“肃静”而不“回避”的姿态来仔细审视个案。

3. 正确处理网络舆情与司法公正的关系

一方面，我国应通过立法，明确以法律形式保护网络舆论监督权。网络舆论监督必须遵循法律规范的原则立场。舆论监督要根据一定时期社会主义民主法制的发展水平，依据相关法律、法规，依法实施监督，避免充当干预司法的“执法者”的不恰当角色。一些影响力较大的事件曝光之后，论坛、博客往往成为这些事件走红网络的主要阵地，网友们开始在网上进行调查（如人肉搜索）和评论。案件大规模的扩散，容易使检察官、法官屈于舆论压力，从而影响司法公正与独立。正如有学者指出，网民的评判大多出于朴素的善恶意识、正义观念，但这并不能代替司法机关的司法活动。若在不了解案件真实的情况下，就盲目进行个人“道德审判”，进而通过尖锐言论来对司法机关施加压力，这不仅超出了正常舆论监督的范畴，而且涉嫌构成侮辱诽谤他人、侵犯他人隐私权等侵权违法行为。因此，要使舆论监督尽快纳入法制轨道，使之真正成为一种制度化和法律化的民间监督机制，就需要构建舆论监督与司法审判之间的合理法律框架。

另一方面，司法机关要善于面对网络舆情，营造良好舆论氛围。网络舆情导致的网络群体性事件，不仅影响社会正常的秩序，而且不同程度地影响了司法活动的正常秩序。我们应该看到，网络事件的爆发往往有其特定的社会背景，因此，我们对网络舆情或者网络群体性事件应持一种宽容态度。首先，司法活动本身应当严格遵守法律规定，做到司法的公平、公开、公正。其次，应当引入社会大众对司法活动的监督，允许民众以一种更为主动的方式参与到司法监督中来。

三、新技术与法治的互动

新时代的一个鲜明特征是，以新技术为特征的生产力发展带来的生产关系的改变，这必然带来法律等上层建筑的改变。党的十八大以来，中央高度重视网络安全和信息化工作，把完善互联网管理领导体制作为党的十八届三中全会确立的60项改革任务之一，成立中央网络安全和信息化领导小组，统筹协调各领域网络安全和信息化的重大问题，实施创新驱动发展战略、网络强国战略和“互联网+”行动计划，大力推进大众创业、万众创新，注重发挥以数字经济为代表的新经济对经济增长和结构调整的支撑和引领作用，我国数字经济快速发展、网信事业取得了长足的进步。

2017年，我国互联网等新兴技术产业继续保持高速发展的态势。截至2017年12月底，中国网民已达7.72亿，全年共计新增网民4074万人。互联网普及率为55.8%，较2016年年底提升2.6个百分点。以互联网为代表的新技术对经济结构调整、社会生活、法治实践等多个方面都继续产生了重大而深远的影响。我国网络基础设施已经成为推动经济社会发展的新型公用基础设施，以数字经济为代表的新经济蓬勃发展，电子政务发展创新了社会治理方式，可见，网络已经深入人们生活的方方面面，亿万人民共享互联网发展的成果。

2017年，我国加速推进互联网等新技术领域的多层次立法，针对社会广泛关心的问题做出面向未来的制度安排；新技术不仅对行政监管提出了更高的要求从而催生“审慎包容”的监管理念，而且促使政府积极采用新技术提高行政效率、创新社会治理方式、建设服务型政府；司法系统在回应新技术带来的社会问题的同时，也在积极拥抱新技术、利用新技术为司法体制改革服务。

（一）立法领域：回应现实，展望未来

面对以数字经济为代表的新经济的快速发展，原有的法律法规已经不能完全适应对新技术、新经济进行规制的要求。我们看到，在立法层面，各级立法机关针对新技术的立法步伐明显加快，一系列在各自领域具有针对性的规范性文件也相继出台。在新技术、新经济的影响下，多层次、高密度的立

法工作是2017年立法领域的显著特征。这些相继出台的行政法规、行政规章、司法解释、规范性文件以贯彻落实《网络安全法》为要旨，构成了2017年互联网领域立法的主题。

1.《民法总则》体现鲜明时代特征

2017年3月15日，第十二届全国人民代表大会第五次会议通过《民法总则》，自2017年10月1日起施行。《民法总则》的通过引发社会普遍关注，更是被称为我国正式步入“民法典”时代的里程碑。

民法典被誉为“社会生活的百科全书”，是市场经济的基本法，是保护公民权利的宣言书，也是解决民商事纠纷的基本依据。如果说《法国民法典》反映的是19世纪自由资本主义时期的生活，《德国民法典》反映的是20世纪垄断资本主义时期的面貌，那么我们今天制定的民法典则必须体现21世纪的鲜明时代特征，体现和回应当代中国的社会生活。在个人信息保护和虚拟财产两个方面，《民法总则》回应了现实的关切。

信息时代，数据快速交换，信息触手可及。与此同时，个人信息的泄露也已经达到空前的程度，并由此引发电信诈骗、虚拟财产安全等一系列社会问题，社会反响强烈，亟待立法做出回应。《民法总则》第一百一十一条规定：“自然人的个人信息受法律保护。任何组织和个人需要获取他人个人信息的，应当依法取得并确保信息安全，不得非法收集、使用、加工、传输他人个人信息，不得非法买卖、提供或者公开他人个人信息。”随着数据、网络虚拟财产种类越来越多、数量越来越大，《民法总则》第一百二十七条保持了开放性：“法律对数据、网络虚拟财产的保护有规定的，依照其规定。”此举为将来的立法留足了空间，也为数据、网络虚拟财产的保护提供了上位法依据。

2.《网络安全法》正式生效

2017 年 6 月 1 日，互联网领域的基础性法律《网络安全法》正式生效。网络安全法共 7 章 79 条，其中针对个人信息泄露问题规定：网络产品、服务具有收集用户信息功能的，其提供者应当向用户明示并取得同意；网络运营者不得泄露、篡改、毁损其收集的个人信息；任何个人和组织不得窃取或者以其他非法方式获取个人信息，不得非法出售或者非法向他人提供个人信息。此外，网络安全法对网络诈骗、在关键信息基础设施的运行安全、建立网络安全监测预警与应急处置制度等方面都做出了明确规定。

3. 网信办净化网络空间再出新规

2017 年 5 月 2 日，国家互联网信息办公室公布了新修订的《互联网新闻信息服务管理规定》（以下简称《规定》），将各类新媒体纳入管理范畴，于 2017 年 6 月 1 日起施行。此次《规定》立足于网络安全法，重点内容为对互联网新闻信息服务许可管理、网信管理体制、互联网新闻信息服务提供者主体责任的修订。《规定》提出，通过互联网站、应用程序、论坛、博客、微博客、公众账号、即时通信工具、网络直播等形式向社会公众提供互联网新闻信息服务，应当取得互联网新闻信息服务许可，禁止未经许可或超越许可范围开展互联网新闻信息服务活动。《规定》还强化了互联网新闻信息服务提供者的主体责任，明确了总编辑及从业人员管理、信息安全管理、平台用户管理等要求。

2017 年 8 月 25 日，国家互联网信息办公室依据网络安全法，按照国务院的要求出台了《互联网论坛社区服务管理规定》（以下简称《论坛规定》）和《互联网跟帖评论服务管理规定》（以下简称《评论规定》）。两项规定于 2017 年 10 月 1 日起实施。《论坛规定》强调，互联网论坛社区服务提供者开展经营和服务活动，必须遵守法律法规，尊重社会公德，遵守商业道德。《论坛规定》要求，互联网论坛社区服务提供者应当加强对其用户发布信息的管理，严格落实用户真实身份信息认证，发现含有法律法规和国家有关规定禁止的信息的，应当立即采取处置措施。《评论规定》着重对落实网站主体责任和落实属地管理责任方面做出了细化规定，主要包括：落实跟帖实名制要求，建立用户信息保护制度和先审后发制度，加强弹幕管理等；加强监督管理执法工作，国家和省、自治区、直辖市互联网信息办公室应对属地传播平台进行安全评估和信用评估工作，建立信用档案和失信黑名单管理制度，及时追究新型安全管理责任。

4. 贵阳出台首部大数据地方性法规

我国大量的信息数据资源掌握在各级政府部门手中，但由于技术、成本、责权利关系不清晰，没有具体的法规可遵循及部门利益等原因，政府数据绝大部分“深藏闺中”，甚至“束之高阁”。政府手中的数据资源整体共享开放程度不高，客观上造成资源利用的浪费。数据只有开放，价值才能被激活，产业才有数据基础。为破解这一难题，全国首部关于政府数据利用服务的地方性法规《贵阳市政府数据共享开放条例》（以下简称《条例》）自 2017 年 5 月 1 日起实施。《条例》将政府数据分为无条件共享和有条件共享两种。其中，无条件共享的政府数据，提供给所有行政机关共享使用，使用者通过共享平台即可直接获取；有条件共享的政府数据，仅提供给相关行政机关或者部分行政机关共享使用。《条例》采取了负面清单管理方式，规定除涉及国家秘密、商业秘密、个人隐私以及法律法规规定不得开放的其他政府数据外，都应向社会开放。在救济渠道上，《条例》规定了在政府数据共享中，对数据提供机关不同意提供有条件共享政府数据的，规定了限时答复申请、不同意共享说明理由等救济途径和措施，还规定了对政府数据提供机关的答复有异议的，可以向市大数据行政主管部门提出复核申请等异议措施。

（二）行政领域：审慎包容，便民服务

新技术下产生的新业态无疑是对原有生产方式、资源配置方式的突破，也势必会触碰原有的监管框架。诸如共享单车、跨境电商等此类依托新技术产生的新经济业态，既具有满足市场需求、高效配置资源的合理性，又在某些方面与现有管理规定相冲突，或是成为监管盲区。面对汹涌而来的新业态，政府监管既要坚持底线、坚决维护市场竞争秩序，也要秉持审慎包容的态度，为新业态的发展留出空间。2017 年，我们在诸多涉及新经济的领域看到监管部门没有简单粗暴地加以禁止，而是越来越多地采取审慎包容的态度呵护新业态的成长。在网约车、共享单车、快递业等方面，中国富有创见的监管智慧已经走在世界前列，吸引着世界各国的关注。

1. 共享单车管理新规发布

2017 年 8 月 3 日，交通运输部等 10 部门联合出台了《关于鼓励和规范互联网租赁自行车发展的指导意见》，针对“共享单车”车辆乱停乱放、车辆运营维护不到位、企业主体责任不落实、用户资金和信息安全风险等问题，具体提出了对用户注册、使用实行实名制管理并签订服务协议，明示计费方式和标准，建立投诉处理机制，为用户购买人身意外伤害险，禁止向未满 12 岁的儿童提供服务等要求。

2017 年 9 月 15 日，北京市交通委会同有关部门公布了《北京市鼓励规范发展共享自行车的指导意见（试行）》（以下简称《意见》），着眼于整治共享自行车乱象，为共享自行车管理体系、发展模式提供规范依据，构建有序高效的公共秩序空间。《意见》鼓励共享自行车规范发展，具体实施总量调控、动态平衡，指出不发展电动自行车作为共享自行车，并针对现有乱象，对共享自行

车完好率、报废年限、禁停区、停放区设置形式等管理细节做出了相应规定。

2. 杭州出台首部跨境电商地方性法规

跨境电子商务是一种新型贸易方式，主要是指不同关境的交易主体，通过电子商务平台达成交易、进行支付结算，并通过跨境物流送达商品、完成交易，其具有门槛低、环节少、成本低、周期短等多方面的优势。近年来，我国传统对外贸易增速放缓，而跨境电子商务正逐渐成为拉动进出口贸易增长的重要动力之一。杭州跨境电子商务综合试验区自成立以来，在制度创新、产业发展、生态圈建设方面都取得了优异成绩，成为产业转型的新引擎和外贸发展的新动能。然而，产业蓬勃兴盛的同时，也存在着政府缺位、监管不力、市场混乱、商品质量参差不齐、电商主体服务落后、缺少售后保障等诸多问题，有关跨境电子商务的制度供给仍远远滞后于其迅猛发展的良好势头。

2017 年 3 月 1 日，杭州市施行《杭州市跨境电子商务促进条例》（以下简称《条例》），这是全国首部跨境电商地方性法规。《条例》主要有以下四个方面内容：一是协调政府管理体制，明确各部门职责，提高通关效率；二是确立编制规划，形成区域总体布局；三是完善线上线下平台服务和产业链生态建设；四是健全监管机制，维护交易安全，严把产品质量关。《条例》通过优化服务支撑体系，改进管理、监督协调机制，有效促进了跨境电子商务的自由化、便利化和规范化，为杭州市电子商务行业发展提供更有力的制度支撑。

3. 严查“校园贷”，遏止风险蔓延

近年来，随着互联网金融的迅速发展，一些以小额、高息、审核简单为特点的现金贷业务急速扩张，并进入校园开展“校园贷”业务。由于金融知识的匮乏，很多用户不能有效识别出现金贷业务的真实利率和风险，盲目借贷、多头借贷，最终无法偿还借款。同时，现金贷业务的催收极不规范，一

些催收人员使用曝光裸照、非法拘禁、向借款人的亲朋好友发送恐吓短信等非法甚至犯罪手段进行催收，从而引发一系列校园恶性事件。野蛮生长的校园贷款背后，暴露的是相关部门监管的缺位。正因为相关部门对校园消费缺乏必要的监管，所以导致打着金融创新名号的校园贷才得以一路畅通无阻。然而，我国还没有十分明确的针对网贷平台的监管部门，相关法规也并未出台，因此，相关部门对“校园贷”乱局既“无人管”，也“无心管”。对于此类以创新为名扰乱金融市场的行为，应当及时遏止、阻断风险蔓延。

（三）司法领域：适应变革，创新发展

2017 年，我国司法系统积极拥抱互联网等新技术领域，试图以新技术手段创新再造业务流程，为司法改革注入新的动力。智慧司法概念的提出、杭州互联网法院的建立、失信被执行人系统的巨大惩戒威力、大数据和人工智能的探索都显示出新技术为司法领域带来的深刻变化，预示着可能在不远的将来为司法工作带来前所未有的影响。

1. 严惩个人信息犯罪

2017 年 5 月 9 日，最高人民法院、最高人民检察院发布了《关于办理侵犯公民个人信息刑事案件适用法律若干问题的解释》（以下简称《解释》）及相关典型案例。近年来，侵犯公民个人信息犯罪处于高发态势，且与电信网络诈骗、敲诈勒索、绑架等犯罪呈合流态势，加强个人信息保护已经成为社会普遍关心的问题。《解释》突出问题导向，结合侵犯公民个人信息犯罪的特点和司法实践反映的主要问题，对侵犯公民个人信息犯罪的定罪量刑标准和有关法律适用问题做了全面系统规定，进一步加大了惩治力度。《解释》明确了侵犯公民个人信息罪的认定标准、侵犯公民个人信息罪的入罪要件、明确了设立网站、通讯群组侵犯公民个人信息行为的定性、明确了侵犯公民个人

信息犯罪认罪认罚从宽处理规则、明确了涉案公民个人信息的数量计算规则，对于强化公民个人信息的保护，维护人民群众个人信息安全以及财产、人身权益具有重要积极作用。

2. 发力智慧司法建设

2017 年 4 月 6 日，最高人民检察院印发《关于全面部署应用全国检察机关统一业务应用系统统计子系统的通知》（以下简称《通知》），4 月 20 日，最高人民法院印发《关于加快建设智慧法院的意见》（以下简称《意见》）。《通知》要求推动全国检察机关全面应用新的统计系统，充分发挥统一业务应用系统优势，促进检察机关决策管理信息化、科学化。《意见》力图以信息化促进审判体系和能力现代化，向办案、管理、服务充分智能化的人民法院信息化 3.0 版加速迈进。“两高”主动拥抱互联网，加快推进智慧司法建设，为全面深化司法体制改革带来新气象。

“互联网 +”是信息科技创新发展的新业态，给社会生活带来了许多新变化和新机遇。司法机关在行使法定职能时，主动与互联网技术相结合，力求实现智慧法院、智慧检务，以信息化促进司法体系和司法能力现代化。智慧司法借助“互联网 +”、大数据、云计算、人工智能等现代科技，使司法实践中数据的收集、储存、运用等环节实现智能化，从而对司法过程与结果实行统一管理、控制和运用。智慧司法适应了信息科技发展的时代要求，让司法工作插上了信息化的翅膀，助推司法体制改革向纵深发展。

3. 首家互联网法院成立

2017 年 8 月 18 日，杭州互联网法院正式揭牌成立，成为中国首家互联网法院。杭州互联网法院集中管辖杭州市内所有的涉网的一审民商事、部分知识产权案件，以及最高人民法院指定由杭州互联网法院审理的重大、疑难、复杂涉网案件，突破了地域管辖，实现了涉互联网案件的集中管辖和专业审判。此外，杭州互联网法院再造了诉讼流程，形成了一套以诉讼平台操作规程和网络视频庭审规范为中心的程序规则，可以实现在线庭审、在线判决、网上送达，有利于当事人参与诉讼，提高了司法审判效率。

互联网纠纷具有跨地域的特点，极大地增加了当事人参与诉讼的时间和金钱成本，考验着纠纷解决的效率。同时，互联网纠纷的新情况、新矛盾层出不穷，也对审判能力提出了更高的要求。杭州素有“电子商务之都”之称，自然也是互联网纠纷的高发地，在杭州建立互联网法院正是着眼于这一迫切需求。集中管辖、专业审判的杭州互联网法院是顺应互联网发展的产物，具有很强的示范和引领作用。互联网法院能够为依法治理网络空间提供专业性服务，是探索互联网纠纷解决机制的重要尝试，对于提升我国网络空间治理体系和治理能力具有重要意义。

总的来看，移动互联网、大数据、云计算、人工智能等新兴技术的出现和普及，必将在重塑人们生产方式和生活面貌的同时，为社会治理带来新的问题。在立法、行政、司法等各个法治领域，只有保持对新技术的关注，引导新技术的发展，才能抓住新一轮历史机遇，实现生产力水平和综合国力的跃升，引领世界科技发展的潮流。同时，新技术的影响不仅限于生产生活领域，而且对于国家治理领域的巨大影响正日益显现。积极运用新技术手段丰富国家治理实践，已经成为新时代的必然要求。中国已经是一个网络大国，并正在向网络强国迈进，可以预见的是，新技术与法治的互动还将在未来很长一段时间内继续和深化。

四、新理念与生态法治的兴起

新时代的一个深刻变革体现在发展理念上，创新、协调、绿色、开放、共享的发展理念作用于法治建设，给法治的发展带来了新的生机。2017 年法治动态的一个全新特点是，环境保护、生态文明建设受到前所未有的重视与关注，相应的立法与政策的出台愈加频繁。

在环境保护执法和管理领域，各部门更加频繁地联合起来打击环境违法犯罪，并加强对河流的保护和对洋垃圾的管理。在立法方面，关于环境保护的公益诉讼制度逐渐建立，矿业得到更有力的规制，环境保护税法的出台提供了一个规制的经济法手段。在司法领域，最高人民法院发布了若干资源审判的案例，并发布了《中国环境资源审判（2016—2017）》白皮书。这一系列举措共同构筑了新时代依法保护生态环境的长城。

（一）环境保护执法与专业管理

1. 联合打击环境违法犯罪

2017 年 1 月 25 日，原环境保护部、公安部和最高人民检察院联合发布《环境保护行政执法与刑事司法衔接工作办法》（以下简称《办法》）。《办法》针对环保与司法部门的合作对接机制，在依法惩治环境犯罪行为时如何进行案件移送、如何配合等方面做出了更加明确详细的规定。在《办法》中，针对涉及环境犯罪案件，进一步明确了案件移送程序与环保部、公安部、最高人民检察院之间的具体职责，特别是检察院要对符合逮捕、起诉条件的环境犯罪嫌疑人及时批准逮捕、提起公诉，切实履行监督职能，同时还明确了三部门的分工协作机制，完善了信息共享机制。《办法》针对实践中分工不明、流程模糊、监督不善、信息不通等问题，提出了细化方案，在对基础法律程序的明确规定和严格把控基础上，提出协作机制与信息共享机制的建设，进一步明确了在案件调查审理过程中三部门的分工和责任，并提升信息沟通的透明度，完善行政执法与刑事司法的衔接，为联合全方位打击环境犯罪提供保障。尤其是《办法》中关于检察院职责、分工的具体规定，为之后的公益诉讼改革提供了先行的实践指引和实践检验。

2. 河流保护与禁止洋垃圾入境

自2016年12月中共中央办公厅、国务院办公厅印发《关于全面推行河长制的意见》以来，截至2017年2月底，陕西、湖南、北京、四川、湖北、河北等多省市出台推行“河长制”的落地细则。根据工作安排，河长制在2017年年底全面启动实施。河长制是以保护水资源、防治水污染、改善水环境、修复水生态为主要任务，全面建立省、市、县、乡四级河长体系，由各级党政主要负责人担任“河长”的工作机制。“河长”为河流保护与管理的第一责任人，其主要职责是督促下一级“河长”和相关部门完成河流生态保护任务，协调解决河流保护与管理中的重大问题。

河长制的推进，能够有效避免部门之间相互推诿、扯皮的现象，突破了现有的监管体制局限，为统筹上下游、左右岸、水上和岸上系统治理提供了契机和可能。不同于河长制的改革，此次更多的是对国内企业、个人在环境污染行为的规制与管理，我国在2017年特别引发全球关注的是，禁止洋垃圾入境政策的出台与实施。

2017年7月27日，国务院办公厅印发《关于禁止洋垃圾入境推进固体废物进口管理制度改革实施方案》（以下简称《方案》），要求全面禁止洋垃圾入境。《方案》要求完善进口固体废物管理制度，加强固体废物回收利用管理，大力发展循环经济，切实改善环境质量，维护国家生态环境安全和人民群众身体健康。

2018年3月，生态环境部召开了第一次部常务会议，审议并原则通过《关于全面落实〈禁止洋垃圾入境推进固体废物进口管理制度改革实施方案〉2018—2020年行动方案》《进口固体废物加工利用企业环境违法问题专项督查行动方案（2018年）》《垃圾焚烧发电行业达标排放专项整治行动方案》。上述三个方案为禁止洋垃圾入境的具体执法与管理提供了行动依据。当然，在我国公布并实行禁止洋垃圾入境这一决定后，引来了以美国、日本等原本向中国大量出口洋垃圾国家的各种声音，但是全面禁止洋垃圾入境不是一时性的政策，未来我国对相关垃圾处置方面的管理只会更加严格。中国积极为世界发展做出应有贡献，但不会以牺牲本国合法的生态利益为前提或代价。拒绝洋垃圾，既是保障我国生态环境安全、维护群众健康的基本措施，也是各地调整产业结构、落实绿色发展理念的基本要求。

（二）环境保护的立法推进

1. 公益诉讼深入发展

2017年6月27日，十二届全国人大常委会通过修改民事诉讼法和行政诉讼法的决定，由此，我国以立法形式正式确立了检察机关提起公益诉讼的制度。事实上，从党的十八届四中全会提出要探索建立检察机关提起公益诉讼制度到此次人大常委会决定修改，中间这段时间的试点工作显示出公益诉讼的成效显著——检察机关提起公益诉讼制度不仅有助于保护生态环境，保障和改善民生，而且促进了依法行政和法治政府的建设。其一，试点地区检察机关从源头上推动解决了一批舆论高度关注、人民群众反映强烈、对生产生活影响严重的“老大难”问题。从生活垃圾处理、饮用水安全、食品药品卫生等关系人民群众切身利益方面入手，探索出了司法保护公益的中国道路，在完善保护国家利益和社会公共利益的法律制度体系的同时，也强化了检察机关的法律监督职能。其二，检察机关通过提出诉前检察建议督促行政机关依法履行职责，增强了行政机关依法行政的主动性和积极性，有效督促行政机关依法行政、严格执法。其三，在行政机关不纠正违法或怠于履行职责的情况下，检察机关通过提起公益诉讼的方式，督促行政机关依法履行保护公益职责，弥补了行政公益诉讼的主体缺位，增强了公益保护的刚性。

从制度运行实践来看，行政案件占案件类型总数的绝大部分。从案件领域来看，修改后的民事诉讼法、行政诉讼法规定的四大重点领域均有涉及，其中生态环境和资源保护领域案件占到六成以上。从制度试点到正式出台，作为公益诉讼中的“国家队”，各地检察机关在实践中积极探索具有中国特色、符合检察职能特点的公益诉讼制度。但是，随着我国司法体制的推进，公益诉讼可能因此而涉及隐含的问题，譬如，在检察院拥有自侦权的前提下，将公益诉讼交给检察院是一个重大战略考量，但在即将推开的监察体制改革中，检察院的自侦权将被剥离，公益诉讼如何继续顺利推进，将成为未来司法体制改革的一个难题。两部法律的修改，标志着这一制度在法律层面上的正式确立，但实践证明，公益诉讼制度的真正规范运行还有待进一步磨合与完善。

2. 矿业权市场的规制

2017 年 7 月 27 日，《最高人民法院关于审理矿业权纠纷案件适用法律若干问题的解释》（以下简称《解释》）发布，《解释》对矿业权的取得、矿业权出让合同的效力与解除等内容都做了全面、明确、细致的规定，对适应矿业权市场发展需求、促进生态文明建设、统一裁判规则，势必发挥有利作用。《解释》确立了矿业权纠纷案件的审判理念：审理此类案件时，法院应当突出矿业权的物权属性，适当分离矿业权的财产属性和行政许可属性，注意该领域产业的负外部性。《解释》规定矿业权抵押合同自成立时生效，抵押备案可视为登记，还规定了人民法院可以拍卖、变卖矿业权或者裁定以矿业权抵债。其中，关于矿业权人不履行环保等义务可认定合同无效的规定，充分显示了《解释》对生态文明建设理念的遵循与重视。《解释》的出台，对于进一步完善矿政管理制度、促进矿业的绿色可持续发展、加强生态环境保护有着重要意义。

3. 环境保护税法与生态环境赔偿制度的试行

《环境保护税法》从2018年1月1日起正式实施，新法通过“费改税”增进我国环境保护工作实效和制度建设。尽管《环境保护税法》早在2016年就经全国人大常委会通过，但是实施日期却定于2018年1月1日，这也从侧面说明我国环境问题的复杂性和相关工作推进的艰难性。不同于之前相关法规区分重点和非重点纳税人的做法，在修改后的《环境保护税法》中，纳税人覆盖到所有行业，并积极探索对其他污染物征税的可行性。税率的确定更加注重项目和地方差异，在税政统一基础上，适当下放税政管理权。同时，根据现有情形，《环境保护税法》明确并统一了税收减免的情形。征收管理也得到进一步规范，建立起环境保护税征管协作机制。总之，“税负平移”的思想奠定了此次改革的基本特征是一次典型的渐进式政策演进，在原有的排污收费政策基础上，相对快速地实现了改革的推进，对我国的生态文明建设发挥了积极的作用。

同时，中共中央办公厅、国务院办公厅印发《生态环境损害赔偿制度改革方案》（以下简称《改革方案》），要求自2018年1月1日起在全国试行生态环境损害赔偿制度。《改革方案》细化生态环境损害赔偿的适用范围，明确启动赔偿工作的标准；将赔偿权利人由省级政府扩大至市地级政府；进一步健全了磋商机制，规定了“磋商前置”程序。在全国范围内试行生态环境损害赔偿制度将有效落实环境保护法所确立的损害担责原则，破解“企业污染、群众受害、政府买单”的困局，有效遏制“公地悲剧”的发生，同时弥补了现有制度漏洞。据现有规定，归属国家和集体所有的自然资源仅限于矿藏、水流、森林、山岭、草原、荒地、滩涂等，难以涵盖所有的生态环境类型，而且缺乏对具体索赔主体的规定。另外，生态环境损害赔偿制度的最终归途是明确的立法规定，但目前立法条件尚不成熟，需要进一步在全国范围内试行生态环境损害赔偿制度，为下一步立法积累经验。

（三）环境资源领域的司法实践

1. 最高法发布环境资源典型案例

2017 年 6 月 22 日，最高人民法院发布宁夏回族自治区中卫市沙坡头区人民检察院诉宁夏明盛染化有限公司、廉兴中污染环境案等 10 起环境资源刑事、民事、行政典型案例。此次发布的典型案例涉及非法捕捞水产品，非法杀害珍贵、濒危野生动物案件，大气、海洋、渔业资源污染，环境公益诉讼，环境行政处罚等纠纷，涵盖大气、水、渔业、野生动物等环境要素和自然资源，类型包括公益诉讼和私益诉讼，涉及刑事、民事、行政三类案件，对于统一环境资源案件裁判标准、完善审理规则将起到较好的指导作用。

2. 最高法发布环境资源审判白皮书

2017 年 7 月 13 日，最高人民法院发布《中国环境资源审判（2016—2017）》（白皮书），系统介绍了法院环境资源审判工作的开展情况。白皮书揭示了各级法院自 2016 年以来，发挥环境审判工作职能、保障生态安全和环境权益的重要作用。白皮书详细介绍各类环境资源案件的审理情况，勾勒出环境资源审判的体制机制建设，同时介绍了各级法院审理环境资源刑事、民事、行政案件的情况。从公布的数据来看，各级法院显然加大了对污染环境、破坏生态违法犯罪行为的打击力度，同时更加注重维护人民群众的人身、财产权利和其他各项权益。白皮书还介绍了各级法院审理环境公益诉讼案件和省级生态环境损害赔偿诉讼案件的情况，以及各级法院推进环境资源审判专门体系建设的情况。环境审判日益成为环境保护的重要依托，司法专业化在环境保护中所可能发挥的预防功能和事后惩治功能将伴随着环境审判案件的日益增多和复杂化愈加得以体现，同时也为深化司法体制改革注入新的活力。

（四）舆论与环境保护工作的互动

河长制的实施要真正发挥作用，不流于形式，需要坚持问题导向、因地制宜、精准施策，推进相应配套法律法规的完善。有专家提出，为了让河长制更好地在法律方面发挥作用，下一次修改水法和水污染防治法时，可以将现行的监管体制和河长制有机地衔接起来。在河长制的实施过程中，存在各种不确定的因素，可能会导致河长产生争执决策失误和在决策执行过程中失职的现象。因此，建立社会监督机制，充分发挥群众的作用是非常重要的。作为“第五种权力”，媒体是以互联网为代表的重要舆论源地，为环保话题生成提供了多种途径和渠道，并使其内容形态和话语方式对公众产生了更为直接、激烈和持久的影响，为了解当下社会民生、民意、民情打开了重要窗口。

2017 年是中国环保事业向前迈进的一年，但环境问题仍然不容乐观，环保舆情主题涉及空气污染、水源污染、垃圾处理、生态环境破坏、企业排污等方面，地域覆盖华北、东北、西北等地区。在互联网电子社区、“两微一端”等公共领域，环保舆情成为公众的重大关切。互联网不仅加快了舆论信息流动，而且活跃了人与人之间的交往关系，激发了人们对网络赋权功能的认知和共享，并在重大事件中起到感召、动员作用，形成了一股不可忽视的参与力量。但我们也应该看到，这股力量虽然强大，却存在无知与盲动的风险，甚至会误入歧途。如果有关部门和机构的环境信息公开不到位，社会沟通渠道不畅通，应急和处置机制不健全，忽视或不能与公众日益高涨的参与热情相匹配，那么客观上就会加大舆论场域的冲突和质疑情绪。环保舆情危机的破解之策在于，从根本上消除公众疑虑，化解社会不信任感及其所造成的潜在忧虑，推动社会多元利益主体的理性共识，回归网络民主正途。

由于舆论危机往往爆发突然、发展迅速，如果等到危机来临之时才想到如何应对，就会乱了阵脚，错失危机处理的最佳时机。凡事预则立，不预则废。建立环保舆论危机处理预案制度，是妥善处理环保舆论危机的重要保证。环境突发事件及其舆情的应对，需要充足的应急资源以及专业的人力储备，因此，应建立健全突发事件应急管理组织体系，建设前后衔接、功能齐全、综合配套、运转灵活的舆情危机管理体系，并设立分管部门，对环境突发事件进行实时信息监测和预警研判。

党的十九大报告明确提出，加强对生态文明建设的总体设计和组织领导，设立国有自然资源资产管理和自然生态监管机构，完善生态环境管理制度，统一行使全民所有自然资源资产所有者职责，统一行使所有国土空间用途管制和生态保护修复职责，统一行使监管城乡各类污染排放和行政执法职责。2018 年，国务院机构改革方案中，涉及生态文明体制改革的内容更加引人关注。根据改革方案，组建自然资源部、生态环境部、国家林业和草原局，不再保留国土资源部、国家海洋局、国家测绘地理信息局、环境保护部、国家林业局等部门。其中，国家林业和草原局加挂国家公园管理局牌子，由自然资源部管理。这部分内容属于机构方案的一大亮点，体现了党中央和国务院建设美丽中国的坚强决心。当然，我们也应当认识到，此前不同部门之间的协调问题，现在变为部门内部的协调问题，这依然需要一个长期的磨合和适应过程。生态环境部与自然资源部在生态部分尚存在不少管理交叉的问题，这些问题也有待未来进一步解决。

实现环境保护和生态文明建设，需要立法、司法和执法管理的深入改革与良性互动。对我国环境保护事业而言，这不仅仅意味着生态资源的持续保留，而且有利于从源头上破解我国资源环境瓶颈约束，提高发展质量，实现永续发展。

五、司法体制改革永不停歇

党的十八大以来，中央高度重视司法体制改革，做出了一系列重要指示，为全面深化司法体制改革提供了根本遵循。第三轮司法体制改革经过5年的锤炼与发展，已到了攻坚克难的关键时期。司法管理体制、司法运行机制、诉讼制度改革及人权保障等改革内容，其中任何一项都不是孤立进行的，需要其他改革的成果做基础，环环相扣，全面深化司法体制改革也意指注重司法体制改革内部的协调互动、平衡发展，坚持顶层设计和地方探索相结合，重点突破和整体推进相统一，方案制定和督察落实相衔接，改革创新和于法有据相呼应。

2017年，司法责任制改革基本完成，特别是员额制改革的全面完成，意味着司法改革攻坚战的阶段性胜利。可见，以审判为中心的改革逐步取得制度化的保障。在诉讼程序上，严格规范对非法证据的排除适用，进一步规范量刑具有重要意义。就检察机关而言，除了进行与法院类似的责任制改革外，还完善了公益诉讼的职能，使得法院、检察院相互配合、互相监督，以保障新时代法治建设的推进。

（一）司法责任制改革基本完成

2015年9月，《最高人民法院关于完善人民法院司法责任制的若干意见》发布，最高人民检察院发布《关于完善人民检察院司法责任制的若干意见》，由此拉开了司法责任制的改革大幕。司法责任制的核心要义是“让审理者裁判，由裁判者负责”，让法官、检察官对办案质量终身负责，着力解决过去审者不判、判者不审、权责不明、责任分散等问题，革除司法行政化的弊端。

对此，2017 年最高人民法院于在 2015 年已出台的《最高人民法院关于完善人民法院司法责任制的若干意见》基础上又印发了《最高人民法院司法责任制实施意见（试行)》等指导性文件，以及《最高人民法院关于落实司法责任制 完善审判监督管理机制的意见（试行)》《最高人民法院关于加强各级人民法院院庭长办理案件工作的意见（试行)》等配套性文件，为各级法院完善司法责任制改革提供了基本遵循。如在案件裁判文书的制作、签署问题上，《最高人民法院司法责任制实施意见（试行)》既对承办法官、合议庭其他法官和审判长制作、签署裁判文书的权限做出具体规定，又明确院庭长对未直接参加审理案件的裁判文书不再审核签发，也不得以口头指示、旁听合议、文书送阅等方式变相审批案件。与此同时，各级法院通过制定出台院庭长等各类司法人员岗位职责和权力清单，规范院庭长行使审判管理权与审判监督权的权力边界和行权方式，完善主审法官、合议庭办案机制，改革审判委员会运行机制等，使案件“审理者”与“裁判者”归为一体，长期以来掣肘司法公正的行政化痼疾顽症得到了有效解决。除此之外，院庭长办案制度的建立和落实，还使院庭长由以往“幕后”审批案件变为必须亲临办案一线，突出了这些法院“关键少数”作为员额法官应承担的主责主业，进一步充实了一线办案力量，优化了司法资源的配置。而调整审判委员会讨论案件范围，对合议庭处理意见分歧较大的案件及重大、疑难、复杂、新类型等案件而言，更多的不是由审判委员会来决定，而是通过由资深法官组成的专业法官会议讨论后向合议庭提供参考意见，赋予承办法官、合议庭完整的定案权，从根本上解决“审者不判、判者不审”的问题。

员额制是实现司法责任制的前提，法官员额制改革也是司法责任制改革最难的一个环节。员额制改革的全面完成，标志着司法改革攻坚战取得了初步胜利，司法责任制改革的基础工程奠基完成。但随着大量法官离职，司法服务系统的立案审核制改为立案登记制，出现了法院受理案件数量突增而法官数量大幅减少的矛盾局面。为保证办案时效与质量的协调发展，需确保入额法官的政治素养、专业素质、办案能力、职业操守跟得上时代的需求，担得起改革的重担。因此，需要进一步明确员额法官、各类审判组织与人员的职责清单，全面规定合议庭和审判团队、专业法官会议、赔偿委员会、审判委员会等组织的基本设置和职能定位，对案件收案、立案、分案、庭审、送达等全部环节做出细化规定，规范审判权运行。在规范之外，要注意面对大量有时效性的案件，应当给予法官适当的自由裁量权，司法责任制改革将责任落实到法官个人，绝不意味着对其合法合理的裁量空间的压缩。深化改革需要考虑到改革可能带来的负面效应及容易被其忽略的相对面，完善司法责任制改革不仅是对内部各环节的进一步完善，而且要抑制相对负面效果的延伸。

（二）以审判为中心的司法改革

1. 严排非法证据

2017 年 6 月 27 日，最高人民法院、最高人民检察院、公安部、国家安全部和司法部联合发布了《关于办理刑事案件严格排除非法证据若干问题的规定》（以下简称《规定》），从实体和程序方面为排除非法证据确立了明确、可操作的规则，为进一步遏制非法取证行为、防止冤假错案的发生提供了立法保障。同时，为推进以审判为中心的诉讼制度改革提供了遵循依据，有利于提升刑事司法制度科学化、规范化水平。

证据是诉讼的基础，更是刑事诉讼的灵魂所在。非法证据是指以刑讯逼供或威胁、引诱、欺骗以及其他非法方法收集的证据，历来是刑事辩护的重要领域。刑讯逼供、非法取证属于违反法定程序的行为，破坏了刑事诉讼程序的正当性和合法性，同时严重侵犯人权，极易造成冤假错案。从早年的孙志刚案到后来的佘祥林案、聂树斌案、呼格吉勒图案，都与非法证据的推波助澜脱不开干系。虽然这些案件最终沉冤昭雪，但迟来的正义非正义。它们给社会和谐稳定带来的强烈冲击，对司法权威公信造成的巨大损害，久难平复。

其实早在2010年，《关于办理刑事案件排除非法证据若干问题的规定》的出台，就标志着我国非法证据排除规则的正式确立。2012年，刑事诉讼法修改，将非法证据排除规则纳入立法层面。但由于法律规定侧重原则性，各政法部门的理解和认识存在分歧，在一定程度上影响了法律的实施效果。在当前推进以审判为中心的诉讼制度改革背景下，严格排除非法证据，提高刑事案件的办案质量，保障诉讼参与人合法权益，防止冤假错案，促进司法公正，出台具体可操作的规定显得尤为必要。

此次《规定》明确了非法言词证据排除的范围，初步确立了重复性供述的排除规则，并规定严格执行提讯登记和收押体检制度，从源头上防范刑讯逼供和非法取证行为的发生。此外，《规定》确立了庭前会议的初步审查功能，确保进入法庭证据的合法性。《规定》为确保犯罪嫌疑人、被告人认罪认罚的自愿性与真实性，强化了对辩护权的保障。这些内容重点解决了非法收集的言辞证据可采性的问题，但对当前实务中和理论上一些争议较大的问题，如疲劳审讯、超期羁押以及引诱、欺骗性取供，都未从正面予以明确规定。同时，《规定》对于非法收集的实物证据如何排除，仍基本重复了刑事诉讼法的原有表述，未能提出具体方案。这些遗憾还有待随着进一步的司法实践，以更加深入、成熟的研究方案来解决。

2. 二次性复合量刑带动量刑规范化改革

2017年4月1日起，《关于常见犯罪的量刑指导意见》（以下简称《量刑意见》）开始实施。2017年5月1日，全国第二批试点法院对危险驾驶等8个罪名进行量刑规范改革试点。为实现公正、均衡的量刑目标，从 2004 年开始，一些地方就开始了量刑规范化改革的探索。2010 年 9 月，最高法、最高检、公安部、国家安全部、司法部联合出台了《关于规范量刑程序若干问题的意见（试行)》，对于量刑意见的提出、量刑事实调查、法庭辩论、量刑裁判说理等问题进行了规范。此次《量刑意见》的修订，总结了多年的量刑实践的经验。在内容上，以二次性量刑方法取代一次性笼统量刑：第一步考虑法定量刑情节，为犯罪选择一个与之相适应的基本刑；再根据酌定量刑情节对法定基本刑做必要的调整；最后再将二次量刑的结果进行复合确定宣告刑。在程序方面，《量刑意见》明确将量刑活动纳入法庭审判程序，探索建立相对独立的量刑程序，即要求法官应当听取控辩双方以及其他当事人提出的量刑建议或意见，保障被告人能够获得充分的量刑辩护权，人民法院在判决文书中应当说明量刑的理由。

非法证据排除规则以及量刑规范化改革是以审判为中心的刑事诉讼制度改革的具体化，也是深化司法责任制改革的重要体现，突出了对犯罪分子人权保障的重视，但对犯罪嫌疑人、被告人的人权保障远不止这两方面，刑事司法改革的力度和范围有待深化。

（三）检察机关公益诉讼常态化

2017 年 6 月 27 日，全国人大常委会审议决定修改《民事诉讼法》和《行政诉讼法》，正式确立检察机关提起公益诉讼的制度。检察机关提起公益诉讼制度的确立经历了一个典型的“中央决策—人大授权—试点推进—修法确立”的试点改革过程。2014 年 10 月召开的党的十八届四中全会提出，探索建立检察机关提起公益诉讼制度。2017 年 6 月底，两年试点期限届满，全国人大常委会修改《民事诉讼法》和《行政诉讼法》，规定在民事诉讼中检察机关可以提起民事公益诉讼或支持起诉，在行政诉讼中可以提出检察建议和提起行政公益诉讼，从而正式确立这一制度并使其进入常态化运行。这在很大程度上完善了我国的公益诉讼制度，对完善我国法治监督体系产生深远影响。

近年来，我国环境保护、食品药品安全等关系群众切身利益、社会公共利益领域的案件多发，引起社会高度关注。在实践中，当社会公共利益遭受侵害时，缺乏直接的利害关系人采取有效手段对其加以维护。鉴于此，2012年修改后的《民事诉讼法》正式规定，允许“法律规定的机关和有关组织”，“对污染环境、侵害众多消费者合法权益等损害社会公共利益的行为”提起民事公益诉讼。但公益组织力量薄弱，在面对侵害社会公共利益的重大事件时往往心有余而力不足，导致由社会组织和个人提起的公益诉讼效果不佳，迫切需要“国家队”的援助。人民检察院是我国宪法规定的“国家法律监督机关”，建立检察机关提起公益诉讼制度，由检察机关作为公共利益的代表人提起公益诉讼，不仅符合检察机关的法律定位，而且可以有效拓展其检察监督职能。

2017 年 2 月，《最高人民法院关于民事执行中财产调查若干问题的规定》发布，进一步规范财产调查完善失信名单制度。党的十八届四中全会提出，切实解决执行难问题，加快建立失信被执行人信用监督、威慑和惩戒法律制度，依法保障胜诉当事人及时实现权益。对此，最高人民法院连续出台多部司法解释以系统性地解决执行难问题。此外，最高人民法院 2017 年发布三批次指导性案例，包括知识产权相关案例、对有毒有害非食品原料的认定、拒不执行判决裁定行为的时间起算点、企业破产案件中工程款优先受偿等问题的相关案例，供各级法院参考。

人民法院司法改革在取得阶段性成效的同时，也不断面临着新的问题和挑战。一些改革发展不平衡、落实不到位的情况仍然存在，部分改革配套不完善、推进不系统的问题还较为突出，新一轮科技革命对司法改革亦有着广泛影响。党的十九大报告鲜明提出“深化司法体制综合配套改革，全面落实司法责任制，努力让人民群众在每一个司法案件中感受到公平正义”。党的十九届三中全会通过的《中共中央关于深化党和国家机构改革的决定》提出“深化司法体制改革，优化司法职权配置，全面落实司法责任制，完善法官、检察官员额制，推进以审判为中心的诉讼制度改革，推进法院、检察院内设机构改革，提高司法公信力，更好维护社会公平正义，努力让人民群众在每一个司法案件中感受到公平正义”。这为司法体制改革的下一步发展提供了政策指引。党的十九大以来，人民法院司法体制综合配套改革已在上海先行试点；《关于加强知识产权审判领域改革创新若干问题的意见》由中共中央办公厅、国务院办公厅印发；建立“一带一路”争端解决机制和机构的意见已经由中央深改组审议通过；司法人员职业保障配套制度正在协调落实；人民法院内设机构改革加快推进；基本解决“执行难”并深入攻坚；人民法院信息化 3.0 版和智慧法院建设如火如荼；《人民法院组织法》《法官法》《人民陪审员法》等法律修改正在推进，司法体制改革正在全面深化。

六、结语

党的十九大报告对新时代的基本判断是重要的战略机遇期，前景十分光明，挑战也依然严峻。

第一，在肯定基本建成法治政府建设成就的同时，我们应该重视区域之间的差异性。研究表明，我国东、中、西部法治政府建设水平的差距在拉大，而这存在着影响中国法治平衡和统一的可能，给顶层设计提出了更为复杂艰巨的要求，既要有宏观的政治视野，又应该兼顾地区之间发展水平的差异，兼顾地区之间对法律这一公共服务需求的差异。此外，重大的决策应该容纳更多的公共讨论，以广泛地吸取意见建议。任何事关全局的顶层设计都是十分复杂又艰巨的，不仅要有强有力的政治意志予以贯彻推动，而且要广泛吸取智慧，赋予实践最大限度的审慎。

第二，在肯定新技术更广泛地服务于司法的同时，我们应该对新技术本身有更为审慎的了解，避免“技术万能论”的盲目乐观，我们应理性地对待智慧法院、人工智能、大数据等新概念可能带来的巨大泡沫。在实践中，智慧法院带来的试点意义是非常有限的，大数据的基础还不坚实，司法数据仍然是闭环流动而非开放共享，人工智能更多只是处理简单的文本工作，而非辅助或取代人进行裁判量刑。毕竟，法律的智慧来自法官而非技术公司，法院的人工智能说到底是为法官的智慧提供一个整合的工具。我们更应该警惕的是将新技术在司法中的应用作为一项政绩工程，在还没有搞清楚人工智能的实质含义的时候，就过分超前地以“法律与人工智能”为发展方向。我们应该避免这种浮躁的态度，戳破概念泡沫背后的真相，让技术的工具属性回归本真。

第三，在肯定法治建设中贯彻关注生态环境的绿色发展理念的同时，我们应该注意这是一场长期、艰巨的持久战。生态环境问题很大程度上是以往片面追求经济效益的结果。有鉴于此，当务之急是转变政府的职能，发展环境友好型经济，贯彻绿色发展新理念。只有转变政府职能，司法、立法和行政才能形成合力，在生态环境保护中形成良性互动。此外，就环境公益诉讼而言，目前还是过于依赖“国家队”，即国家检察机关，虽然弥补了之前公益诉讼主体的缺位，但是依然没有有效地动员社会力量参与到生态环境保护中来。能够切实感受到生态环境的威胁、有动力维护自身合法权益的，其实是公民、集体和企事业单位。因此，为了打赢这场绿色发展持久战，充分调动来自社会的积极性是一条必由之路。

第四，在肯定司法改革日新月异的成就的同时，我们应该对司法仍然面临的问题保持清醒。司法改革在某种程度上是以动摇司法系统的安定性为代价，换取一种可能要在较长的时期之后才能获得的制度收益。在员额制改革的初期，就出现了很多法官出走的现象，一些研究表明，员额制改革并没有缓解案多人少的困境，相反，确立立案登记制之后的司法机关出现了案件数量激增的现象，与相对较小比例的入额法官人数形成了鲜明反差。同时，法官的待遇没有显著提升，法官这一职业对于法学院毕业生缺乏吸引力，一个很大的问题在于司法改革缺乏一个明朗的前景，对于青年择业者缺乏一个稳定乐观的职业预期。总体而言，司法改革还在路上，法院系统还难以承担与全面依法治国相适应的政治责任。

总的来说，新时代的法治前景是光明的，但挑战也是艰巨的。我们的法治体系依然不够健全，这就是为什么党的十九大报告中给了一个近20年的发展目标，到2035年基本建成法治国家，法治政府，法治社会。这样长远而审慎的规划应该给我们以信心，不忘初心，继续前行。

第二部分 中国法治重要领域进展报告（2012—2017）

2012年

新一轮金融改革将民间金融纳入法制轨道

“新刑诉”聚焦防控冤假错案

中国强化海疆常巡执法机制

国务院推进农业保险立法

中国三一集团引领中企迎接“走出去”的法律战

党的十八大报告提出法治新思想

“营改增”试点推动财税法治变迁

习近平论宪法与法治

全国人大首次出台“网络信息保护12条”

新一轮金融改革将民间金融纳入法制轨道

继2012年3月末温州“金改十二条”正式获批之后，中国金融改革迎来“四月热潮”：中央层面，时任国务院总理温家宝、时任国务院副总理王岐山、时任央行行长周小川、时任证监会主席郭树清等高层密集表态①；地方层面，温州、深圳、天津、上海等重要经济城市动作不断。以温州试验为典型，2012年兴起的新一轮金融变法，以服务实体经济为导向，将民间金融纳入法制轨道，力图探索出地方金融体系稳中升级的新制度图景。

一、战略背景："金改"路线从自身建构转向服务实业

中国金融改革肇始于20世纪80年代。从建立金融机构、市场与调控监管三大体系到国有银行商业化改革，从引进现代银行制度到发展资本市场和保险市场，从拓展城市金融体系到改善农村金融面貌，金融改革主要着力于构建金融行业自身体系，其在促使中国金融业迅速崛起的同时，也遗留了银

① 张佳玮、张睿："温家宝：积极考虑将温州民间金融作为综合改革试点"，载“浙江在线”，2012-03-15；新华社："王岐山：希望上海加快金融改革创新"，载《上海证券报》，2012年4月23日；郭璐、张庆源："抢滩金融改革：地方角逐金改如何改写未来金融版图"，载《财经国家周刊》，2012年5月4日。

行金融垄断、民间金融失序、投资虚拟化等内部隐患。国际金融危机爆发以后，伴随2009年至2010年扩张性财政政策和货币政策的推行。2011年中央收紧货币政策，金融扭曲负面效应迅速凸显：大量银行信贷脱“实”入“虚”，宏观经济陷入结构性困境，呈现出实体经济产业空心化而虚拟经济自我循环膨胀的趋势，同时金融风险陡增，2011年下半年浙、苏、闽、豫、粤、内蒙古六省（自治区）部分地区接连爆发了民间借贷危机。形势急转之际，2011年底中央经济工作会议强调“牢牢把握发展实体经济这一坚实基础”，2012年1月第四次全国金融工作会议则提出了以“坚持金融服务实体经济的本质要求”为首的“五个坚持”原则。[①] 从突出自身建构转向强调服务实业，这一战略目标调整成为此轮“金改”的路线重心。

二、各界共识：破垄断、放管制解开“金改”制度枷锁

2008年之后，围绕“金融现代化”“金融革命”“金融大国转型”等提法，金融改革渐成舆论热点；到2011年改革议题更为具体，针对打破金融垄断、民间金融合法化、利率市场化等问题，官方和舆论既有共识也有分歧。共识方面，各方一致认为应打破金融垄断并放开民间金融管制，促使民间金融法制化、阳光化，从制度上根本改变金融扭曲现状。针对民间借贷危机，以“吴英案”等案件为焦点，一大批经济学者、知名财经评论家等社会人士，以及各大媒体报章纷纷声讨现行金融垄断体系，呼吁民间金融合法化。高层亦予明确回应，2012年全国两会期间，时任国务院总理温家宝提出“应该引导、允许民间资本进入金融领域，使其规范化、公开化，既鼓励发展，又加

---

① “五个坚持”原则，是指坚持金融服务实体经济的本质要求、坚持市场配置金融资源的改革导向、坚持创新与监管相协调的发展理念、坚持把防范化解风险作为金融工作生命线、坚持自主渐进安全共赢的开放方针。参新华社：“全国金融工作会议在京召开”，载《人民日报》2012年1月8日第1版。

强监管。”[①] 2012 年 4 月初，他又直陈国有银行垄断之弊，强调“中央已经统一思想打破垄断”。[②]

三、温州试验：在法制出口中拓展“金改”版图

在上述背景下，温州、深圳先后以服务实体经济为导向提出各自“金改”方案。《浙江省温州市金融综合改革试验区总体方案》（以下简称《方案》）确定了 12 项任务，为民间金融和地方金融两大改革领域疏通了法制出口：一是实现民间金融的制度晋位，促其法制化、阳光化，以《方案》第一项至第四项为框架。其中，第一项定位民间金融的合法性存在，赋予了温州制定民间融资管理办法和建立备案制度及监测体系的“立法权”；第二、三、四项解决民间资本出路问题，为其依法进入新型金融组织和创设专业投资管理机构以及个人境外直接投资亮出“绿灯”。《南方周末》评论：“打通民间资本与实体经济之间的血脉通道，成为改革的重中之重。”二是推进地方金融的机制升级，强化服务、信用、监管和风险防控四重体系，以《方案》第五项至第十二项为框架。其中，为完善金融服务实体经济机制，第五、六、七、八、九项分别从改革地方金融机构，发展面向小微企业和“三农”的多层服务体系，培育地方资本市场、债券市场和保险市场等角度提出探索方向；第十项提出从政务诚信、商务诚信、社会诚信和司法公信四方面重塑温州信用；第十一项、十二项则强调地方政府的监管职能和风险防控责任，为顺利推进试验提供制度保障。尽管《方案》仅提供了基本框架，但其释放出较大的创制空间，遂被业界人士寄予厚望。中国金融博物馆理事长王巍认为，《方案》表明了中央坚定市场经济改革的决心，很有可能成为重要里程碑。

① 新华社．温家宝谈吴英案：应允许民间资本进入金融领域[N]．新京报，2012-03-15.

② 京华时报社．温家宝：银行获利太容易中央已决定打破垄断[N]．京华时报，2012-04-04.

中国“新金改”终于迈出重要一步。未来改革走向尚难定论，其必将面临改革试错的各种不确定性。此前中央欲以新旧两个“非公经济三十六条”放宽民资进入金融，但都未解金融扭曲之困；历史上温州曾一度作为先行者探路“金改”，结果却屡遭失败，陷入金融险境。而今同样面对利益博弈和力量角逐，温州能否转危为安并为全国改革开拓新路，最终实现“官”“民”共洽、“虚”“实”相济的改革目标，不仅要靠顶层设计与底层探路的意志贯通，还要最大限度地凝聚社会共识，以发展合力扫除重重阻碍、焕发勃勃生机。

（文/张佳俊）

“新刑诉”聚焦防控冤假错案

2012年3月14日，十一届全国人大五次会议高票通过《刑事诉讼法修正案（草案）》（以下简称“新刑诉”），这是继1996年第一次修改刑诉法后对该法的第二次大修，涉及条文达半数以上。此次修法主要内容集中于预防和控制冤假错案，围绕参与刑事诉讼的三个主体分别做出制度设计，以期最大限度地避免冤案错案发生。

首先，对于侦查机关和公诉机关，规定不能强迫自证其罪和非法证据排除两项制度。

新刑诉第四十九条、第五十三条基本总结了此前五部门出台的司法解释和规定，正式禁止了侦查机关刑讯逼供以及学界基本达成共识的“非法证据排除规则”。其中规定：“采用刑讯逼供等非法方法收集的犯罪嫌疑人、被告人供述和采用暴力、威胁等非法方法收集的证人证言、被害人陈述，应当予以排除。违反法律规定收集物证、书证，严重影响司法公正的，对该证据应当予以排除。在侦查、审查起诉、审判时发现有应当排除的证据的，应当依法予以排除，不得作为起诉意见、起诉决定和判决的依据。”第五十四条至第五十七条则引入了证据合法性审查的具体制度。①

其次，对于被告人，一方面将“尊重和保障人权”写入总则，为讯问环节打开“公民沉默权”缺口；另一方面加强律师参与诉讼权利，解决“阅卷难、会见难”问题。

为避免由刑讯逼供所引发的重大冤假错案，新刑诉第一百二十一条规定“……对于可能判处无期徒刑、死刑的案件或者其他重大犯罪案件，应当对讯问过程进行录音或者录像。录音或者录像应当全程进行，保持完整性……”同时，第三十三条加强了被告人寻求律师保护的权利，第三十四条则对“法律援助”做出具体规定。

第三十六至三十九条对律师“会见难、阅卷难”问题做出回应。如第三十七条规定：“辩护律师持律师执业证书、律师事务所证明和委托书或者法律援助公函要求会见在押的犯罪嫌疑人、被告人的，看守所应当及时安排会见，至迟不得超过四十八小时。辩护律师会见在押的犯罪嫌疑人、被告人，可以了解有关案件情况，提供法律咨询等；自案件移送审查起诉之日起，可以向犯罪嫌疑人、被告人核实有关证据。辩护律师会见犯罪嫌疑人、被告人时不被监听。”第三十八条规定：“辩护律师自人民检察院对案件审查起诉之日起，可以查阅、摘抄、复制本案所指控的犯罪事实的材料。其他辩护人经人民法院、人民检察院许可，也可以查阅、摘抄、复制上述材料。”

最后，对于法院，以安全保障与奖惩制度提高证人出庭做证率，并完善死刑复核程序。

加强证人安全保障方面，新刑诉第六十一条规定：“对于危害国家安全犯罪、恐怖活动犯罪、黑社会性质的组织犯罪、毒品犯罪等案件，证人、被害

① 王兆国．关于《中华人民共和国刑事诉讼法修正案（草案）》的说明[OL]．新华网，2012-03-08.

人因在诉讼中做证，本人或者其近亲属的人身安全面临危险的，人民法院、人民检察院和公安机关应当采取以下一项或者多项保护措施：（一）不公开真实姓名、住址和工作单位等个人信息；（二）采取不暴露外貌、真实声音等出庭做证措施；（三）禁止特定的人员接触证人、被害人及其近亲属；（四）对人身和住宅采取专门性保护措施。”证人出庭奖惩方面，第六十二条对证人因履行做证义务而损失的费用予以规定补偿之外，同时在第一百八十七条规定了证人出庭做证的义务：“经人民法院依法通知，证人应当出庭做证。证人没有正当理由不按人民法院通知出庭做证的，人民法院可以强制其到庭……”此外，新刑诉在死刑复核程序上，规定必须询问被告人。第二百三十九条规定：“最高人民法院复核死刑案件，应当讯问被告人，听取辩护人的意见。”在复核死刑案件过程中，最高人民检察院可以向最高人民法院提出意见。

2008 年最高人民法院新一轮司法改革告别了此前其所倡导的“司法理性”旗帜，转向以“司法为民”为主旨，引起部分学者和舆论的不满。以南方报系为主体的媒体接连报道佘祥林、赵作海、“躲猫猫”等冤假错案，引发公众声讨司法公信力，对司法系统形成政治高压。压力之下，最高人民法院、最高人民检察院、公安部、国家安全部、司法部联合出台“两个决定”——《关于办理死刑案件审查判断证据若干问题的规定》和《关于办理刑事案件排除非法证据若干问题的规定》，试图从严格证据规定入手预防冤假错案发生；2010 年 5 月，司法体制改革第 5 次专题汇报会又提出司法机关要“确保每一起案件都经得起法律和历史的检验”。① 在此背景下，此次刑事诉讼法大修将预防控制冤假错案从司法政策上升为法律明文，将有利于司法正义的实现。

（文/孙云霄）

---

① 廖文根．不断完善刑事司法制度不断提高执法办案水平，确保每一起案件都经得起法律和历史的检验[N]．法制日报，2010-05-21.

中国强化海疆常巡执法机制

2012 年 4 月 8 日，多艘中国渔船于中国南海黄岩岛海域遭到菲律宾海军非法登检，引发“黄岩岛领土争端事件”，其后中国海监与渔政部门相继派船前往黄岩岛巡航执法，与菲船舰形成对峙。4 月 12 日，针对日本“购买”中国钓鱼岛的挑衅行为，中国海监执法飞机在东海海域逼近日本护卫舰宣示主权。此后，中国渔政船也于钓鱼岛海域展开常态化巡逻。此阶段，中国主要以强化非军用类执法船定期性、常规性巡航执法机制为手段，落实海洋维权意图，其来龙去脉值得关注。

一、宏观背景：大国和平崛起战略中的海洋维权之策

作为和平崛起战略的具体策略之一，中国在海洋维权方面主张通过国际谈判和友好协商等和平方式，妥善解决海域领土争端。外交手段方面，以应对南海争端为例，中国与东盟达成《南海各方行为宣言》，提出“共同把南海建设成为和平之海、友谊之海、合作之海”。2011 年 11 月，中方在第六届东亚峰会上就南海问题阐明立场：中国永远不谋求霸权，将始终奉行“与邻为善，以邻为伴”的周边外交政策，愿同东盟国家加强战略沟通和战略互信，着手探讨制订“南海行为准则”。[①] 执法手段方面，中国在海洋执法中派出的均为执法公务船，意味着中国在南海问题上不诉诸武力或以武力相威胁，在维护自身正当权益的同时贯彻上述宣言。更重要者，公务船巡航执法机制在事实上表明南海是中国主权的一部分，在行动上有效维护中国的南海利益，渔船与执法船的紧密配合已成为中国应对南海局势的有力手段。中国政法大学行政法教授高家伟表示，渔政船巡视是政府行为，说明政府对南海海域有

① 冯坚，许钺乃，郑捷．温家宝就南海问题阐明中方立场[OL]．新华网，2011-11-19.

效管理的具体化。中国外交部发言人刘为民表示，政府公务船宣示的是国家意志，它的行动更具影响力。中国海监船是政府公务船，代表国家形象。其按照有关法律和职责规定，依法维护中国海洋权益，对我国管辖海域实施定期巡航，用实际行动重申了中国政府在钓鱼岛及其附属岛屿主权问题上的一贯立场。中国海监与中国渔政的公务性巡航以及普通渔船的日常作业，有利于昭示主权，具有重要意义。

二、维权手段：以海监渔政为主力的常规巡航执法机制

中国海上执法部门主要由海警部队、中国海监、中国海事局、中国渔政和海关缉私局组成。中国海监和中国渔政是两个非武装行政执法部门。中国海监是国家海洋局领导下、中央与地方相结合的行政执法部门，其领导机构中国海监总队成立于 1998 年。2007 年，经国务院批准，中国海监开始于我国黄海、南海管辖海域实施定期维权巡航执法，标志着我国管辖海域定期维权巡航执法制度正式确立。2011 年，中国海监西南中沙支队挂牌成立，成为南海维权执法的前沿阵地。中国渔政隶属于农业部，其领导机构中国渔政指挥中心成立于 2000 年。2008 年，经国务院批准，农业部渔业局与三个海区渔政局更名，树立大渔政观念。为保护南沙渔业资源环境和中国渔民合法权益，我国渔政船常年在南海海域实行常态化护渔维权，体现了在南海海域的存在和实际管辖。中国中俄关系史研究会副会长王海运表示，海监部门应以此次对峙为契机，恢复对黄岩岛等争议海域的常态化巡航，渔政部门则应鼓励中国渔民恢复在南海争议海域的传统渔业活动。

三、法制保障：《海岛保护法》与《全国海岛保护规划》

2012 年 4 月 19 日，经国务院批准，国家海洋局正式公布实施《全国海岛保护规划》（以下简称《规划》），这是继 2009 年《海岛保护法》后我国在推

进海岛事业发展方面的又一重大举措。《海岛保护法》在明确无居民岛屿属国家所有的同时，规定建立有居民海岛生态保护协调管理体制和无居民海岛集中统一管理体制，意图从根本上扭转海岛使用“无序、无度、无偿”的“三无”局面。《规划》则以“逐步规范海岛开发秩序与加强海岛管理与科研队伍建设”为主旨，提出建立海岛监视监测体系，实施定期或不定期海岛保护巡查制度，充实和加强海洋执法力量，建设专业的海岛执法队伍。中国军事科学学会副秘书长罗援少将指出，海洋局制定相关法律，包括对6000多个岛礁进行命名与立主权碑，都是主权显示。中国海监总队副总队长吴平指出，《海岛保护法》颁布实施和国家海洋局、民政部受权发布钓鱼岛及其部分附属岛屿标准名称后，开展管辖海域定期巡航执法是海监常态化的重要职责，海监船编队在我国海域进行例行性巡航无可非议。

中国处理此次南海主权争端，仍取非武力抗争之道，军事仅作为海洋执法的辅助手段。与美国军事霸权及门罗主义不同，中国处理国际问题强调自主自决的方针，在坚决捍卫国家主权和利益的同时，致力于发展政治经济手段制衡、外交斡旋与军事威慑相结合的冲突解决机制，更强调平等、和平与共同繁荣，从而逐步提升中国在国际领域中的话语权，亦为本国构建一个相对和平的外围环境。相比传统军事手段，这种相对灵活的综合手段更能赢取国际认同。

（文/李保霖、张佳俊）

国务院推进农业保险立法

2012年5月4日，国务院法制办公室公布《农业保险条例（征求意见稿）》（以下简称《意见稿》）。我国农业保险发展滞后，《意见稿》出台意味着农险立法迈出关键步伐，政策性农险难题有望破解。

一、立法意义：确定制度框架，为农险发展提供法律保障

农业保险作为一种风险管理工具和强农惠农体系的组成部分，对提高农业抗风险能力以及保障粮食生产安全具有重要意义。中国农业保险方案设计和立法工作启动于1997年，历经三次起草。党的十六届三中全会、2004年至2010年的中央“一号文件”、《国务院关于保险业改革发展的若干意见》等都对发展农险提过明确要求。[①] 财政部副部长李勇表示，农险已成为财政金融支农的“放大器”，“三农”发展的“稳定器”，农村金融发展的“传导器”和保险公司前进的“助推器”。

但由于政府职责、经办主体、组织推动方式、经费筹集等方面制度安排模糊，农险制度稳定性和可持续性堪忧。此次拟出台的《农业保险条例》作为我国第一部农险法规，明确了“政府引导、政策支持、市场运作、自主自愿和协同推进”的原则，在规范农险当事人权利义务关系、扫清基层农险法律障碍的同时，旨在从制度上解决问题，为农险健康发展提供切实可行的法律保障。

二、定位之忧：坚持政府主导还是开辟市场之路

农业保险具有低保额、低收费、低保障以及高风险、高成本、总量高赔付的“三低三高”特点。从2007年政府发放财政补贴至2012年，农险支付赔款后仅有少量盈余，因而理论上农险无利或微利。政策性保险不以营利为目的，商业保险则不同。有学者指出，政府推动很重要，但市场的作用不容忽视。从融资渠道上看，政策性保险公司保费主要由各级政府财政出资，公司负有为“三农”服务的功能和责任；商业性保险的保费则由参保人个人负

① 龙文军，温闽．改革开放以来农业保险发展回顾[J]．中国保险，2008（11）．

担，承保公司不负政治责任。如果将农险定位为商业性保险而不是政策性保险，或将出现市场失灵的问题。民盟中央农业委员会某委员强调，农险的本质是国家为农民建立的公共风险保障制度，应谋求农民和公众利益最大化，而不是追求利润最大化。中国社科院农村发展研究所研究员也指出，从农险发展历程来看，商业性农险困难重重，而政策性农险则被各国普遍采用。此外，虽然2007年中央开始进行农险保费补贴试点，但实际中往往“中央给力，地方缺位”，某些险种甚至停办。因此，农险在运行上要强化监督地方财政的参与行为，使之真正具有执行力，同时取消经济困难农业省份中央补贴和地方补贴间的联动。

三、双轨体系：商业保险和互助保险各为主线，共建农灾补偿机制

针对农业保险的特殊定位，互助合作保险组织的法律地位应加以明确，并强化不同保险组织间的联动。农业保险的道德风险在任何国家都存在，关键是要以更严格的制度进行防范监督。再者，《意见稿》对建立大灾机制问题只说明“财政支持”，与国外“政府发债”或“公司借款”方式相比略显单薄，融资途径、支持方式等还需进一步明确。中国渔业互保协会提出，纵观保险历史，不同保险组织及模式在时间上是继起的，在空间上是融合的，鉴于农业（渔业）的特性，不同保险组织应该发挥各自优势，形成整体合力，塑造一个各市场主体平等的公平的市场环境。农业保险立法要做到公平，必须站在更高的角度，站在农民立场上反映农业保险的宗旨，全面考虑各种可能性。

从国家层面立法规范农业保险，可改变政出多门、试点分散、市场失灵等状况。由于中国农险起步较晚，因而不应苛求在立法上一步到位。美国农险制度十分完善，但却历经50余年探索，直至1980年才大面积推行。[①] 中国

① 卢豫．国外农业保险模式的成功经验及对我国的启示[J]．中国乡镇企业会计，2008（6）．

农险发展也需要一个不断探索的过程，尤其要充分调研、吸纳有益经验，以期不断发展完善。

（文/李保霖）

中国三一集团引领中企迎接“走出去”的法律战

2012 年 10 月 18 日，中国三一集团（以下简称“三一”）宣布正式起诉时任美国总统奥巴马。2012 年 9 月，奥巴马以威胁美国国家安全为由签署禁令，禁止三一关联企业罗尔斯公司在美国俄勒冈州某军事基地附近兴建风力发电厂。这是继华为、中兴等中国企业进军美国市场遇挫后，又一起中国企业在美投资受阻事件。此次三一改变以往中国企业沉默抗议的方式，起诉奥巴马政府，引起广泛关注。

一、案件背景：中企“走出去”困局中的三一突围

在全球资源价格下调、发达国家推行新刺激计划、各国寄望外资支持的背景下，中国企业加快了“走出去”步伐。然而，中企“走出去”并非一帆风顺：表层障碍方面，投资地政局动荡、市场复杂、环保标准严格和社会责任较重等因素使之疲于适应；深层障碍方面，投资地市场保护主义、资源民族主义及政治审查等超经济因素也加剧了不确定性；自身问题方面，由于域外经营能力有限和维权能力不足，中企投资行动如履薄冰。

三一投资受阻事件即是上述背景的缩影。一方面，2012 年美国选战正酣，受选举政治影响，作为候选人的奥巴马对中国问题强硬表态，阻碍三一投资也被认为是有意为之。另一方面，2012 年较多中企在美投资受阻，如美国会以“国家安全”为由要求美企停止与华为和中兴的业务往来，但这些企业却鲜有强硬维权举措。因此，三一起诉之举应属破解“走出去”困局的一次重

要突围。

二、诉情观瞻：三一胜诉几无可能

此案以前，尚无外国公司起诉美国外国投资委员会（CFIUS）的先例。此次三一将禁令推出者CFIUS和美国总统行政办公室同列为被告，可谓首开先河。但多方分析认为，此案胜诉几无可能。其一，从司法审查权角度看，美国司法部门对此案的管辖权存疑。华盛顿律所合伙人指出，CFIUS往往不明确阐明其关注的问题或阻止交易的理由，且由于立法并不支持对CFIUS的决定进行司法审查，法院通常会在国家安全问题上选择回避。其二，从美国政治惯例看，亦无益于三一获胜。经过历史上的长期政治角力，美国法院系统在权界问题上已与行政系统形成基本默契。三一电气律师团队也承认，美法院对美行政部门，特别是涉及国家安全领域时，会给予相当大的运作空间，官司想打赢确实存在一定难度。其三，从诉讼双方力量对比看，三一显然处于劣势。

三、案件意义：成败在义不在利

尽管胜诉前景渺茫，但舆论认为此案所包含的更深层意义更为重要。第一，此案提醒中企在对外投资过程中运用法律维护自身权益。三一董事向强调，此举意在维护三一尊严，维护中国企业尊严，当中国受到不公正待遇时，绝不能一味忍气吞声。商务部发言人表示，这是中国企业运用法律手段维护自身利益的选择。有学者认为，此案是中国企业对外投资所跨出的重要一步，表明中国企业在提供投资的同时还应学会运用法律武器来保护自己的权益。①

① 许博．三一正式起诉奥巴马，专家称中企“走出去”应用法律保护自己[OL]．人民网，2012-10-17.

第二，此案促使相关国家更为谨慎地对待中企投资。南开大学国际经济研究所所长蒋殿春表示，虽然结果难料，但立案本身已具有标杆性意义。经此一役，外国政府在审查三一集团等中企并购案时会更为谨慎。此外，此案也表明美国自身在“再工业化”战略问题上的矛盾，预示着中美未来将面临更深层的经济竞争。针对外界质疑，美国财政部回应称推行禁令是在坚持开放投资政策的同时维护国家安全，而非把中国和其他国家的投资作为特例处理。这种既开放又保守的心态，凸显出美国决策者的犹豫不决。以华为、三一等为代表的中国高端制造企业的崛起，实质上已对长期由工业化国家统治的高端制造市场产生了冲击。而美国在此案中正是受冲击的一方，这种犹豫不决，表明其在面对经济上日益强大的中国时的决策矛盾。

中国企业在“走出去”的过程中，面对超经济因素的干扰，需要具备抗争的勇气，更需要充分发掘域外斗争的智慧。这种智慧，不能局限于原有的思维模式，而是要建立起适应当前和未来企业国际竞争的新方式，因而第一步就是要熟悉域外规则，主动运用法律手段维护自身权益。同时，该案也暴露出中国政府在企业对外投资问题上政策支持力度还不够。着眼未来世界经济竞争形势，国家层面实有必要加快相应有力的政策设计，还要在国际规则制定过程中努力争取话语权。唯其如此，中国企业向外拓展“经济疆土”才更有底气。

据报道，美国东部时间2014年7月15日，哥伦比亚特区联邦上诉法院就三一重工在美关联企业罗尔斯诉美国CFIUS和奥巴马总统案做出判决，判定总统令违反程序正义，该公司应当被允许质证。这是中国公司首次发起类似起诉并获得胜利，对中国及其他国家在美国的投资、发展具有里程碑式的意义。

（文/郭俊野、张佳俊）

党的十八大报告提出法治新思想

2012 年 11 月 8 日至 14 日，中国共产党第十八次全国代表大会在北京召开。胡锦涛代表中国共产党第十七届中央委员会向大会做了题为《坚定不移沿着中国特色社会主义道路前进　为全面建成小康社会而奋斗》的报告。报告全文逾两万九千字，在法治领域着墨颇多，提出了一系列全新表述。

一、方向：推动实现党政工作法治化

依法治国，依法执政，推动实现党和国家各项工作法治化，是党的十八大报告对法治发展的基本定调。随着社会主义民主与法治建设的不断深入，法治在社会各领域中的重要性愈发显现，法治理念已成为党和全国人民的理性共识与实践选择。因此，报告一方面提出了实现全面法治化的目标，将“法治”一词正式列入社会主义核心价值观二十四字表述内，表明要“加快推进社会主义民主政治制度化、规范化、程序化，从各层次各领域扩大公民有序政治参与，实现国家各项工作法治化”；另一方面特别强调党的领导干部必须建立法治思维，尤其要提高“运用法治思维和法治方式深化改革、推动发展、化解矛盾、维护稳定能力”。从党的十五大报告首次提出“依法治国”基本方略到党的十八大报告提出“实现国家各项工作法治化”的总体要求，这一表述变化表明了党内法治理念的深化和发展，为未来中国法治建设指明了基本方向。

二、突破：推进落实社会管理法治化

近年来，“社会管理创新”上升为党应对社会挑战、加快社会建设的新战略。对此，党的十八大报告首次强调“更加注重发挥法治在国家治理和社会管理中的重要作用”，提出要在改善民生和创新社会管理中加强社会建设，

“要围绕构建中国特色社会主义社会管理体系，加快形成党委领导、政府负责、社会协同、公众参与、法治保障的社会管理体制”。在此之前，党将社会管理体制表述为“党委领导、政府负责、社会协同、公众参与”的基本格局。党的十八大报告在社会管理体制建设中加入“法治保障”肯定了“社会管理法治化”这一概念，具有突破意义。有学者认为，这表明党的十八大已将“社会管理法治化”作为之后一个时期社会管理创新的指导思想、基本路径和主要方法，标志着我国社会管理创新将由典型试验、重点突破、政策引导，向制度化、法治化、科学化方向发展。

三、亮点：拓展人民有序参与立法工作

在立法领域，党的十八大报告特别提出，要“完善中国特色社会主义法律体系，加强重点领域立法，拓展人民有序参与立法途径”，突出强调了民众参与在立法工作中的重要性。近年来，政府信息公开、立法听证会等一系列创新开门立法渠道不断发展，“公众参与”这一概念日益成为法治社会建设的核心话题之一。党的十八大报告突出强调拓展民众参与立法途径，本质上是对立法民主性的积极回应，也表明了党在建设法治国家和法治社会的过程中，更加注重听取民声、吸取民智、汲取民心。

四、重点：司法改革从“推进”到“深化”

在司法领域，针对近年来的司法改革进退之争，党的十八大报告指出要“进一步深化司法体制改革，坚持和完善社会主义司法制度，确保审判机关、检察机关依法独立公正行使审判权、检察权”。用“进一步深化”代替以往的“推进”，反映了党的司法改革策略已开始由总体表态推动与促进改革，向更深层次的利益平衡、更具体的制度设计转变。多方认为，在各领域深化对司法制度的改革，最终建立健全、完善的体制，将是下一步工作的中心。

五、决心：以平等反特权，以制度治腐败

党的十八大报告重申法律面前人人平等的基本原则，强调任何组织、任何政党都要在宪法和法律的范围内活动。报告指出，任何组织或者个人都不得有超越宪法和法律的特权，绝不允许以言代法、以权压法、徇私枉法，态度之坚决为历次党代会报告所罕见。同时，报告强调，要深化重点领域和关键环节改革，健全反腐败法律制度，防控廉政风险，防止利益冲突，更加科学有效地防治腐败，从而在法治框架内提出了反腐败的根治思路。各界认为，重申法律面前人人平等，实质上是用宪法中的“法律面前人人平等”基本原则来反人治、反特权；而健全反腐法制，更是构建法治社会的基石。

此次报告涉“法”词汇多达98处，比党的十七大报告多出13处，全文法治色彩更为浓厚，所定法治建设主题也更为明确。在“五位一体”总体布局中，除生态文明建设部分外，经济建设、政治建设、文化建设、社会建设4个部分都对相关的涉法问题有所强调；而在国防、外交、党建等部分，有关法治的表述也颇为醒目。这表明法治话语已成为新形势下党治国理政的支柱性意识形态，并将为今后十年全面建成小康社会提供更为坚实的制度保障。

（文/郭俊野）

“营改增”试点推动财税法治变迁

2012年11月1日，广东、福建两省正式启动营业税改增值税（以下简称“营改增”）试点工作。自2011年11月17日财政部和国家税务总局正式公布《营业税改增值税试点方案》以来，“营改增”试点一年之后；其间历经上海初探和11省市分批扩围，改革布局得以进一步延伸。然而，作为中国税改新

潮的头浪，“营改增”尚未成功抵岸。回顾2011年11月到2012年底这一年，各方互动协调，正负效应并发，形成了改革的基本面貌。

一、税改新潮：经济转型倒逼“营改增”试点

现行增值税和营业税双轨制形成于20世纪90年代分税制改革。随着中国工业化向纵深挺进，宏观经济转型迫在眉睫，双轨税制弊端日显：由于营业税制存在“道道征收，全额征税”的重复征税问题，容易导致企业税负过重，不利于产业结构细化调整。为顺应经济转型需要，2010年党的十七届五中全会首次提出要加快财税体制改革，扩大增值税征收范围。同年，中央经济工作会议提出研究推进扩大增值税征收范围改革试点。2012年1月1日，上海成为首个“营改增”试点地区。2012年10月18日，时任国务院副总理李克强主持召开扩大营业税改征增值税试点工作座谈会，要求有序扩大试点范围，适时将邮电通信、铁路运输、建筑安装等行业纳入改革试点，并逐步扩大至全国。①

二、改革互动：降低税率与政策过渡

“营改增”是财税领域最大的改革，触及中央和地方、政府与企业的相互关系。根据中央部署，试点既要科学推进税制改革，也要妥善做好过渡性政策安排，实现各方互动协调，最大限度减小改革阻力。第一，科学推进税制改革，为企业减轻税负。具体内容是：一是降低税率，在原增值税17%的标准税率和13%低税率基础上，新增11%和6%两档低税率。二是重新确定相关行业的计税方式，金融保险和生活性服务业，原则上适用增值税简易计税

① 新华社．李克强在扩大营业税改征增值税试点工作座谈会上强调：以改革创新推动结构调整和经济转型[N]．新华网，2012-10-21.

法。三是计税依据变化，原则上以发生应税交易取得的全部收入为依据，但可合理扣除代垫代付款项。四是实行服务贸易进口在国内环节征收增值税，出口实行零税率或免税制度。第二，强调政策性过渡安排，妥善分担中央和地方政府责任。例如，原归属试点地区的营业税收入，改征增值税后收入仍归属试点地区。因试点产生的财政减收，按原财政体制由中央和地方分别负担。2012 年 9 月，财政部等三部委联合发出《关于调整铁路运输企业税收收入划分办法的通知》，将铁路运输企业全部营业税及附加税和企业所得税的 40% 下划给地方。这被看作是中央在调整与地方的财政分配，为“营改增”减轻阻力。

三、试点效应：减负与加压并存

理论上，“营改增”可避免重复征税，为企业减负。但在具体实践中，由于整体财税制度与改革不配套、试点地区与非试点地区税制不接轨、财政补贴不透明等原因，“营改增”同时产生了减负和加压的双面效应：总体来看，“营改增”减轻了大部分企业税负，有利于推动服务业发展。以上海市为例，该市 2012 年 1 至 10 月减收 225 亿元，共将 12.6 万户企业纳入试点，89.6% 的试点企业税负获得降低，小微企业成最大受益者。[①] 与此同时，“营改增”也增加了部分行业税负，因而受到质疑。同样在上海，试点之后，交通运输业和物流业等行业出现了税负增加的情况。而北京加入“营改增”队伍后，当地交通运输业、物流业、咨询业及会展业等也面临着税负上升压力。

四、舆论争议：短期阵痛与长远利益

对于“营改增”试点工作，舆论出现了一定程度的分化：一方面，舆论

① 王珺．财政部：营改增扩大试点稳步推进，上海前 10 月减收 225 亿元[OL]．搜狐网，2012-11-26.

多数肯定试点成果，认为改革是大势所趋，符合国家长远利益。中国行政体制改革研究会相关负责人认为，“营改增”符合税制改革的大方向，解决第三产业重复征税问题，有利于形成一个多方共赢的局面。中国社科院财政与贸易经济研究所所长表示，“营改增”并非一般意义上的税制调整或税制改革举措，实际上预示着一场可能涉及整个财税体制以及整个经济社会体制重大变革的到来。另一方面，也有不少人提醒要认真对待过渡时期出现的短期阵痛，特别是部分企业税负增加的情况，例如大型鉴证咨询服务业、有形动产租赁服务行业因可抵扣进项税较少而出现税负增加的情况。

营业税改增值税，对于财税体制改革乃至产业结构调整而言，是“下好一步棋”的问题；对于结构性减税而言，则是“下好一盘棋”的问题。下一步关键是要做好两个“加快”：既要加快完善“营改增”配套机制，提高改革过程透明度，尽量减少短痛、消除疑虑；又要加快整个财税体制的跟进设计和调整，从而理顺各方预期，不断增加改革红利。

（文/张朝晖、张佳俊）

习近平论宪法实施与法治

2012 年 12 月4 日，中共中央总书记、中央军委主席习近平在首都各界纪念现行宪法公布施行30 周年大会上发表重要讲话（以下简称“讲话”）。讲话从“宪法实施”切入，在党的十八大报告关于法治问题最新表述的基础上，全面阐述新一代领导人依法治国、依宪执政的核心理念，对近年改革之争特别是一年来各方纪念宪法实施30 周年系列讨论有所回应。讲话反映出中国共产党近30 年宪法和法治理念的重大变化，确立了未来十年法治建设的中国道路。

一、重述历史：坚定“宪制兴邦”基本共识

通过对历史定调来表达执政理念，是中国共产党领导人的惯常做法。与此前10周年讲话和20周年讲话不同，此次习近平以史明志，通过重述中华人民共和国宪制史来表达坚定宪制的决心，进一步明确了“宪制兴邦”的基本共识。

一是追溯新中国成立60年立宪过程，肯定1949年“共同纲领”和1954年宪法，重申中国革命和中国共产党执政的历史合法性；回顾1982年宪法及其四次修正，释因邓小平时代以来的民主法治化转型，进而确认中国特色社会主义的宪法正当性。二是总结改革30年宪法实施过程，以“四个有力”和“三个好宪法”高度评价宪法实施对中国改革的巨大作用，誉之为“中国特色社会主义道路前进的根本法制保证”。三是以60年宪法制度更迭的经验教训为据，提出“宪法与国家前途、人民命运息息相关”，并强调“只要我们切实尊重和有效实施宪法，人民当家做主就有保证，党和国家事业就能顺利发展。反之，如果宪法受到漠视、削弱甚至破坏，人民权利和自由就无法保证，党和国家事业就会遭受挫折。”① 这是中国共产党最高领导人首次对新中国成立以来的宪制发展过程做出历史评断，具有以史为鉴、坚定宪制的重要宣示意义。

二、实施宪法：明确方向、途径、本质和保障

实施宪法、依宪执政是此次讲话的主题。习近平认为，“宪法的生命在于实施，宪法的权威也在于实施”，因而“全面贯彻实施宪法是建设社会主义法

① 习近平．在首都各界纪念现行宪法公布施行30周年大会上的讲话[OL]．新华网，2012-12-04.

治国家的首要任务和基础性工作”。[①] 围绕这一主旨，讲话提出 4 个方面要求：

第一，关于宪法实施的方向，讲话提出国家一切权力属于人民的“宪法理念”，强调在宪法确立的国家权力统一基础上进行决策权、执行权、监督权三分，同时正确处理中央和地方关系、民族关系和各方利益关系，坚持中国特色社会主义政治发展道路。第二，关于宪法实施的途径，即“落实依法治国基本方略，加快建设社会主义法治国家”。第三，关于宪法实施的本质，讲话以“人民主体”为关键词，罕见地将宪法实施上升至信仰高度，提出“宪法的根基在于人民发自内心的拥护，宪法的伟力在于人民出自真诚的信仰”，要使民众认识到宪法不仅是“行为规范”，也是维权的“法律武器”。第四，关于宪法实施的保障，讲话强调“坚持党的领导”，重点在于“更加注重改进党的领导方式和执政方式”上，由此提出了“依据党章从严治党、依据宪法治国理政”的重要原则。

三、法治再造：构建“三位一体”总布局

法治再造、依法治国是贯穿讲话通篇的主线。讲话尾声，习近平提出“坚持依法治国、依法执政、依法行政共同推进，坚持法治国家、法治政府、法治社会一体建设”。[②] 这一全新表述比党的十八大报告更进一步，展现出未来十年中国法治建设的“三位一体”总布局，成为宪法实施的最终落脚点。

关于建设法治国家，此次讲话和党的十八大报告均开创性地将法治上升为党“治国理政的基本方式”，并明确依法治国不再停留于“坚持”，而是要“全面推进”；社会主义法治国家不只是要“建设”，而且是要“加快建设”。关于建设法治政府，针对当前宪法实施存在的监督机制缺位、执法司法不公、

① 习近平．在首都各界纪念现行宪法公布施行 30 周年大会上的讲话[OL]．新华网，2012-12-04.

② 同上。

公权枉法严重和宪法意识淡薄四个不足，讲话直指政府法治缺位，突出强调三点：一是各级政府都“负有严格贯彻实施宪法和法律的重要职责”，二是“努力让人民群众在每一个司法案件中都能感受到公平正义”，三是进一步“健全权力运行制约和监督体系”。关于建设法治社会，讲话将“尊重和保障人权，保证人民依法享有广泛的权利和自由”提到重要位置，意在建立一个能够保障“人民群众对美好生活的向往和追求”的法治社会。与前述宪法实施一样，实现“三位一体”总布局，必须以党的领导的法治化为保障。因此党要掌握“法治思维”和“法治方式”，做到“三个善于”：善于使党的主张通过法定程序成为国家意志，善于使党组织推荐的人选成为国家政权机关的领导人员，善于通过国家政权机关实施党对国家和社会的领导。

1982 年以来，历次宪法实施十周年纪念活动都恰逢中央领导层代际更替之时，因而透过纪念活动上的领导人讲话，可以大致了解高层法治理念的代际变化。其中，10 周年讲话以党的领导为重心；20 周年讲话开始阐述法治的重要性，但未明确党的领导和依法治国的关系；此次 30 周年讲话明确定位了二者关系，充实了“三位一体”的法治发展构想，体现出党的领导和依法治国融合互补、动态平衡的核心观念。这是一个值得展望的方向。

（文/张佳俊）

全国人大首次出台“网络信息保护 12 条”

2012 年 12 月 28 日，十一届全国人大常委会第三十次会议审议通过《全国人民代表大会常务委员会关于加强网络信息保护的决定》（以下简称《决定》）。在近期“网络反腐”争议不断、个人信息安全保护问题广受关注的舆论背景下，人大常委会提速“依法治网”，引发舆论热议。

一、网络安全：现实问题与立法滞后

近年来，网络已成为公共生活的重要空间，其正能量日益显现。同时，网络安全也日益成为困扰公众与政府的现实难题。一方面，个人信息安全缺乏有力保护，泄露问题频出，部分团体和组织借机牟利，使公民隐私权屡受侵犯；另一方面，在微博等具有迅速传播能力的自媒体助推之下，网络炒作与虚假信息也使舆论环境遭到污染，严重侵蚀着公共话语空间。尽管网络安全问题已备受关注，但由于中国互联网立法较为滞后，现有执法依据多限于行政法规和部门规章，缺乏约束力。

二、《决定》出台：初步实现有法可依

《决定》的出台可谓正当其时。观其内容，虽然只有 12 个条文，却已形成网络安全法律的基本框架，初步实现了信息保护有法可依。

一是首次界定“个人电子信息”概念并确立信息保护的禁止性原则。根据《决定》第一条，个人电子信息必须“能够识别公民个人身份和涉及公民个人隐私”。对于个人电子信息，任何组织和个人不得窃取或者以其他非法方式获取，也不得出售或者非法向他人提供。二是详细规定网络服务提供者和其他企业事业单位的保护义务。其中，第二、三、四条分别从个人信息的收集与使用、保密、安全保存、毁失补救等方面提出要求；第七条剑指滥发商业广告问题，强调“未经电子信息接收者同意或请求，或电子信息接收者明确表示拒绝的，不得向其固定电话、移动电话或者个人电子邮箱发送商业性电子信息”。三是强化网络信息管理责任。第五条要求网络服务提供者一旦发现法律法规禁止的信息，必须即时停止传输并向主管部门报告，第六条则确立了网络管理实名制。四是规定公民依法维权手段和主管部门的职责权限，尤其强调国家机关及其工作人员对履职中知悉的个人电子信息负有保密和妥

善保管义务。五是明确处罚方式，其中还提出将违反《决定》的行为“记入社会信用档案并予以公布”。

三、自由之议：开放平台需要“合法边界”

对于“依法治网”与《决定》的出台，各界围绕“自由”与“法制”展开讨论。一方面，部分学者担忧基于对网络言论的过度监管，会限制公民自由表达的权利。另一方面，更多的舆论坚持社会生活要有边界，网络世界自然也应有底线。《经济日报》认为，扶正“祛邪”是网络健康发展之本，“依法治网”即一剂良方。健全法制法规建设、强化监管和执法力度，让网络摘下“虚拟世界”的标签，才能成为每个人都要对自己的行为负责的现实世界，成为让人们更放心、更便利地享受现代文明与社会进步成果的和谐天地。《人民日报》指出，开放平台不能没有“合法边界”，网络社会虽是虚拟空间，但它终归由人在使用，且服务于人，理应遵循文明法治的基本逻辑。开放性并不意味着可以恣意妄为，自由表达并不等于四处骂街，信息共享更不是随意泄露别人隐私、到处散播谣言。①

2000 年以来，网络治理经历了从“文治”到“法治”的显著转变。随着网络安全问题日益严重，单靠网络文化建设已远远不够，关键还是要完善网络法律体系，实现“依法治网”。此次《决定》出台解了燃眉之急，但其终究不是成熟完备的专门法律。面向未来，如何构建适应虚拟空间发展需要的法律体系，仍将考验立法者的智慧。

（文/郭俊野）

① 任芳．开放平台不能没有“合法边界”［N］．人民日报，2012-12-28.

2013年

"党内立法法"正式出台

新《劳动合同法》正式实施

最高人民法院首次实现裁判文书上网公开

薄熙来案折射重要法治信号

最高人民法院公布司法改革"一号文件"

党的十八届三中全会指引司法改革新航向

“党内立法法”正式出台

2013年5月27日，《中国共产党党内法规制定条例》（以下简称《制定条例》）和《中国共产党党内法规和规范性文件备案规定》（以下简称《备案规定》）公开发布。这是中国共产党第一次出台正式、公开的党规制定及备案程序文件，被舆论称为“党内立法法”。

一、出台背景：党内法规由来及其突出问题

“党内法规”由来已久，且地位愈加重要。1938年，毛泽东第一次使用“党内法规”一词，后被历届领导人沿用。1990年，中共中央印发《中国共产党党内法规制定程序暂行条例》，正式使用“党内法规”这一名称。经过数十年发展，中国共产党已形成由数百项准则、条例、规则共同构成的党内法规格局。

制度的制定固然是党的纪律和工作的保障，但数量众多的党内法规也带来诸多弊端：其一，缺乏制定规则的规范化标准和流程，随意制定、越权制定、重复制定等无序现象多有发生，未能形成一整套协调配套、完备有效的党内法规制度体系，有损党内法规的权威性和严肃性；其二，部分法规落后于时代发展和党的工作实践，突出表现为质量不高、操作性弱，难以与现实的党

情、国情相联系，更难落实到位；其三，内容层面“重义务，轻权利”，忽视民主保障现象，在新时期党的纪律与工作的保障上，难以与现实相对应。针对上述问题，2012 年 6 月，中共中央批准印发《中共中央办公厅关于开展党内法规和规范性文件的清理工作的意见》，在全党部署开展党内法规和规范性文件的集中清理工作，对新中国成立后制定的党内法规和规范性文件进行全面清理。

二、重点变化：协调规范与程序保障

此次《制定条例》是对 1990 年颁布的《中国共产党党内法规制定程序暂行条例》的重大修订，配合《备案规定》一起出台，旨在推动党内制度建设，解决以往党内法规的突出问题，在协调党内立法规范与保障立法程序等方面，有着重点地改进。具体而言，有以下亮点：

一是形成党内法规协调统一的制定和效力级别。一方面，增加实体性规定，规范党内法规制定的权级和权限，并首次将省区市党委制定党内法规活动纳入适用范围，防止无权、越权、重复制定等现象发生。另一方面，规定法规效力等级，防止党内法规执行冲突，确保体系统一性和权威性。二是规划党内法规体系的整体结构。首次提出科学编制党内法规制定工作五年规划和年度计划，与此同时，确立党内法规备案、清理与评估制度，重在解决党内法规不协调、不一致、重复冗杂等旧疾。三是突出党内法规制定过程的科学、民主和公开。包括强化起草规章过程中调查研究和征求意见环节，明确提出党内法规前置审核程序，突出“合法性”“合规性”等审核标准，以及确立党内法规公开发布原则，提高党内法规的公开性和执行力等。

三、法治意义：从“依法治党”到“依法治国”

两部党内法规的出台，对于党和国家的建设均有重要作用，由此也受到社会各界的广泛关注。

第一，从宏观法治层面来看，规范党内法规制定是实现“依法治党”，进而“依法治国”的重要手段。对此，北京大学行政法学教授姜明安指出：“坚持中国共产党的国家领导核心与执政地位，是宪法确立的基本政治原则。我们选择了依法治国的方式，就必然要将党内生活法治化，将党内法规和党内规范性文件的制定和发布法治化。”① 由此看来，此次党内法规的出台无疑是党中央所提“将权力关进制度的笼子里”的具体实践。

第二，从构建科学的党内制度体系的目标来看，此次《制定条例》是建党以来第一次提出编制党内法规制定工作五年规划。对此，中央社会主义学院甄小英教授表示，“五年规划”的提出有利于加强党内法规建设的顶层设计和整体布局，保证其系统性、协调性和前瞻性。

第三，两部党内法规于细微处多体现民主法治理念。如“必要时在全党范围内征求意见”彰显推进党内民主决心，“经批准后一般应当公开发布”契合公开透明的执政观念，关于法规备案、清理和评估的规定更是将权力笼子之匙交给了真正的监督者等。对此，人民日报社评论部政论研究室副主编张铁指出，此举抓住了党内法规制度体系建设的根本问题，是党建理念与思路的开拓，在进一步建设现代政党上可谓“关键一招”。②

《制定条例》和《备案规定》的出台为加快党内科学制度体系建设提供了制度保障。但在实际党内法规制定中，还需要制定部门积极地贯彻落实，比如：在起草之初就做好考察调研征求意见工作；在审查阶段能严格遵守“立法法”的程序和实体规定；在新法规颁布后做好宣传推广工作，使其在党内党外达成共知共；对“立法法”的严格执行与适用监督。

（文/徐乐）

---

① 姜明安．规范党内法规是法治中国需要[N]．人民日报，2013-05-31.

② 张铁．建设现代政党的重要一步[N]．人民日报，2013-05-29.

新《劳动合同法》正式实施

2013 年 7 月 1 日，新《劳动合同法》正式实施。新法最大亮点在于规范劳务派遣制度，并明确规定用工单位的“临时工”享有与“正式工”同工同酬的权利。

一、关注：新法重在规范劳务派遣

此次《劳动合同法》修改重在规范劳务派遣，主要涉及四个方面：一是提高经营劳务派遣业务单位的准入门槛，解决劳务派遣单位过多过滥、经营不规范等问题。二是进一步强调被派遣劳动者与本单位同类岗位的劳动者同工同酬的权利，从法律制度上对其加以保障。三是严格限制劳务派遣用工，将用工范围限定在临时性、辅助性或者替代性的工作岗位上，并对“三性”岗位的性质和数量做出明确界定。四是加重处罚相应违法行为，增强法律约束力。这些修改进一步体现了《劳动合同法》的立法本意，有助于维护劳动者的合法权益，为构建与发展和谐稳定的劳动关系提供法律保障，是我国劳动法制建设进程中的重要里程碑。

二、解读：同工同酬并非工资等量

1995 年《劳动法》实施后，法律意义上已经无正式工和临时工之分。然而，一些用人单位将过去的临时工转变为“劳务派遣人员”，事实上保留了临时工岗位。当前临时工主体为农民工，主要分布在建筑、餐饮、保洁等低端劳动力市场，收入偏低、社会保障不健全，同工不同酬现象普遍。此次修法的最大亮点在于，明确规定临时工享有与用工单位的劳动者同工同酬的权利。但同工同酬并非意味着同一个岗位就必须发放等量的薪酬，而应当是同一个岗位适用同样的工资分配制度、同样的考核标准。具体的薪酬应综合考虑工作质量、工作年限、工作熟练程度、学历、技术水平等因素。

三、舆论：期待与担忧并存

对于此次修法，舆论主要集中在两个方面。其一，肯定新法在保护劳动者权益方面的进步。如有媒体认为，同工同酬维护包括临时工在内的广大职工合法权益，让他们获得应有的劳动报酬和社会保障，是实现“中国梦”的一个基本前提。① 其二，对新法的实施效果表现出不同层次的担忧。如《人民日报》评论，尽管法律已经明确，但要真正实现同工同酬，还要给予劳动者相应的程序保障和权利救济。②《湖南日报》分析，要彻底实现同工同酬，须以收入分配改革为前提。有时评人指出，已有公司将“劳务派遣”更名为“劳务外包”来规避新法，给法律执行增加困难。

我们无须质疑立法者的本意，但从经验和现实预计，落实新《劳动合同法》尚需时日，实现同工同酬不可能一蹴而就。期待新《劳动合同法》实施细则能够统一立法价值、政策理念和实施效果，为新《劳动合同法》的实施提供全面、可行的方案。

（文/李雷）

最高人民法院首次实现裁判文书上网公开

2013 年 7 月 1 日，《最高人民法院裁判文书上网公布暂行办法》（以下简称《暂行办法》）正式实施。同日，最高人民法院于中国裁判文书网集中公开首批裁判文书，此举是我国司法公开化的重要一步。

---

① 同工同酬要切实贯彻实施，绝不能仅是一个期待[OL]. 光明网，2013-07-01.

② 如何让同工同酬成为现实[OL]. 人民网，2013-06-28.

一、事件背景：网上公开酝酿已久

作为司法改革的重要部分，裁判文书网上公开已酝酿多年。早在2000年，以广东省海事法院、北京市一中院为代表的地方法院即开始尝试裁判文书上网；2009年，河南省三级共183家法院全部实现裁判文书上网，后每年上网文书超10万件；2013年7月，最高人民法院集中在网络公开首批判决文书，展开全国性的文书普遍公开工作。早在《人民法院第三个五年改革纲要(2009—2013)》中，最高人民法院就已明确提出“研究建立裁判文书网上发布制度”，后来又发布了《最高人民法院关于人民法院在互联网公布裁判文书的规定》，加之此次《暂行办法》的实施，我国裁判文书上网工作逐步纳入制度化、规范化的轨道。

二、实施办法：全部公开，特殊隐去

据《暂行办法》，除法律有特殊规定外，最高人民法院生效裁判文书将全部公布于中国裁判文书网。此次裁判文书公开具有如下特点：首先，公布裁判文书不回避热点案件。公布范围为最高人民法院职权范围内各种类型、不同影响力案件中生效的判决书、裁定书、决定书等，《暂行办法》明确规定，社会关注度较高案件的生效裁判文书一般应于互联网公布，不因热点问题而有所回避。其次，特定类型的裁判文书不予公布。涉及国家秘密、商业秘密和个人隐私的裁判文书不予公布；以调解、撤诉或者按撤诉处理方式结案的民商事案件，一般不予公布。最后，公布时隐去个人信息。只公开当事人姓名或名称，隐去具体住址、身份证号码、电话号码、银行账号等其他信息；刑事案件被害人、证人、被告人家属姓名均以“某某”代替等。

三、舆情综述：积极肯定，提出希望

针对此次最高法推行的裁判文书上网新规，舆论总体对此持褒扬态度。如人民网以“法院裁判文书上网，好！”为题予以高度赞许；《新京报》认为，公开裁判文书有利于减少司法腐败；中国共产党新闻网撰文称，公开一举是对人民司法期待的积极回应。另一层面上，也有媒体提出改进意见。如《求是》杂志指出，应在公布文书的同时，注意顶层设计、观念转变、平台统一和质量提升以期达到更好收效；《河南日报》则认为，裁判文书专业性过强，民众难以理解，应以“让邻家大叔也能看得懂”的方式示民。

裁判文书上网只是司法改革诸多实务中极具体的一件，但最高人民法院言出必践的行动力极大提振了民众之于司法改革的信心。希望这次公开能贯彻始终，并于全国各级法院推广开去，迈好司法公开化的重要一步。

（文/苏泽昱）

薄熙来案折射重要法治信号

2013 年 7 月 25 日，薄熙来涉嫌受贿、贪污、滥用职权一案由山东省济南市人民检察院提起公诉。同年 8 月 22 日，济南市中级人民法院一审公开开庭审理。薄熙来出庭受审。相关证人出庭做证。社会各界及媒体代表 100 余人旁听了庭审。庭审持续了 5 天，通过济南中院微博文字直播，受到全国普遍关注。[①]

① 薄熙来案庭审全记录[OL]. 新浪网，2013-08-26.

一、庭审公正：凸显程序正义之司法理念

薄熙来案庭审全程，直观展现了蕴含人权保障和程序正义理念的刑事诉讼程序。此次庭审严格依照新修订的《刑事诉讼法》进行，在多处细节展现了程序正义，给予被告人及其辩护人充分的申辩、发表意见的机会。具体来说，在以下三个方面较为突出：其一，庭审过程井然有序。法庭充分给予控辩双方质证、发表意见和辩论的权利，在法官的合理引导下，被告人的表述充分，既有对事实的尊重，也有基于自身正当利益的维护；公诉人没有对被告人进行有损人格的指控，辩护人亦就证据质证。其二，主要证人出庭率较高。薄案中，除出示大量的书证、物证、证人证言、音频视频等证据外，还相继有徐明、王正刚、王立军等主要证人出庭接受控辩双方质证。至于证人之一谷开来不愿出庭的情况，审判长也向被告人说明了法庭的准许依据，与一般案件相比，这样的出庭率可圈可点。其三，全程公开审理。此次庭审可以说是1978年恢复正常司法以来，有重大社会影响案件中公开程度最高的案件，济南中院官方微博几乎全程文字播报了庭审过程。

二、依法治国：释放“权力关进笼子”之法治信号

当今中国，法治是群众民主呼声的实质内容，正是由于现实中法与权在某些情况下出现功能错位，导致人民权利诉求渠道不通，才引发了群众上访、疾呼民主等现象。而从薄熙来案公开审理可以看出，即使领导人违反法律也绝不姑息，这表明中国共产党杜绝以言代法、以权压法、徇私枉法、公器私用之决心。刑辩律师张广昭指出，这正是一个给人民传递法治决心的信号，是在全社会树立法律威严的契机。纵观中国法治发展历程，从1997年党的十五大首次提出“依法治国”执政理念，到2011年提出“建立中国特色社会主义法律体系”，再到新一届中央领导集体提出的“依法执政”“建设法治政

府”等重要理念，法治理念经历了跨越式发展，而薄熙来案正是向全社会传达了法治透明化的积极信号。

三、惩治腐败：落实“老虎”“苍蝇”一起打之惩腐方略

从刘志军因受贿和滥用职权罪被判处死缓到薄熙来因涉嫌受贿、贪污、滥用职权被依法审判，近年来省部级以上官员的接连落马显示了中央从严治党、依法肃贪的积极方向——不管官员职位多高，权力多大，只要触犯党纪国法就注定要依法惩处。① 一方面，这是对政府官员敲响警钟，警示为官者廉洁自律，克己奉公；另一方面，这也是国家以反腐斗争取信于民的积极作为，是对人民企盼正义的积极回应。将腐败行为规范化纳入法治惩处范围，保证了反腐工作的可持续性和有效性。

四、司法独立：划清公开审理和独立司法之明确边界

针对薄熙来一案的公开程度，舆论也有不同观点。例如，有人主张该案审理应当由电视台直播，认为这样才算真正公开审理，另有舆论针对被告人是被“重罪轻判”还是“轻罪重判”展开辩论，其中暗指检方公诉罪名不足，以及针对现有起诉罪名的证据不足。针对上述两种声音，《环球时报》评论指出，公开审理也有边界，保证程序正当和司法独立就不能让案件审理受到过多的舆论干预；同时，审判的公正只能同案情事实相对应，而不能屈从于任何人的主观愿望。基于庭审的公正审判才是决定案件结果的唯一路径。

薄熙来案系一起原党和国家领导人涉嫌犯罪的重大刑事案件。正是对薄熙来案的依法审判，显示了党和国家依法治国之执政理念和决心，同时，该案也成为中国进一步推动法治进程之重要契机。薄熙来案依法公开审理中释

---

① 倪洋军．薄熙来案公开审理传递出什么信号？［OL］．人民网，2013-08-23.

放的多维度法治信号必将对中国法治建设产生实质性推动与影响。

（文/徐乐）

最高人民法院公布司法改革“一号文件”

2013 年 10 月 28 日，《最高人民法院关于切实践行司法为民大力加强公正司法不断提高司法公信力的若干意见》（以下简称《意见》）发布，该文件被称为最高人民法院新一届党组的“一号文件”，将指导人民法院当前和今后一段时期的发展路径和工作目标。《意见》以“公正司法”为聚焦点，释放出了我国司法改革的多重信号，引起舆情广泛关注。

一、背景：回应司法现实与改革重点方向

近年来，随着人民群众的司法需求不断增长，人民法院每年受理的案件量不断攀升，民众对司法公正的渴望不断增强。然而，我国司法实践中地方化和行政化现象对法院审判独立构成重大威胁，司法公信力岌岌可危。在这种背景下，“公正司法”成为自党的十八大以来司法改革的核心要点。

2013 年 2 月 23 日，习近平在中共中央政治局就全面推进依法治国进行第四次集体学习时强调，要坚决反对执法不公、司法腐败现象，努力让人民群众在每一个司法案件中都能感受到公平正义；其后，最高人民法院院长周强在相关场合多次谈及“审判独立”与“公正司法”；2013 年 10 月 28 日，最高人民法院发布司法改革《意见》，从审判独立、庭审质量与效率、司法公开等方面对“公正司法”做出了具体规定。

二、内容：完善司法独立与公开，提高庭审质量与效率

此次《意见》文本，在保障“公正司法”上主要体现在以下三个方面。

一是对法院依法独立行使审判权提出具体要求。法官应坚决抵制各种形式的地方和部门保护主义，排除一切法外因素的干扰，养成优秀职业品格。院长、庭长行使审判管理权将全程留痕，防止审判管理权滥用。二是对提高审判工作的质量和效率提出了三项新措施。包括强化庭审质量，突出庭审的中心地位；强化案件质量管理，首次提出构建人民法院“点、线、面”全方位案件质量控制评估体系；健全和完善错案评价标准和问责机制，最大限度地避免冤假错案。三是对司法公开制度的完善与推进。要求重视运用网络、微博、微信等现代信息技术和方式，扩大司法公开的影响力；对社会广泛关注的案件和普遍关心的纠纷，主动、及时、全面、客观地公开相关情况，有针对性地回应社会公众关切和疑惑问题。

三、评述：司法改革释信号，任重道远需努力

针对此次《意见》，一方面，从制度方向出发，专家和媒体多持肯定态度，认为《意见》以维护“司法公正”为聚焦点，推动了依法治国进程，释放了司法改革信号。最高人民法院研究室主任胡云腾表示，“大力加强公正司法”是全面推进依法治国的基本方略，是加快建设社会主义法治国家所追求的核心目标。①

另一方面，对于《意见》内容的具体落实，专家普遍认为困难重重。原因在于：其一，规则和制度的缺陷会阻碍司法改革的顺利推进。地方和部门司法保护主义、内部请示等司法潜规则决定了司法改革必将是一场持久战。其二，“审判独立”作为“公正司法”下的重要子命题，尚需相关制度共同完善推进。《东方早报》认为，司法决策需要拿出改革勇气，尽快实现司法权对行政权的独立审查，以司法保障宪法实施和公民权利。

① 最高人民法院研究室主任胡云腾谈加强公正司法提高公信力[OL]. 新华网，2013-10-28.

此次《意见》出台，以“公正司法”为聚焦点，吹响了我国未来司法改革的法治号角，有利于司法公信力的重新建立。但改革注定是一场攻坚战，相关政策的具体落实依旧困难重重，对于这一进程，我们充满期望，并将拭目以待。

（文/张婷婷）

党的十八届三中全会指引司法改革新航向

2013 年 11 月 9 日，党的十八届三中全会召开，经多日会议讨论，11 月 15 日《中共中央关于全面深化改革若干重大问题的决定》（以下简称《决定》）正式发布。《决定》中第九部分对下一阶段国家司法体制改革做出纲领性规划，受到社会各界广泛关注。

一、背景梳理：15 年司法改革历程

从 1997 年党的十五大将“依法治国”作为治国基本方略以来，我国司法体制改革已走过多年。1999 年，最高人民法院发布《人民法院五年改革纲要》（1999—2003），确立改革的 7 大方面和 39 项内容，使得法院内部工作机制得以初步完善。2005 年，最高人民法院发布的《人民法院第二个五年改革纲要》（2005—2009）立足于人民群众的司法需求，以完善诉讼制度为重点，其运行中尤以“死刑复核权收归最高法统一行使”为突出亮点。2007 年，党的十七大报告中首次提出“保证审判机关、检察机关依法独立公正行使审判权、检察权”。两年后，最高人民法院发布的《人民法院第三个五年改革纲要》（2009—2013）以促进社会和谐为主线，力图在优化法院职权配置、落实宽严相济的形势政策等方面寻找突破，最终在“司法为民”和“量刑规范化”方面取得了较大进步。总结以往经验，最高人民法院司法体制改革领导

小组办公室主任贺小荣认为，在肯定改革成果的同时需要注意，由于历次改革没有在人财物等司法体制问题上迈出实质性步伐，改革举措仅限于司法工作机制上的改进。①

党的十八大召开以来，习近平、李克强针对法治建设的多次发言明确了司法体制改革的方向及动力。“让人民群众在每个案件中感受到公平正义”“将权力关进制度的笼子里”等命题成为带动革新的催化剂。在此基础上，党的十八届三中全会《决定》中关于司法体制改革的蓝图描绘无疑具有划时代意义。

二、全面推进：《决定》中看司法改革方略

此次全会的召开受到社会各界广泛关注，《决定》也引发了舆论的热烈讨论，对此，国家行政学院教授许耀桐指出，此次研究部署全面深化改革问题，涉及范围之广、力度之大都前所未有。② 其特点为改革战略由单一到全面，由容易到复杂，由表层到深化，由摸着石头到顶层设计。具体到司法改革部分，除以上特点外，还有以下亮点。

第一，改革司法的外部条件。其一，横向切除对地方政府的人财物依赖，法院人财物由省高院统一管理，从根源上确保司法独立性。对此，贺小荣认为，司法机关人财物受制于地方政府是地方党政干预司法的主要原因，而此次改变是司法体制改革 15 年后在解决司法地方化问题上首次迈出实质步伐。中国人民大学陈卫东教授坦言，彻底解决司法实践中的地方保护主义是经济社会发展到一定程度的必然要求。其二，将行政区划和司法区划适当分离。陈卫东认为，此点一方面有利于平衡司法机关涉案负担，另一方面也利于摆

---

① 宁杰．走向公正——人民法院司法改革 15 年回眸[OL]．人民法院网，2013-11-17.

② 白全贵．十八届三中全会：开启全面改革新局[N]．河南日报，2013-11-14.

脱地方政府的制约和影响。其三，纵向厘清司法系统上下级任务分工，落实司法审级监督。其四，安装审判“聚光灯”，案件文书全面上网公开，让司法接受大众监督，加大司法公信力。对此，最高人民法院院长周强强调：公开是最好的防腐剂，是树立公信的前提，是打消当事人疑虑的最好办法。

第二，改革司法系统内部审制。其一，推进审判责任制，防止“判者不审，审者不判”。对此，中国人民大学法学院教授汤维指出，实行主审法官负责制就应当弱化审判委员会在个案审理上的功能。① 北京大学教授姜明安则主张，从法院院长、庭长开始去行政化，使其参与到审判当中，以提高各级法院的审判质量。其二，推进法官专业化建设。贺小荣指出，科学合理的法官制度是一个国家司法权力运行良好的必要条件，今后应当建立职业品德、专业知识、实践经验三位一体的法官培养遴选标准。②

第三，改革司法价值观念。此次《决定》通过多项制度改革凸显了现代化的决策价值观。其一，将功利型维稳转向价值型维稳，将涉诉信访案件并入司法程序中。贺小荣指出，信访维稳强调纠纷的具体差异，而忽略解纷程序的功能和价值，客观上降低了司法判决的终局性。其二，在司法层面上，突出强调人权保护。包括废除劳教制度，完善社区矫正；健全错案防止、纠正、责任追究机制；逐步减少适用死刑罪名等。中国人民大学副教授李奋飞认为，全会再提这项工作，说明国家对司法的人性化提出更高要求。

三、舆论导向：顶层设计尚需完善制度以配合

此次《决定》中的司法改革思路得到了社会各界的一致肯定，与此同时，

---

① 易珍春，王华伟．北京市石景山区法院召开主审法官负责制改革专家论证会[J]．中国审判，2011（4）.

② 贺小荣．掀开司法改革的历史新篇章[J]．法制资讯，2013（11）.

更多理智的声音开始探讨接下来如何精确落实改革步伐。首先，应在顶层设计基础上尽快开展立法调研。华东政法大学教授游伟指出，只有立法先行，才能保障司法改革运行在法治轨道上，才能集更多民智体现改革的民主化和科学性。其次，应尽早破除地方和司法部门的利益链接。《南方都市报》文刊指出，以往司法的地方干预之所以被接受，是因为干预的同时既有协助也有司法责任推卸，而这些恰是改革所要除去的痼疾，“给有独立意愿的法官生存土壤、发展空间乃至无上尊荣，也让无法适应独立生态的人群逐步淘汰”①。最后，就舆论广泛关注的改革推进顺序方面，国家司改办负责人指出改革思路为：有实践基础的改革措施应尽早推进，重大改革要组织专门力量进行科学论证，需要试点的改革应会同相关部门通过实践探索、积累经验后再逐步推进。②

经过“三五”改革探索，此次《决定》终于从司法体制方面为司法改革注入新的活力，使改革步伐向纵深处发展。不同于以往的“摸着石头过河”，如今的改革思路更加强调顶层设计和制度规范，此时更应注意深入调研实践，使改革策略接地气，尽量减少改革带来的社会风险。

（文/徐乐）

---

① 司法改革：审判独立的前提是人格独立[N]. 南方都市报，2013-12-01.

② 彭波. 积极稳妥推进深化司法体制改革各项任务[N]. 人民日报，2013-12-02.

2014年

首次中央政法工作会议开启法治新期待

中央政法委重拳阻击司法腐败

环保法经历25年首次大修

中央深改组部署司法改革先行试点

“四五纲要”勾画司法改革新蓝图

党的十八届四中全会完成依法治国顶层设计

《行政诉讼法》首次大修，剑指“民告官”三难

中国共产党首次集中清理党内法规

中国不动产登记走上制度化轨道

巡回法庭和跨行政区划司法机构正式设立

首次中央政法工作会议开启法治新期待

2014 年 1 月 7 日至 8 日，中央政法工作会议在北京召开。此次会议被看作是在全面深化改革背景下召开的一次全局性重要会议。会议确立了未来 5 年中国政法工作的基调，积极回应民众对社会公平正义的呼声，受到社会各界广泛关注。

一、背景梳理：司法改革新纪元的“中央”级会议

历年的政法工作会议，均会对过去一年的政法工作进行总结，并确定下一年中央在政法领域的施政重点和优先方向，对于全国政法工作和法治建设具有重要的指导意义。2014 年会议名称发生变化，由“全国政治工作会议”改为“中央政治工作会议”。这次会议名称的改变也证明最高层对政法工作的重视。

2013 年初全国政法工作会议着手推进四项改革工作，即劳教制度改革、涉法涉诉信访工作改革、司法权力运行机制改革和户籍制度改革。此后，2013 年 12 月，全国人大常委会通过关于废止有关劳动教养法律规定的决定，劳教制度被依法废止；2013 年 11 月，国家信访局宣布涉诉涉法信访直接进入申诉程序；2013 年 11 月，党的十八届三中全会通过的《中共中央关于全面深

化改革若干重大问题的决定》（以下简称《决定》）提出法院人财物由省高院直接管理，为司法运行提供了重要保障；户籍制度改革亦逐渐提上日程，一系列举措推进了法治建设进程，获得民众首肯。2013 年上半年，习近平两次对政法工作做出批示，都提到“平安中国”，表示平安是改革发展的基本前提。《决定》对司法体制改革描绘出新蓝图。一系列背景体现了中央高层对政法工作的重视和关心。此次中央政法工作会议将进一步开启新局面。

二、亮点分析：会议多处亮点体现改革精神

习近平出席此次会议并发表重要讲话。他强调，要把维护社会大局稳定作为基本任务，把促进社会公平正义作为核心价值追求，把保障人民安居乐业作为根本目标，坚持严格执法公正司法，积极深化改革，加强和改进政法工作，维护人民群众切身利益。

该会议体现的诸多亮点值得关注：

第一，正确处理党政关系。阐述要正确处理党的政策和国家法律的关系时，习近平指出，党既领导人民制定宪法法律，也领导人民执行宪法法律，要做到党领导立法、保证执法、带头守法。中国政法大学副校长马怀德称，这是习近平在十八届三中全会后再次重点提及这段话，说明党的领导人对政法工作的基本定位是尊重宪法。

第二，司法工作的价值追求与根本目标。其一，以促进社会公平正义为核心价值追求。国防大学研究员颜晓峰称，这对加快建设公正高效权威的社会主义司法制度，有效遏制以言代法、以权压法、徇私枉法现象起到极为重要的引导和保证作用。其二，将确保人民安居乐业作为政法工作根本目标。习近平强调，政法机关和广大干警要把人民群众的事当作自己的事。舆论指出，完成上述根本目标需要把维护民众合法权益作为各项政法工作的出发点和落脚点。

第三，维稳维权与扫除司法腐败。其一，处理好维稳与维权关系。习近平专门强调，维护社会大局稳定是政法工作的基本任务，要处理好维稳和维权的关系。中国人民大学刑事法律科学研究中心副主任肖中华表示，维权是根本或目标，维稳是手段或任务，处理二者的关系需要有正确的价值观指引。其二，扫除政法领域腐败。关于政法队伍建设，习近平指出，要以最坚决的意志、最坚决的行动扫除政法领域的腐败现象，坚决清除害群之马。国家行政学院教授汪玉凯称，这表明政法系统将加大对腐败现象的打击力度，坚决查处滥用权力和徇私枉法的人，并且这种反腐斗争将长期开展。

三、舆论评述：会议精神获称赞，期待具体落实

此次会议获得舆论普遍好评。人民网评论称，习近平从社会主义政法工作的本质出发，明确指出了政法工作的主要任务。① 法学界专家表示，新形势下政法工作主要任务正是坚持法治国家、法治政府、法治社会一体建设的具体体现，是做好政法工作的重要指针。大公网评论称，这是一次规模非比寻常的政法工作会议，中央已经将稳定工作视作深化改革的必要条件，政法工作的重要性和影响力将被提升到一个新的层次。② 另外，社会有识之士已经开始探讨如何贯彻落实会议精神。关于如何实现习近平提出的“四个决不允许”，人民网评论认为：首先，要增强做好政法工作的责任感、使命感；其次，要有合理的制度安排，必须进一步推进司法体制和警务机制改革；最后，要有严密的惩戒措施。

（文/叶晗涛）

① 肩负起政法工作的神圣使命[OL]. 人民网，2014-02-08.

② 总书记出席政法工作会议 17 年来尚属首次[OL]. 大公网，2014-02-08.

中央政法委重拳阻击司法腐败

2014 年 1 月 24 日，中央政法委出台《关于严格规范减刑、假释、暂予监外执行 切实防止司法腐败的指导意见》（以下简称《意见》）。《意见》强调，对三类罪犯的减刑、假释、暂予监外执行要从严规范，并强化责任追究。2014 年 3 月 6 日，司法部就贯彻落实《意见》做出部署，提出“倒查三年”“全程留痕”等措施，引发关注。① 舆论认为，《意见》的出台对于维护司法公正、提高司法公信力有着重要意义。

一、背景：司法腐败问题暴露

据统计，2009—2014 年，全国监狱年均提请减刑案件共 506 000 起，提请假释 36 000 起，批准暂予监外执行 6 000 余起。其中，被判处有期徒刑 10 年的广东省江门市原副市长林崇中，以“保外就医”之名逃避入监服刑；广东健力宝集团原董事长张海在服刑期间两次被裁定减刑，共计 4 年 1 个月 28 天。②

违法监外执行、违法减刑案件的频繁发生，引起了舆论对司法腐败问题的关注。最高人民检察院监所检察厅副厅长王光辉表示，刑罚变更执行中存在的问题突出表现为一些罪犯通过权力和金钱获得减刑、假释及暂予监外执行。③ 中国社会科学院法学研究所研究员刘仁文认为，这类罪犯通常是前官员或富商，具有人脉广、财力雄厚的特点，而内地法院由于人力物力不足，初审仍然主要依赖监狱，监管不足不可避免地导致违法减刑的产生。

① 司法部倒查三年减刑、假释、暂予监外案件违法违纪零容忍[OL]. 中国广播网，2014-03-09.

② 中央政法委出拳遏制高墙内外腐败[OL]. 新华每日电讯，2014-03-08.

③ 防止以权花钱“赎身”，遏制高墙内外腐败[OL]. 新华网，2014-03-08.

二、内容：规范制度与强化追责并行

在制度方面，《意见》要求严控职务犯罪、金融犯罪、黑社会犯罪三类罪犯减刑。第一，《意见》针对此三类罪犯以权、钱“赎身”相对突出的问题，首先要求从严把握“确有悔改表现”“立功表现”“重大立功表现”的认定标准，增加了三类罪犯是否积极消除犯罪行为所产生的社会影响等特殊条件，并明确对于服刑期间利用不正当手段企图获得减刑、假释机会的，即使客观具备减刑、假释的条件，也不得认定其“确有悔改表现”。第二，《意见》要求依照刑法、刑事诉讼法的规定，从严把握三类罪犯减刑的起始时间、间隔时间和幅度。有分析指出，根据《意见》规定：即使具备所有条件，无期徒刑罪犯经减刑后实际执行的刑期不低于17年，比按之前规定的长4年；死刑缓期执行罪犯经减刑后实际执行的刑期不低于22年，比按之前规定的长5年。第三，《意见》要求从严把握保外就医疾病范围条件，规定患有疾病但不积极配合刑法执行机关安排的治疗的，或者适用保外就医可能有社会危险性的，一律不得保外就医。第四，《意见》着眼于提高透明度、强化监督制约，重点从三个方面严格了程序规定，包括公示、开庭审理、报请备案审查等要求和规定。

同时，《意见》强调，要强化执法、司法人员责任追究。一方面，实行办案质量终身责任制，对减刑、假释、暂予监外执行各个环节的承办人、批准人等执法司法人员，适用“谁承办谁负责、谁主管谁负责、谁签字谁负责”的原则；另一方面，对减刑、假释、暂予监外执行中执法司法人员的违规现象“零容忍”。

三、舆论：让司法在阳光下运行

舆论对《意见》的出台普遍持肯定态度，认为《意见》可以促进三类案件的司法公正。中国人民大学法学院教授陈卫东认为，中央政法委此举能够有效遏制非法现象滋生、提高公信力，同时有效保证了公平，避免了权钱交易的发生。北京师范大学法学院教授吴宗宪表示，最大限度减少林崇中案、张海案类似案件的发生，最好的方法就是公开，让司法在阳光下运行。

在执行方面，《意见》需要相关部门细化规定的配合才能落实。吴宗宪表示，各司法部门应尽快出台相关的细化规定，详细规定公开的时间和程序，以免法院“选择性公开”的情况出现。

同时，我们也应注意到，减刑趋严将直接导致监狱管理难度加大。广东省惠州监狱监狱长李惠忠谈及“张海减刑案”时表示，若严格依照现行减刑制度，如果张海的律师为其提供可冒用的发明专利，张海就可能达到减刑条件，而审查者无法发现。

监狱由于其封闭性强的特性，给了司法腐败滋生的温床，因此，严格规范减刑、假释、暂予监外执行就显得尤为重要。但也要注意，司法腐败并非“从严”一招即能根除，更需要规范、合理的减刑制度予以配合，才能收获最佳效果。

（文/王梦璇）

环保法经历25年首次大修

2014年4月24日，历经4次审议的《环境保护法（修订案）》终获十二届全国人大常委会第八次会议表决通过，这意味着中国环保领域的“基本法”业已完成了25年来的首次大修，新法于2015年1月1日起施行。对此，《人民日报》撰文称，在生态环境日益恶化的今天，环保法修订体现了我国加大生态环境保护力度的立法用意，回应了老百姓对碧水蓝天的热切期盼。

一、理念飞跃：顶层设计以人为本

相对于旧法，新法在顶层设计上大大突破了既有的思想观念，多方面体现以人为本的主张：其一，新修订的环保法首次将“保障公众健康”写入总则第一条。环境保护部政策法规司相关负责人表示，关于公众健康保护的思想贯穿全法，这样的重视程度是过去没有的。其二，新法明确规定“保护优先”的原则。全国工商联环境服务业商会相关负责人认为，环境保护由20世纪70年代的末端治理，80年代的防治结合，90年代的过程控制，到现在的保护优先，应该说，这体现了环保理念的一次又一次升华。其三，新法对增强公民环保意识做出了一系列具体规定。全国人大常委会法工委相关负责人表示，“人人参与环保”是此次修法的亮点之一，相信通过媒体的宣传，必将带来全社会范围内环保理念的飞跃和提升。

二、监管落地：打造合理制衡体系

法律的生命在于实施，法律的权威来自执行。新的环保法致力于打造一个政府、社会、公民三者间相互监督的合理制衡法律体系，各司其职，形成合力，保障法律的实施和执行：政府层面，现行环保法关于政府责任仅有一条原则性规定，新法将其扩展增加为“监督检查”一章，进一步强化监督检查措施，落实政府责任；社会层面，新法进一步扩大了公益诉讼的主体范围，规定凡在设区的市级民政部门登记的，从事环保公益活动五年以上且信誉良好的社会组织，都可以提起公益诉讼；公民层面，新环保法修改规定了环境信息的公开制度和环境影响评价参与制度，切实保障公民对环境保护的知情权、参与权和监督权，为公民监督政府与企业提供了有效渠道。

三、制度构建：环境立法史上的重要里程碑

新的环保法首次写入生态保护红线，规定环境公益诉讼，设计按日计罚制度，增加环境污染公共监测预警机制……透过这些措施，不难窥见新修改通过的《环境保护法》为制度构建而做出的诸多努力，这一点也为各界所称道。《长江日报》撰文声称，再度推进环保法的修订，其现实意义并不在于强化环保行政执法的强制权力，而在于引入更广泛的参与力量和参与机制，形成更利于环保的制衡机制。[①] 北京大学法学院教授汪劲认为，新法宣示了“经济社会发展与环境保护相协调”的环境优先思想，实现了从“政策法”到“实施法”的转变，是中国环境立法史上的重要里程碑。而《上海金融报》更是满怀信心地指出，新环保法最重要的意义在于为环保事业的发展奠定了坚实的法律基础，随着新环保法的实施，我国在环保领域的长效机制将逐步建立完善。

（文/成柄潇）

中央深改组部署司法改革先行试点

2014 年 6 月 6 日，中央全面深化改革领导小组召开了第三次会议，通过了三个关于司法改革的方案：《关于司法体制改革试点若干问题的框架意见》（以下简称《改革框架意见》）、《上海市司法改革试点工作方案》（以下简称《上海改革方案》）和《关于设立知识产权法院的方案》（以下简称《知识法院方案》），为司法改革若干重点难点问题确定了政策导向。

---

① 环保法更该是一部权益法[OL]. 中国网，2014-05-01.

一、《改革框架意见》：加强顶层设计，推动试点先行

《改革框架意见》涉及 4 项改革——完善司法人员分类管理，完善司法责任制，健全司法人员职业保障，推动省以下地方法检人财物统一管理。根据中央要求，上海、广东、吉林、湖北、海南、青海 6 个省市先行试点，为全面推进司法改革积累经验。

《改革框架意见》指出，在人员管理方面，实行分类管理和员额考核，即将司法人员分为法官（检察官）、辅助人员、行政人员，对法官、检察官实行有别于普通公务员的管理制度，并建立员额制，把高素质人才充实到办案一线。在人员选任和职业保障方面，设立省级遴选委员会，建立逐级遴选制度，并健全与责任相适应的职业保障制度。在责任制方面，完善主审法官责任制、合议庭办案责任制和检察官办案责任制，法官、检察官对所办案件终身负责。在省级统管方面，建立法官、检察官统一由省提名、管理和按法定程序任免的机制，以及经费由省级政府财政部门统一管理机制。

二、《上海改革方案》：开展先锋试验，肩负改革重任

根据中央改革精神，上海市结合当地实际，形成了《上海改革方案》，试点工作同样包含四方面。

其一，完善分类管理，建立员额制度。司法工作人员分为法官（检察官）、辅助人员和行政人员三类，分别占队伍总数的 33%、52% 和 15%，85% 的人力资源将直接投入办案工作。与此同时，实行法官、检察官单独职务序列管理。法官、检察官主要从法官助理、检察官助理中择优选任，也可以从优秀的律师、法律学者等专业人才中公开选拔或调任。上级司法机关的法官、检察官主要从下级择优遴选。上海市计划用 3—5 年时间完成这项改革。上海市委常委、市委政法委书记姜平指出，这是上海司法改革试点工作

的亮点，也是最难点。

其二，健全职业保障制度，建立有别于一般公务员的职业保障体系。《上海改革方案》明确并细化了司法人员有条件延迟领取养老金的制度安排。例如，符合条件的基层女法官、女检察官可以延迟 5 年，到 60 周岁领取养老金。

其三，完善司法责任制。第一，推行主审法官、主任检察官办案责任制，在适用简易程序的案件中，主审法官审理全程、全权负责；在合议庭审理案件中，主审法官承担除应当由合议庭共同担责部分之外的所有责任；主任检察官在检察长授权内对做出的处理决定担责。第二，改革审判委员会制度，减少个案指导，强化总结审判经验、讨论决定重大问题、实施类案指导等方面的职能。第三，建立司法权力清单，明确应当由主审法官、主任检察官行使的司法权力，以及相应的责任。改革审委会和建立权力清单是《上海改革方案》的亮点，也是上海探索司法“去行政化”的关键点。

其四，建立省级人财物统管制度。中央司改办负责人特别指出，省级统管是一项重大改革，情况复杂，需要进行试点，积累经验后再逐步推开。《上海改革方案》对此做了具体安排。在人员管理方面，在市级组建遴选、惩戒委员会，形成全市法官、检察官“统一提名，分级任免”。在财物管理方面，建立统一管理全市法检经费、资产的保障机制，将区县司法机关作为市级预算单位，纳入市财政统一管理，落实“收支两条线”管理，清查登记各类资产也由市里统一管理。

2014 年 7 月 12 日，上海市明晰了试点工作的路线图和时间表：确定市二中院、市检察二分院及徐汇、闵行、宝山区法院、检察院等 8 家单位先行试点，试点工作至 2014 年底结束；2015 年一季度，全面推进试点工作。华东政法学院教授邹荣说，作为直辖市，上海地域面积较小，司法机关较为集中，区域差异不大，汇集各方人才，财力保障较好，这些都是开展司法改革试点的优势。

三、《知产法院方案》：专门领域寻突破，以点带面促改革

《知产法院方案》是一项独特的专业司法改革方案，设立知识产权专门法院是新一轮司法改革的重大举措。中国政法大学教授卞建林认为，司法管辖和行政区划的分离在普通法院实施起来还比较困难，可以先从知识产权法院试点。至于为什么以此作为突破点，中国政法大学教授冯晓青认为，很多知识产权案件的专业性和技术性很强，对法官要求较高，且可能同时涉及民事、行政和刑事三个层面的司法问题，因此需要设立专门法院。而上海金融与法律研究院执行院长则指出，设立知识产权法院是促进创新型国家建设的实践。在党的十八届三中全会通过的《关于全面深化改革若干重大问题的决定》中，“探索建立知识产权法院”并不是在“推进法治中国建设”环节中的讨论，而是在第三部分“加快完善现代市场体系”中的“深化科技体制改革”中阐述的。北京大学易继明教授也认为，这项举措具有更大的战略意义，即促进科技创新、建设创新型国家，并在国际社会中树立知识产权保护的新形象。

（文/吴秋兰）

“四五纲要”勾画司法改革新蓝图

2014 年 7 月9 日，最高人民法院召开新闻发布会发布《人民法院第四个五年改革纲要（2014—2018）》（以下简称“四五纲要”）。“四五纲要”提出45 项改革举措，是指导 2014—2018 年这 5 年法院改革工作的纲领性文件。

一、纲要背景：全面推动司法改革新时期

前三次“五年纲要”① 已记录下我国人民法院15年改革历程，无论是最初为满足市场经济体制的需要而建构司法体制，还是如今在司法独立和人权保护的价值体系中重塑社会主义法治体系，“五年纲要”都发挥了巨大引领作用。此次“四五纲要”是在党的十八届三中全会释放全面改革信号的背景下提出的第一个法院五年改革规划，同时，中共中央政治局在2014年7月29日召开的会议上决定，在10月召开的“十八届四中全会”中研究推进依法治国等重大问题。国家行政学院公共管理教研部教授、公共行政教研室主任竹立家指出：司法体制改革是依法治国的切入点，更是依法治国的保障。而法院的改革更是司法体制改革的核心。在此背景之下，“四五纲要”的发布或打响新时期全面、深化司法体制改革的第一枪。

二、纲要内容：内部外部相结合的全面改革路线图

“四五纲要”针对8个重点领域，提出了45项改革举措，重点归纳为8个方面的核心内容。第一，深化法院人事管理改革，坚持以法官为中心、以服务审判工作为重心，建立分类科学、结构合理、分工明确、保障有力的法院人员管理制度。第二，探索建立与行政区划适当分离的司法管辖制度。纲要就建立与行政区划适当分离的司法管辖制度做出了安排。第三，健全审判权力运行机制，完善主审法官、合议庭办案责任制作为关键环节，推动建立权责明晰、权责一致、监督有序、配套齐全的审判权力运行机制。第四，加大人权司法保障力度，强化对公民人身权利、财产权利和诉讼权利的司法保

① 这里分别是指《人民法院五年改革纲要》（1999—2003）、《人民法院第二个五年改革纲要》（2004—2008）、《人民法院第三个五年改革纲要》（2009—2013）。

障，建立和完善以庭审为中心的审判机制，有效发挥审判对侦查、起诉的制约和引导作用，确保司法公正。第五，进一步深化司法公开。完善庭审公开制度，完善审判信息数据库，加强我国裁判文书网网站建设，整合各类执行信息，方便当事人在线了解执行工作进展等。第六，明确四级法院职能定位，建立定位科学、职能明确、监督得力、运行有效的审级制度。第七，健全司法行政事务保障机制，立足审判权的中央事权属性，推动地方法院经费统一管理、内部机构改革、司法统计改革等。第八，推进涉法涉诉信访改革。建立诉访分离、终结有序的涉诉信访工作机制。

纲要内容可以简单分为法院内部制度建设和法院外部环境构建两个方面。前者包括审判公开制度改革、审判权力运行机制、司法权自我约束等；后者则包括法院人事制度改革、判决与行政权力的分离、管辖制度改革、司法行政事务保障机制、涉诉信访问题等。相较而言，法院内部制度建设封闭性强，推行阻力较小，而法院外部环境的构建则必须与其他公权力相配合，形成促进法院改革的制度环境，司法改革本身需要体系性的推动机制。

三、纲要解读：热点背后的改革逻辑

“四五纲要”中最突出的政策热点集中在三个方面。第一，推动法官队伍精英化，在省一级设立法官遴选委员会，从专业角度提出法官人选，由组织人事、纪检监察部门在政治素养、廉洁自律等方面考察把关，人大依照法律程序任免。同时，初任法官首先到基层人民法院任职，上级法院法官原则上从下一级法院遴选产生。第二，推动司法工作与行政权力相分离，避免地方保护主义。通过提级管辖和指定管辖，确保行政案件、跨行政区划的民商事案件和环境保护案件得到公正审理。而纲要发布之前讨论最多的建立跨行政区法院并未被采纳。第三，推动法官独立行使审判权。完善主审法官、合议庭办案机制。同时，改革裁判文书签发机制，主审法官独任审理案件的裁判文书，不再由院、庭长签发。坚持谁裁判谁负责的原则，这是对法官自身独立性的强调，但改革的同时也应建立完善的监督、制约机制，防止因法官经验不足而增加错案风险。

四、"四五纲要"评析：改革不搞"一刀切"

2014 年 7 月 31 日，最高人民法院司法改革领导小组会议指出，要高度重视改革工作的复杂性和敏感性，越是重大的改革项目，越是要试点先行，尊重地方首创精神，不能"拍脑袋"和"一刀切"。对好的经验做法，要及时总结推广。据此考察上海司法改革试点工作就不难体会其中用意。我国所面临的司法环境既高度复杂，又具有中国特色，与我国历史文化传统一脉相承。因此，在法院的改革过程中，既不可能完全照搬西方司法运作经验，又不能在全国不分区域地推行"一刀切"政策。改革既要从试点中寻找经验，又要从实践中提炼理论。"四五纲要"的贯彻执行和政策反馈，将是下一步工作的重点。

（文/彭飞）

党的十八届四中全会完成依法治国顶层设计

2014 年 10 月 23 日，党的十八届四中全会通过了《中共中央关于全面推进依法治国若干重大问题的决定》（以下简称《决定》）。会议首次以依法治国为主题，不仅首次提出中国特色社会主义"法治体系"概念，而且对党的领导和依法治国的关系做了重要论述。

一、重点内容：建设中国特色社会主义法治体系

自党的十五大提出"依法治国，建设社会主义法治国家"的构想以来，

党的历届中央领导集体都一再重申“依法治国，建设社会主义法治国家”。可以说，改革开放以来的历史是中国共产党执政方式从过去的政治动员向依法治国转变的历史。与以往不同的是，此次全会在重申依法治国的同时，更注重依宪治国和依法治国的制度建设。

第一，在健全宪法实施和监督制度方面，决定提出：完善全国人大及其常委会宪法监督制度，健全宪法解释程序机制；加强备案审查制度和能力建设，依法撤销和纠正违宪违法的规范性文件；建立宪法宣誓制度，并将每年12 月4 日定为国家宪法日；在全社会普遍开展宪法教育，弘扬宪法精神。

第二，在完善立法体制方面，决定认为：一是健全有立法权的人大主导立法工作的体制机制，发挥人大及其常委会在立法工作中的主导作用；二是加强和改进政府立法制度建设，完善行政法规、规章制定程序，完善公众参与政府立法机制；三是明确地方立法权限和范围，禁止地方制发带有立法性质的文件；四是努力形成国家法律法规和党内法规制度相辅相成、相互促进、相互保障的格局。

第三，在依法行政方面：一是依法全面履行政府职能；二是健全依法决策机制；三是深化执法体制改革；四是坚持严格规范公正文明执法；五是强化对行政权力的制约和监督；六是全面推进政务公开。

第四，在司法制度建设方面：一是最高人民法院设立巡回法庭；二是探索设立跨行政区划的人民法院和人民检察院；三是探索建立检察机关提起公益诉讼制度；四是推进以审判为中心的诉讼制度改革，充分发挥审判特别是庭审的作用。

第五，在法治工作队伍建设方面：一是建设高素质的法治专门队伍，提升正规化、专业化、职业化水平。具体措施包括：健全统一法律职业资格考试，建立职前培训制度，从符合条件的律师、法学专家中招录立法工作者、法官、检察官等。二是加强法律服务队伍建设。三是创新法治人才培养机制，重点打造一支政治立场坚定、理论功底深厚、熟悉中国国情的高水平法学家和专家团队。

二、焦点关注：党的领导与依法治国的内在关系

党的领导是中国特色社会主义最本质的特征，是社会主义法治最根本的保证。这在重要性层面和制度属性层面清晰解读了党与法治的关系。

回到《决定》原稿中来，最后一部分全面阐述了党的领导与中国特色社会主义法治体系之间的关系。该部分开头即指出“党的领导是全面推进依法治国、加快建设社会主义法治国家最根本的保证”。这在某种程度上将党的领导置于法治体系的核心地位。其内容包括：坚持依法执政，加强党内法规制度建设，提高党员干部法治思维和依法办事能力，推进基层治理法治化，深入推进依法治军从严治军，依法保障“一国两制”实践和推进祖国统一，加强涉外法律工作。

《决定》从党的领导作用、党的自身建设、治理方式、党与军队的关系、国家统一与对外联系等多角度阐述了党与法治的关系，以上关系所组成的板块共同构成了党在法治体系中的运作模式。这不仅将党的领导与法治建设构筑为不可分割的整体，更是为党的领导提供了充分的正当性。

三、未来愿景：多元治理体系强调国家治理现代化

此次全会在强调以法院为中心的审判体系主导传统法治理念的同时，强调其他社会规范、其他社会力量在国家治理中的作用。

其一，《决定》的第五部分提出了构建法治社会的理想模型。强调法律的权威来自人民的内心拥护和真诚信仰。而理想的法治社会包含四个方面的展望：第一，推动梳理法治意识；第二，推动多层次多领域依法治理；第三，建设完备的法律服务体系；第四，健全依法维权和化解纠纷机制。法治社会

是一个以普通公民为主体的建制化过程，因此，《决定》在这一部分特别强调应加强公民道德建设，弘扬中华优秀传统文化，增强法治的道德底蕴，强化规则意识，倡导契约精神，弘扬公序良俗。在引导公民履行法定义务的同时，强调社会责任、家庭责任。这种法律、道德、社会伦理、文化传统的多维度规范共同构成了中国特色的法治体系。

其二，强调党内法规体系的重要性，加强制度建设。《决定》指出，党内法规既是管党治党的依据，也是依法治国的有力保障。党是法治建设的领导核心，也是中华民族的先锋队，现代化建设的带头人，党规党法又是严于普通法律的规范和原则，因此，只有确保党员遵从党规党法，才能保证依法治国方略的有效实施。从这个角度讲，党内法规体系也是中国特色社会主义法治体系的重要组成部分，是治理能力现代化的有效保障。

总体来讲，《决定》认为，全面推进依法治国，就是在中国共产党领导下，坚持中国特色社会主义制度，贯彻中国特色社会主义法治理论，形成完备的法律规范体系、高效的法治实施体系、严密的法治监督体系、有力的法治保障体系，形成完善的党内法规体系，坚持依法治国、依法执政、依法行政共同推进，坚持法治国家、法治政府、法治社会一体建设，实现科学立法、严格执法、公正司法、全民守法，促进国家治理体系和治理能力现代化。由此，我们可以期待一个多元的国家治理体系，在国家治理中发挥更重要的作用。

（文/于天涛）

《行政诉讼法》首次大修，剑指“民告官”三难

2014 年 11 月 1 日，十二届全国人大常委会第十一次会议表决通过了《全国人民代表大会常务委员会关于修改〈中华人民共和国行政诉讼法〉的决

定》。此次修法是《行政诉讼法》自实施24年后的第一次修订，主要针对破解民告官案件“立案难、审理难、执行难”做出了新规定，于2015年5月1日起开始实施。

一、历史沿革与存在问题

《行政诉讼法》规定了行政诉讼程序的基本规则，为合法权益受到国家行政机关非法侵犯的公民和法人提供法律救济途径。《行政诉讼法》于1989年由七届全国人大二次会议审议通过，自1990年10月1日起施行。自实施以来，在解决行政争议，推进依法行政，保护公民、法人和其他组织的合法权益等方面发挥了重要作用，具有里程碑式的意义。

随着时代变迁，行政诉讼法的部分规范与社会经济发展不协调、不适应的问题日渐突出。行政机关拒绝履行判决的情况亦屡见不鲜，法院除了发司法建议外缺少其他有效的手段，而司法建议本身作用也非常有限。从实践来看，“立案难、审理难、执行难”三难问题仍然存在，使得对行政诉讼法的修订成为社会广泛共识。

二、对症下药治理“三难”

此次修法主要针对以上存在的“三难”问题。

第一，“立案难”与部分案件法院不敢受理、受案范围不够宽等因素有关。修订后的行政诉讼法，一方面，明确规定“人民法院应当保障公民、法人和其他组织的起诉权利，对应当受理的行政案件依法受理。行政机关及其工作人员不得干预、阻碍人民法院受理行政案件”。另一方面，将原行政诉讼法第十一条列明的8种受案情形扩充至12种。

第二，“审理难”是出于行政机关消极配合司法审理，地方法院受制于地方政府，诉讼原告受行政主体施压等原因。修订后的行政诉讼法对司法权威和相对人权利进行了法律加持，同时对行政机关应诉过程中违法行为的责任予以明晰。一是要求行政机关积极配合司法审理，规定被诉行政机关负责人或委托人应出庭应诉。如其经传唤无正当理由拒不出庭，或未经许可中途退庭，人民法院可以予以公告或向其上一级行政机关或监察机关提出处分司法建议。二是引入集中管辖和提级管辖两种方式以减少地方政府对行政审判的干预。高级法院可以确定若干基层法院跨行政区域管辖一审行政案件，中级人民法院管辖县级以上地方政府提起诉讼的案件，同时可以跨行政区域管辖一审行政案件。三是严格规范行政机关对诉讼原告的干预行为。对于实践中存有一些行政机关向行政诉讼原告施加压力、迫使其撤诉的情况，修订后的行政诉讼法规定，对于以欺骗、胁迫等非法手段迫使原告撤诉的行政主体，将予以追责。①

第三，“执行难”的问题主要源于惩治机制不完善、司法权威未得到彰显等方面。修订后的行政诉讼法从增强惩治机制入手，规定对于行政机关拒绝履行判决、裁定、调解书，并造成社会影响恶劣的情况，可以对该行政机关直接负责的主管人员和其他直接责任人员予以拘留。

三、此次修订的重大突破

修订后的行政诉讼法明确赋予法院对规章以下的政府“红头文件”可进行附带审查的权力。这就意味着，对某些地方行政机关运用规范性文件剥夺上位法赋予公民的固有权利、违背法治精神管理社会的情况将能形成有效的遏制。长期以来，政府“红头文件”成为地方政府行政的最高权力指挥棒，但由于红头文件并非法律文件，缺乏严格的制定程序，因此，具有很大的不确定性。对地方“红头文件”引发的地方保护主义、不合理决策缺乏有效的

① 殷泓．“民告官”迈入 2.0 时代——解读新修改的行政诉讼法十大亮点[N]．光明日报，2014-11-06.

监督机制。而新的行政诉讼法在此领域有突破，将政府的抽象行政行为纳入司法的监督之下，进一步体现了政府依法行政的客观要求。

总体来看，新行政诉讼法的实施必将有助于我国行政诉讼制度更有力地保障公民权利，限制行政权力，维护司法权威。同时，对执法主体的执法方式、手段不断现代化、法治化提出了更高的要求。行政机关要进一步提高依法行政的水平，健全行政应诉的配套制度，强化责任制，确保各类行政行为都能够经受法律的检验。把行政应诉工作纳入各级行政机关依法行政的指标考核体系中，将成为深入推进依法行政、加快建设法治政府的下一步任务。

（文/王艳）

中国共产党首次集中清理党内法规

2014 年 11 月，《中共中央关于再废止和宣布失效一批党内法规和规范性文件的决定》（以下简称《决定》）正式发布。根据《决定》，在 1949 年至 1977 年期间，中共中央制定的 411 件党内法规和规范性文件中，有 160 件被废止，231 件宣布失效，20 件继续有效。《决定》的发布，标志着中央党内法规和规范性文件集中清理工作全部完成。①

一、清理背景

党内法规，是中国共产党的中央组织以及中央纪委、中央各部门和省、自治区、直辖市党委制定的规范党组织的工作、活动和党员行为的党内规章制度的总称。新中国成立以来，尤其是改革开放以来，党中央制定了大量党内法规和规范性文件，为规范党组织的运行、党员的日常行为等提供了重要

---

① 清理党内法规文件要坚持“破立结合”［OL］. 中国共产党新闻网，2014-12-09.

制度保障。但随着世情、国情、党情的深刻变化，党内法规制度中存在的不适应、不协调、不衔接、不一致问题日益突出，特别是部分党内法规和规范性文件滞后于实践的发展和形势任务的需要，存在同党章和党的理论路线方针政策不一致、同宪法和法律不一致的情况，从而无法满足依法治国和依规治党的要求。因此，在新的历史时期清理整顿党内法规显得十分必要。

二、清理内容

根据中央部署，清理工作分为两个阶段：第一阶段（2012 年 7 月至 2013 年 9 月），清理 1978 年至 2012 年 6 月制定的党内法规和规范性文件；第二阶段（2013 年 10 月至 2014 年 12 月），清理新中国成立至 1978 年前制定的党内法规和规范性文件。然而，集中清理主要是“破”的过程。党内法规要坚持立、改、废、释并举，增强党内法规的及时性、系统性、针对性和有效性。因此，下一阶段党内法规的工作重心应当放在“立”上，有规可依是依规治党的前提。要根据《中国共产党党内法规制定条例》和《中央党内法规制定工作五年规划纲要（2013—2017 年）》的要求，立足当前、着眼长远、统筹推进，确保到建党一百周年时，全面建成内容科学、程序严密、配套完备、运行有效的党内法规制度体系。

三、深度解析

此次集中清理党内法规：一方面，是检验党内法规与党的路线纲领方针政策是否一致。另一方面，这次清理要检验党规是否与宪法和法律相一致。《党章》总纲明确规定，党必须在宪法和法律的范围内活动。因此，凡与宪法和法律不一致的地方，均需要修改和废止，以保证党规与宪法、法律的一致性。做到党规与宪法和法律相一致，是宪法原则的体现，也是依法执政和依宪执政的要求。党的十八届四中全会指出，要注重党内法规同国家法律的衔接和协调。因此，集中清理与宪法和法律相冲突的党内法规便是中央贯彻落实依法治国方略的重要一步，也充分彰显了中央“依法治国”的决心。

以党章为根本、以民主集中制为核心的党内法规制度体系，是管党治党的重要依据，也是建设社会主义法治国家的有力保障。加强党的建设，在制度上要更带有根本性、全局性、稳定性和长期性。正如习近平总书记所强调的，打铁还需自身硬。中国共产党只有搞好自身的制度建设，才能更好地领导国家的各项制度建设。集中清理党内法规的目的就是要使党内法规体系更加健全，配套党内法规更加完备，与各项国家法律更为协调统一，从而让权力运行受到更加有效的制约和监督，党执政的制度基础更加巩固。

治国必先治党，治党务必从严，从严必有法度。此次集中清理党内法规是贯彻落实依法治国、依规治党方略的重要体现。然而，我们也应认识到，党内法规制度体系建设任重道远。因此，必须将党内法规的立、改、废、释工作常态化、制度化、规范化，从而为管党治党、执政治国提供更加科学有力的党内法规制度保障。

（文/王梦晓）

中国不动产登记走上制度化轨道

2014 年 11 月 24 日，国务院公布《不动产登记暂行条例》（以下简称《条例》）。《条例》共 6 章 35 条，分别对不动产权利类型、不动产登记机构、登记簿、登记程序、登记信息的共享和保护、登记机构和申请人的法律责任等做出规定，自 2015 年 3 月 1 日起开始施行。

一、背景：从“九龙治水”到统一管理

早在 2007 年我国就已将“国家对不动产实行统一登记制度”写入《物权

法》，但“九龙治水”的管理模式带来部门利益和职权的再分配等难题，致使制度建立进展缓慢。2013 年 11 月，国务院常务会议决定由国土资源部负责指导监督全国不动产统一登记职责。此后，不动产统一登记建设步入快车道。2014 年 5 月，不动产登记局正式挂牌。同年 8 月，国务院法制办就该《条例》制定公开征求意见。

二、特色：统一明确，便利百姓

第一，实现“四统一”。为落实不动产统一登记制度，《条例》紧紧围绕登记机构、登记簿册、登记依据和信息平台的“四统一”进行制度创建。一是统一登记机构。《条例》第六条明确国家层面的不动产统一登记的指导和监督机关是国土资源主管部门。同时，要求县级以上地方人民政府确定一个部门负责本行政区域的不动产登记工作，并接受上级人民政府不动产登记主管部门的指导和监督，从基层层面落实了具体的不动产登记机构实行统一归口。二是统一登记簿册。《条例》改变了现实生活中各部门分设登记簿的状况，规定使用统一的登记簿册，同时对登记簿应当记载的事项进行明确，从法规制度层面上实现了登记簿册的统一。三是统一登记依据。不动产登记依据的统一至少有两个层次：一是在物权实体法层面上的统一，二是在物权登记程序上的统一。《条例》主要实现的是物权登记程序上的统一，为下一步实际开展不动产登记工作提供重要依据。四是统一信息平台。《条例》要求国务院国土资源主管部门会同有关部门建立统一的不动产登记信息管理基础平台，实现国家、省、市、县四级登记信息的实时互通与共享。

第二，登记程序方便群众。为方便群众申请登记，减轻申请负担，《条例》特意简化了申请程序，强调当场审查原则，对不符合法定条件不予受理的，以及不属于本机构登记范围的，要书面告知申请人，并一次性告知需补正内容或者申请途径，否则视为受理。此外，登记机构能够通过实时互通共享取得的信息，不得要求申请人重复提交。

第三，明晰法律责任。《条例》以规定登记机构及其工作人员的法律责任为重点，不仅规定登记机构及其工作人员的职责，例如登记职责、登记辅助行为以及一般行政机关职责，而且规定未尽职责的机构及其工作人员应当依法承担的法律责任，例如行政处分责任、行政处罚以及民事赔偿乃至刑事责任。此外，《条例》也规定了登记申请人、相关单位和个人的法律责任。

三、影响：有利于反腐及房地产市场

《条例》出台后，有关不动产登记制度的建立与反腐的关系以及对房地产行业的影响一时间成为社会各界普遍关注的话题。

反腐或成为《条例》的派生功能。在当前语境下，人民对不动产登记制度普遍存在一个“溢出期待”，希望其能成为反腐利器。有评论认为，虽然不动产登记制度建立的初衷不是指向反腐，但是该制度包含的派生功能可以与反腐形成良好对接。此外，不动产登记制度对官员财产申报会造成一定威慑，且当不动产统一登记信息实现全国联网共享后，将更有利于反腐工作的开展。[①]

不动产统一登记制度的建立不会抑制房地产行业的发展。从长远来看，作为物权的权证，不动产统一登记只会有利于房地产业平稳健康发展，有利于房地产公平公正交易，有利于房地产市场机制的完善。另外，影响房价的因素有很多，不动产登记制度并不会直接影响房价，且只要相关法律法规制定合理，就能让真正的房屋产权人利益得到保障，房地产市场就不会产生大的波动。

（文/朱琦明）

① 住建部专家解读不动产登记：不会大幅拉低房价[OL]. 人民网，2015-01-12.

巡回法庭和跨行政区划司法机构正式设立

2014 年 12 月 28 日，十二届全国人大常委会第十二次会议表决通过设立最高人民法院巡回法庭。其中，最高人民法院第一巡回法庭设在广东省深圳市，第二巡回法庭设在辽宁省沈阳市，两个巡回法庭于 2014 年初受理、审理案件。12 月 28 日，全国首个跨行政区划法院与首个跨行政区划检察院——上海市第三中级人民法院（以下简称“上海三中院”）、上海市人民检察院第三分院（以下简称“上海三分院”）正式成立。这两项重要司法制度将理论落到了实践，引起广泛关注。

一、背景：党的十八届四中全会确定改革方案

我国法院长期以来按照行政区划设置，各级法院由各级人大选举产生，同级法院向同级人大负责，接受同级人大的监督和罢免。而各地方上下级人民法院之间，地方法院与最高人民法院之间，只有法律上的监督关系，不是领导关系。这样的司法体制便于明确管辖，方便诉讼，也容易得到当地党政部门的大力支持。同时，由于人财物受制于地方，法院与当地党委、政府甚至企业有着千丝万缕的联系，司法权的运行易受地方因素影响和干扰，产生了地方保护主义和司法不公等一系列问题。

在此背景下，党的十八届四中全会公报提出：最高人民法院设立巡回法庭，探索设立跨行政区划的人民法院和人民检察院。2014 年 12 月 2 日，中央深改组审议通过《最高人民法院设立巡回法庭试点方案》和《设立跨行政区划人民法院、人民检察院试点方案》。根据试点方案，跨行政区法院、检察院和最高人民法院巡回法庭相继成立。

从两项制度正式提出到落实以后，如此之快的改革速度，显示出中央与地方推进司法改革的决心“前所未有”，也是对公众热切期待的积极回应。

二、比较：巡回法庭与跨区域司法机关的异同

第一，相同点：跨区域司法管辖设计。最高人民法院巡回法庭和跨行政区划法院与检察院都是实现跨区域司法管辖的制度设计，有利于“去地方化”。按照“构建普通案件在行政区划法院审理、特殊案件在跨行政区划法院审理的诉讼格局”的中央部署，成立后的上海三中院探索审理跨地区行政诉讼案件（以市级政府为被告的一审行政案件；市级行政机关为上诉人或被上诉人的二审行政案件）和重大的环境资源保护、食品药品安全案件。上海三分检的案件管辖范围为跨地区的重大环境资源保护和重大食品药品安全刑事案件等。行政案件以及环保案件最容易受到行政力量的干预，这样的设计有利于减少地方保护，保持审判中立。相比较而言，作为跨区域中院的升级版，巡回法庭落地则更受期待。最高人民法院巡回法庭的设立实际上是“去地方化”改革的升级版，使得改革可以突破省级层面，也让“司法去地方化”的范围进一步扩大，“去地方化”的体系更加系统、更加完善。

第二，不同点：巡回法庭不是独立机构。新成立的跨区域法院、检察院从本质上来说是独立的机构，以北京市第四中级人民法院为例，北京四中院与北京一、二、三中院之间是平行关系，是独立的法院，不隶属于任何其他法院。而最高法院巡回法庭则不同，巡回法庭的性质是最高法的组成部分，并不是一个独立的机构。最高人民法院司法改革办公室主任贺小荣指出：巡回法庭是最高人民法院的派出机构和组成部分，不是一个独立的审级，也不是独立的法院。① 最高人民法院设置的巡回法庭即代表最高人民法院，巡回法庭做出的裁判与最高人民法院的裁判在效力上是相同的，都要盖最高人民法院的印章，都是终审判决，不存在上诉的问题。巡回法庭和各高级人民法院

---

① 王亦君．最高法巡回法庭揭秘［N］．中国青年报，2014-12-29.

之间仍然是上下级审级关系。

三、焦点：实施层面的两个难题

两个制度的出台在受到了广泛肯定的同时，部分学者也指出了制度实施之中面临的一些挑战。首先，具体规则有待细化。无论是最高人民法院巡回法庭还是跨区域的法院、检察院制度，在我国都属于新事物，许多规定还不明确，这在实践中可能产生不少问题。例如，我国涉及跨区域或者跨省的案件数量非常庞大，但两者的受案范围目前主观性较大，如果涉及原被告分属两省的案件都进入跨区域法院、检察院，会导致跨区域法检受理案件量过大，无法应对。其次，人员选任存在问题。巡回法庭和跨区域法检都是新成立的事物，需要安排大量的人手，但是选任模式难以推广。以巡回法庭为例，2014 年两个庭长都是来自最高人民法院的副部级法官，以两个巡回法庭各分管三个省区算，那么将来可能还要设立 8 至 9 个巡回法庭，如果以现有方式配备庭长，最高人民法院现有的副部级职数显然是不够的，而增编扩容显然又与最高人民法院自身的应然定位不符。这其中存在的法庭（或法院）职能与人员数量之间的冲突，构成了舆论关注的焦点。而司法工作人员的来源与选拔机制，无疑对法庭（或法院）的性质具有影响。

（文/魏玉洁）

2015年

中央对领导干部干预司法画出“警戒线”

“税收法定”原则步入立法正轨

首次全面清理司法解释工作告成

中国法院全面推行立案登记制

中国正式确立宪法宣誓制度

新国家安全法打造“法治国安”

两高发文完善司法责任制

全国正式建立统一的居住证制度

中国出台首部《反家庭暴力法》

国务院部署全面解决无户口问题

中央对领导干部干预司法画出“警戒线”

党的十八届四中全会首次提出“建立领导干部干预司法活动、插手具体案件处理的记录、通报和责任追究制度”。该项制度如何落实、何时落实一直是各界关注的热点。2015 年 3 月 30 日，中共中央办公厅、国务院办公厅发布《领导干部干预司法活动、插手具体案件处理的记录、通报和责任追究规定》（以下简称《规定》），从记录、通报、追责三个环节对领导干部干预司法活动的行为进行约束，在权与法之间立起一道“防火墙”，给干预司法者画出了一条“警戒线”。①

一、不得干预司法：从法院的内部规定到统一的政治规矩

干预司法的行为要登记，最早是由最高人民法院确立并推广的，当时的名称为过问登记制。2009 年，最高人民法院在《关于司法公开的六项规定》中指出：建立健全过问案件登记、说情干扰警示、监督情况通报等制度，向社会和当事人公开违反规定程序过问案件的情况和人民法院接受监督的情况。2009 年，《人民法院第三个五年改革纲要》提出，研究建立违反法定程序过

① 徐璐璐．对干预司法说再见[OL]．求是网，2015-04-06.

问案件的备案登记报告制度。2011 年《关于在审判工作中防止法院内部人员干扰办案的若干规定》直接确定了过问登记制度的一些具体操作。[①] 2014 年《中共中央关于全面推进依法治国若干重大问题的决定》明确，建立领导干部干预司法活动、插手具体案件处理的记录、通报和责任追究制度。同时还规定，司法机关内部人员不得违反规定干预其他人员正在办理的案件，建立司法机关内部人员过问案件的记录制度和责任追究制度。

过问案件登记制度虽然已经出台多年，但实施中效果不佳。首先，过问案件登记制度缺乏系统、具体的操作规定，现实中不好操作；其次，领导干部插手具体案件是一系列因素综合的结果，在司法体制乃至外部环境没有根本变化的前提下，过问案件登记制度难以施行。在实践中，一些领导干部法治意识淡薄，对如何正确处理坚持党的领导和确保司法机关依法独立行使职权的关系认识不清、把握不准，存在通过“打招呼、批条子、递材料”等方式干预案件处理的情况，这对司法的权威性与公正性带来负面影响。[②]《规定》的出台，将进一步落实党的十八届四中全会精神，为司法机关依法独立公正行使职权提供制度保障。

二、制度化解决思路：记录、通报、追责三措并举

在《规定》出台之前，2015 年 2 月 26 日发布的《最高人民法院关于全面深化人民法院改革的意见》提出，明确审判组织的记录义务和责任，对于领导干部干预司法活动、插手具体案件的批示、函文、记录等信息建立依法提取、截止存储、专库录入、入卷存储机制，相关信息存入案件正卷，供当事人及其代理人查询。在此基础上，《规定》对领导干预案件的记录提出了细

① 孙光宁．干预追责：司法独立保障的扩展与提升[J]．理论探索，2015（1）．

② 熊秋红．建立防止领导干部干预司法的“防火墙”[N]．检察日报，2015-04-06．

致要求，为其具体落实提供了进一步的保障。从内容来看，《规定》虽然条文不多，但内容丰富而又具体，具有很强的操作性。

首先，《规定》明确提出，对领导干部干预司法活动、插手具体案件处理的情况，司法人员应当全面、如实记录，做到全程留痕，并定期汇总报告同级党委政法委和上级司法机关。这不仅有利于监督和约束领导干部的行为，也有利于落实司法责任，同时体现了全面依法治国必须抓住领导干部这个“关键少数”的要求。其次，《规定》要求，对于已记录的领导干部干预司法活动的行为，党委政法委按程序报经批准后予以通报，必要时向社会公开。阳光是最好的防腐剂，通过公开可以从社会监督的层面有效促进制度的实施，既是对实施干预行为的领导干部进行警示，也能让其他人引以为戒。最后，《规定》还明文规定，领导干部干预司法活动、插手具体案件处理的情况，应当纳入党风廉政建设责任制和政绩考核体系，作为考核领导干部是否遵守法律、依法办事、廉洁自律的重要依据。领导干部违法干预司法活动，造成不良后果或者恶劣影响的，或对司法人员进行打击报复的，给予纪律处分；构成犯罪的，依法追究刑事责任。

记录、通报、追责这三项制度紧密衔接，前后呼应，形成一个有机的整体。其将对领导干部干预司法活动、插手具体案件行为起到有力的制约作用，也对确保司法人员依法独立公正办案，维护司法公正具有重要意义。

三、完善配套机制：推动形成良性的司法生态

良好的司法生态需要科学的制度来构建，只有科学而严密的制度性规定，才能使领导不愿干预案件、不能干预案件、不敢干预案件，保障司法工作者严格按照法律进行审理和判决。总的来看，《规定》为规范领导干部干预司法活动树立了政治规矩，也建立了具有可操作性的具体制度，在此基础上，还有许多工作需要做。其一，应加大司法公开力度。比如有领导干部通过电话

或口头指示干预案件，并没有办法记录下来，但是一旦加强司法公开，裁判文书必须具有说理性，也就起到了对领导干部的反向监督。[①] 其二，案件质量异议机制亟须完善。如果案件当事人怀疑案件办理过程中受到领导干预导致处理不公的，应当有方便快捷的路径进行投诉、复查，并且可以要求相关文书公之于众，接受社会监督。其三，司法人员保护机制有待建设。针对那些认为自己因为抵制领导干预受到报复的情况，应设置完善的申诉机制和救济机制。[②] 徒法不足以自行，只有将《规定》各项细则真正落实，同时积极完善配套制度，才有助于构建良好的司法生态。

（文/王梦晓、魏玉洁、张佳俊）

“税收法定”原则步入立法正轨

2015 年 3 月 25 日，由全国人大法工委起草的《贯彻落实税收法定原则的实施意见》（以下简称《意见》）经党中央审议通过，标志着我国税收法定立法正式纳入日程。

一、出台背景

改革开放初期，鉴于税收制度的建立、完善面临的错综复杂的情况，全国人大及其常委会通过《关于授权国务院在经济体制改革和对外开放方面可以制定暂行的规定或者条例的决定》（以下简称《决定》），对有关税收问题，授权国务院必要时可以制定暂行规定或者条例。

我国时行 18 个税种中，只有个人所得税、企业所得税、车船税由法律规定，其余 15 个税种均由国务院制定的暂行条例规定。除了国务院制定的税收

① 最高法：让领导干部非法干预司法无立足之地[OL]. 中新网，2015-02-26.

② 朱恒顺. 杜绝领导干预司法需构建良好司法政治生态[N]. 中国青年报，2015-04-03.

行政法规之外，还存在大量国务院各部委颁行的税收行政规章，即国务院在接到全国人大及其常委会税收立法授权后，又将其权力转委托给部委制定税收行政规章，导致我国税收立法和税收政策调整缺乏程序规范。

党的十八届三中全会和十八届四中全会提出“落实税收法定原则”。税收法定原则是民主原则和法治原则等现代宪法原则在税法上的体现，对于保障人权、维护国家利益和社会公益作用举足轻重。税收法定主义，指税法主体的权利义务必须由法律加以规定，税法的各类构成要素必须且只能由法律予以明确规定；征纳主体的权利义务只以法律规定为依据，没有法律依据，任何主体不得征税或减免税收。① 新立法法修正案草案明确规定“税种的设立、税率的确定和税收征收管理等税收基本制度”只能由法律规定，为实现税收法定原则提供了制度保障。

二、《意见》内容

《意见》对2020年前完成相关税收立法工作做出安排，全国人大常委会将根据以下安排，在每年的立法工作计划中安排相应的税收立法项目，待全部税收条例上升为法律或废止后，废止《决定》。首先，征收新的税种必须制定法律草案。《意见》规定，国务院不再出台新的税收条例，若拟新开征税种，将根据相关工作进展情况，同步起草相关法律草案，并适时提请全国人大常委会审议。例如房地产税等新开征的税种，须在充分调研、广泛研究基础上通过立法征收，不再通过制定条例或出台试点政策方式征收。其次，涉及税制改革的税收条例适时上升为法律。与税制改革相关的税种，将配合税制改革进程，适时将相关税收条例上升为法律，并相应废止有关税收条例。最后，不涉及税制改革的税收条例逐步上升为法律。对于不涉及税制改革的

① 张守文．论税收法定主义［J］．法学研究，1996（06）．

税种，可根据相关工作进展情况和实际需要，按照积极、稳妥、有序、先易后难的原则，将相关税收条例逐步上升为法律。

三、公众疑问

其一，人大授权是否还有效？全国人大对国务院制定税收方面暂行条例的授权依然有效。鉴于将国务院税收方面的暂行条例全部上升为法律不可一蹴而就，必须经过一个循序渐进的过程，有秩序、有规划地把授权国务院税收立法的权力收回。在 2020 年全面完成税收暂行条例上升为法律或废止之前，全国人大对国务院的授权依然有效。其二，国务院税收暂行条例是否继续有效？在被上升为法律或被废止前，国务院依据全国人大授权而制定的税收暂行条例仍然有效，仍然规制相关税收领域。其三，国务院是否还能调整税收政策？根据《意见》，落实税收法定原则将伴随税制改革的进行，需要税制改革或者政策调整的税种，将先进行税制改革，并在改革的基础上，逐步上升为法律。涉及面广、情况复杂的税制改革可以先进行试点，并在总结试点经验的基础上对相关税收条例进行修改，再将条例上升为法律。因此，国务院仍然可以调整税收政策，例如调整税率，直到相关税收条例上升为法律。

（文/张贺）

首次全面清理司法解释工作告成

2015 年 4 月 8 日，《最高人民法院司法解释汇编（1949—2013）》（以下简称《司法解释汇编》）发布，收录了超过 3351 件司法解释和司法指导性文件。这标志着新中国成立以来第一次全面集中清理司法解释工作正式完成。

一、清理工作背景

司法解释在我国司法实践中作用重大，它对抽象法律条文做出进一步解释，提出指导意见。随着社会的发展，司法解释体系产生了诸多问题。首先，司法解释文件数量繁多。新中国成立至今，颁布的法律有240多部，但司法解释已经超过3000多部，并且其中较多颁布于20世纪50年代，部分已经失去时效但未被清理，导致使用不便。其次，司法解释不规范现象普遍。司法解释是对立法规范的应用，但实际中很多解释实际已经超出了应用的问题，造成司法越权解释，违背了宪法的基本原则。此外，司法解释之间存有矛盾。司法解释要向立法机关备案，但是只备不审，这就造成司法解释之间可能产生矛盾，甚至司法解释与法律之间产生矛盾，不利于我国法律体系的统一。

在这种背景下，2011年十一届全国人大常委会在部署立法工作时，首次明确提出重点督促和指导最高人民法院、最高人民检察院（以下简称“两高”）对司法解释等文件进行集中清理。2011年4月，法制工作委员会对“两高”的司法解释等基本情况进行了研究，与“两高”就司法解释集中清理工作涉及的主要问题达成共识。同年7月，法制工作委员会召开司法解释集中清理工作专题会议，会议形成“司法解释集中清理工作会议纪要”，对开展集中清理工作做出了总体部署和安排。同年，“两高”成立专门的清理工作领导小组，正式启动清理工作。

二、清理工作特点

其一，此次清理内容全面彻底。此次清理工作的对象为自1949年最高人民法院建院起至2011年底最高人民法院单独制定以及与最高人民检察院等中央有关部门联合制定的司法解释、司法指导性文件，内容涉及民商事、行政、刑事、涉外等多个领域，包含1600多部司法解释和司法解释性质文件，文件时间跨度达62年，任务非常繁重。其二，此次清理工作参与主体广泛。清理工作由最高人民法院21个部门30余人牵头，最高检、公安部、司法部、外交部等28个单位共同配合。同时，还邀请了全国人大常委会有关委员、法学专家学者、语言文字专家和全国人大代表、全国政协委员，以及最高人民法院特约咨询员、特约监督员等各方面人员，参加此次清理工作的讨论论证。其三，此次清理工作成果丰硕。清理工作组对1600多部司法解释和司法解释性质文件分类予以废止、修改或者保留，其中，废止715部，确定修改132部，继续保留适用753部，并最终形成4000多页共640余万字的“司法解释汇编”。该汇编是目前司法解释最全、最新的合集，有利于全国法院更方便、更准确地适用司法解释。

三、文件清理标准

根据最高人民法院新闻发布会的介绍，此次清理工作针对司法解释的不同情况，区分了废止、修改、保留的标准。其一，对于超越法律规定范围、违背立法宗旨、不适应经济社会发展要求的，坚决予以废止。部分司法解释和司法解释性质文件在出台时没有问题，但是随着社会经济发展和新法律的颁布，旧的文件与新立法会产生冲突矛盾，甚至完全过时，这种情况下要废止这些旧文件。比如，1995年8月24日发布的《最高人民法院对有关不动产的非诉行政案件执行管辖问题的答复》已经被《最高人民法院关于执行若干问题的解释》代替，故进行了废止。其二，对于互相矛盾的，废止或者修改有问题的，仔细进行甄别。对于司法解释内部产生的矛盾，需要甄别哪一个更符合法律的规定或者符合社会发展的现实情况，通过废除、修改等手段消除这种矛盾。当一个司法解释中存在部分应当废止、部分仍可适用的情形，考虑到审判工作的需要，又不能全部废止，但一时又难以重新制定的，应当进行修改。其三，对于符合法律规定、现行有效的，保留继续适用。将符合法律规定、现行有效的解释予以保留，有利于统一裁判制度，维护国家法律的稳定。比如，《最高人民法院关于行政诉讼撤诉若干问题的规定》（2008 年 1 月 14 日），该司法解释符合法律规定，是人民法院审理行政撤诉案件的裁判依据，予以保留。

四、清理工作评价

此次集中清理解决了司法解释与法律不一致、司法解释之间不协调，以及司法解释内容不准确等问题，明确区分了司法解释和参考性司法指导性文件，有利于促进人民法院准确适用法律，促进社会公平正义，维护国家法制统一、尊严和权威。同时，《司法解释汇编》的出台并不意味着司法清理工作的终结。最高人民法院研究室相关负责人表示，最高法今后将建立常态机制，定期对司法解释进行及时清理，确保司法解释之间相互协调一致，发挥其应有的作用。

（文/魏玉洁）

中国法院全面推行立案登记制

2015 年 4 月 1 日，中央全面深化改革领导小组通过《关于人民法院推行立案登记制改革的意见》（以下简称《意见》），明确将立案审查制改为立案登记制。《意见》力图解决由来已久的“立案难”问题，堪称“法治中国”建设一大举措。

一、推行背景：破解“立案难”问题

“立案难”问题由来已久，案件受理常被诟病“门难进、脸难看、事难办”。经分析可见，法院立案工作难主要有以下原因：第一，司法制度上的潜

在空隙。在人民法院主管的案件范围中，审判权的属性和法律本身的界限决定了纠纷是否适于审判。我国以往采用的立案审查制度，对适格性的认定被前置于正式的诉讼程序，且难对诉讼“门外”的行为进行监管，为拖延、为难和拒绝当事人立案的行为提供了可乘之机。对此，立案登记制规定法院仅对起诉的形式要件进行一般性核对，将案件可诉性的审查纳入法治的轨道。[①]第二，行政权力的干预。现行体制中，法院对地方政府在人、财、物方面有很强的依赖。行政干预表现在：首先，行政权力指令法院不得对特定的行政纠纷或与政府重大利益相关的民事纠纷立案。其次，行政权力指令法院受理本不属于法院主管的争议，法院既迫于行政机关的压力不敢判，又要面对当事人的诘难，“两头不讨好”。最后，对于特定类型案件，因涉及地方政府重大决策的法律评价，法院不敢对政府行为做出否定性评价，故采取不予立案的方式将矛盾挡在司法程序之外。第三，社会先天的、司法外的原因。任何纠纷都必然需要一条解决的出路，否则可能会在生活中强行冲撞出宣泄的出口。人民法院许诺“一律接收诉状，当场登记立案”，有助于纠纷的沉淀和消解。

二、制度改革：禁止法院立案“择其所能、择其所好”

过去的立案审查制，是指法院对民事案件的受理法院在受理案件的过程中，依据法律规定对当事人的起诉是否符合受理条件进行审查，以决定是否受理的制度。而根据此次《意见》，立案登记制即法院接到当事人提交的民事、行政起诉状时，对符合法定条件的起诉，应当登记立案；对当场不能判定是否符合起诉条件的，应当接收起诉材料，并出具注明收到日期的书面凭证。需要补充必要相关材料的，人民法院应当及时告知当事人。在补齐相关

① 许尚豪，欧元捷．立案登记制体现了人民法院的法治担当[N]．人民法院报，2015-04-22.

材料后，应当在7日内做出是否立案登记的决定。

从制度改革上，立案登记制有如下特点：第一，权益保障及时。对符合法律规定的起诉、自诉和申请，一律接收诉状；对当场不能判定是否符合法律规定的，应当在法律规定的期限内决定是否立案。立案登记制一方面粉碎了立案工作中任何拖延的、敷衍的念想；另一方面，严格监管当场立案原则的例外情况，为原则的贯彻提供了强有力的制衡手段。第二，权益保障全面。通过对“不收材料、不予答复、不出具法律文书”进行明令禁止，禁止“择其所能、择其所好”；要求案件全程留痕、实时可查，要求严格执行法定的、统一的立案标准。第三，主体地位强化。不符合形式要件的诉讼人民法院应当帮助其达到立案的标准，并要求加强人民法院诉讼服务中心信息化建设，推行网上立案、预约立案、巡回立案，让当事人方便打官司、打得起官司。

三、改革前瞻：法院依然有较大的自由裁量空间

立案登记制在面对群众诉求时，人民法院只设门不设槛，体现了对群众利益的法治担当。① 首先，保障当事人诉权。消除了起诉条件的“高阶化”限制，打开了立案的“闸门”，将当事人“请进门”。其次，发挥司法功能。去掉了法院的“保险阀”，使法院真正承担起社会矛盾解决的应有责任。

然而，对于立案登记后能否做到“有案必立、有诉必理”，有些学者仍表示存疑：首先，《意见》中的“登记”与“立案”究竟是否同一概念，尤其是在重大疑难案件、敏感案件中，法院的自由裁量权很大。其次，法院可能“先将当事人请进来，再请出去”。但是，立案登记制下，受理案件本身已经满足了当事人的部分诉权，裁定驳回只是法院在后续审查过程中发现起诉欠

① 许尚豪，瞿叶娟．立案登记制的本质及其建构[J]．理论探索，2015（2）．

缺必要的起诉条件或者诉讼条件，是保护双方当事人权利的举措。

（文/张家帅）

中国正式确立宪法宣誓制度

2015 年 7 月 1 日，十二届全国人大常委会第十五次会议通过了《全国人民代表大会常务委员会关于实行宪法宣誓制度的决定》（以下简称《决定》）。这是我国首次以统一立法的形式正式规定实行宪法宣誓制度。该决定于 2016 年 1 月 1 日起正式实施。

一、历史沿革和存在问题

在《决定》公布之前，我国并未建立正式的宪法宣誓制度，规定相关任职宣誓制度的规范性文件屈指可数。《宪法》并无直接规定宪法宣誓制度。作为我国法律体系的一部分，《澳门特别行政区基本法》和《香港特别行政区基本法》是我国最早规定公务人员任职宣誓制度的法律文件。虽然《澳门特别行政区基本法》第一百零一条、第一百零二条和《香港特别行政区基本法》第一百零四条有些许差别，但均规定了特别行政区行政长官等主要行政机关、司法机关、立法机关的高级官员在就职时必须依法宣誓拥护基本法，效忠特别行政区。两部基本法确立的任职宣誓制度并非严格意义上的宪法宣誓制度，但其对我国宪法宣誓制度的建立具有借鉴意义。

2014 年 10 月，党的十八届四中全会审议通过了《中共中央关于全面推进依法治国若干重大问题的决定》，提出“建立宪法宣誓制度，凡经人大及其常委会选举或决定任命的国家工作人员正式就职时公开向宪法宣誓”。

在《决定》公布之前，我国法律法规中关于宪法宣誓制度的规定极少，但在实践中，各地方的任职宣誓活动已屡见不鲜，并具有以下三个特点：

第一，宣誓主体分散性；第二，宣誓活动自发性；第三，宣誓仪式多样化。由此，在实践中也出现诸多问题。如宣誓主体的宪法意识不强，程序性保障不够，宣誓失信的补救机制缺失等，均可能导致宣誓流于形式，无视宪法权威，使树立宪法意识、恪守宪法原则、履行宪法使命变成一句句空谈。

二、宪法宣誓制度的意义和目的

一方面，实行宪法宣誓制度具有重要意义。根据《决定》，实行宪法宣誓制度的必要性可以归结为两点：第一，宪法是国家的根本法，是治国安邦的总章程，具有最高的法律地位、法律权威、法律效力。由此，依法治国的核心是依宪治国，而依宪治国的关键要确立宪法的权威，而建立忠于宪法的宣誓制度，则有利于树立宪法权威，推进依法治国。第二，国家工作人员必须树立宪法意识，恪守宪法原则，弘扬宪法精神，履行宪法使命。宪法赋予国家工作人员以职权与职责，若国家工作人员不恪守宪法的规定，滥用职权、违反职责，是对宪法原则、精神的破坏，是对依法治国的破坏，更是对建立富强、民主、文明、和谐的社会主义国家的破坏。而通过宪法宣誓制度，可以培养国家工作人员对宪法法律的敬畏，强化其自我约束有不可忽视的积极影响。

另一方面，实行宪法宣誓制度的深层次目标在于促进依法治国。根据《决定》，实行宪法宣誓制度的目的在于彰显宪法权威，激励和教育国家工作人员忠于宪法、遵守宪法、维护宪法，加强宪法实施。这只是实行该制度的直接目的。根据党的十八届四中全会的决定，建立宪法宣誓制度是全面推进依法治国的重要一步，是在全社会普遍开展宪法教育、弘扬宪法精神的关键一步。因此，其更深层次的目标还在于推进依法治国。

三、宪法宣誓制度的主要内容

第一，我国宪法宣誓制度覆盖人员范围广。《决定》未将全部公务员纳入宪法宣誓制度的适用人员范围，但相比于其他国家，其覆盖面更广。根据《决定》，该制度的适用人员范围包括："各级人民代表大会及县级以上各级人民代表大会常务委员会选举或者决定任命的国家工作人员，以及各级人民政府、人民法院、人民检察院任命的国家工作人员。"绝大多数国家在其成文宪法或宪法性文件中规定的宣誓主体主要包括国家元首和立法、行政及司法等部门的高级公职人员。[①] 其中，各国都明确规定新当选的国家元首必须进行任职宣誓，但对于高级公职人员必须进行任职宣誓的规定不一，且并不包括地方各级高级公务人员。此外，我国将"一府两院"任命的国家工作人员纳入进来，也是世界首创。

第二，宣誓词内容具有社会主义特色："我宣誓：忠于中华人民共和国宪法，维护宪法权威，履行法定职责，忠于祖国、忠于人民，恪尽职守、廉洁奉公，接受人民监督，为建设富强、民主、文明、和谐的社会主义国家努力奋斗！"相较于其他国家，我国宪法宣誓誓词中，忠于宪法，维护宪法权威，履行法定职责，接受人民监督等，最终均是为建设富强、民主、文明、和谐的社会主义国家而必须遵守的义务，是方法而非目的。

第三，《决定》明确了宣誓仪式的组织主体、形式和场所等核心内容，对其他具体事项则授权负责组织仪式的机关根据决定并结合实际情况做出。此外，对于宣誓的具体组织办法，《决定》还赋予了各省市一定的执行自由。宣誓仪式的组织主体分两个层面规定：中央与地方。中央层面，又可细分为4种：第一，全国人大选举或者决定任命的人员宣誓的，宣誓仪式由全国人大

① 蒋伟．论建立忠于宪法的宣誓制度[J]．法商研究，2000（5）．

会议主席团组织；第二，全国人大常委会任命或决定任命的最高院和最高检中的国家工作人员及驻外全权代表宣誓的，宣誓仪式由最高院、最高检、外交部分别组织；第三，除上述第二层面中由全国人大常委会决定或决定任命的人员外，其他由全国人大常委会决定或决定任命的人员宣誓的，宣誓仪式由全国人大常委会委员长会议组织；第四，国务院及其各部门、最高院、最高检任命的人员宣誓的，宣誓仪式由任命机关组织。地方层面，宣誓的具体组织办法授权由省、自治区、直辖市人大常委会参照本决定制定，并报全国人大常委会备案。

四、总体评述

总体看，我国以立法形式正式确立宪法宣誓制度，使其成为政治生活常态，有利于树立国家工作人员的宪法意识，普及宪法教育，弘扬宪法精神，彰显宪法权威，深入推进全面依法治国。但是，由于宪法与一般法律规则不同，缺乏法律责任的明确规定，容易导致其流于形式，进而影响实施效果。有观点认为，除了要严格按照法律规定的基本规程、宣誓仪式、场所等进行操作外，应当建立以下两个制度以完善宪法宣誓制度：第一，在宪法宣誓之前，对宣誓人员进行相应宪法知识的培训和考核，使其在真正了解宪法的情况下，忠于宪法。第二，建立宣誓失信的责任承担机制，促进宣誓人员的言行一致，而不仅仅依赖其内在的自我约束。

（文/陆徐倩）

新国家安全法打造“法治国安”

2015 年 7 月 1 日，第十二届全国人民代表大会常务委员会第十五次会议通过新的《国家安全法》。该法对政治安全、国土安全、军事安全、文化安全、科技安全等11个领域的国家安全任务做了明确规定，共7章84条，自2015年7月1日起施行。

一、立法背景

改革开放以来，我国社会主义法治建设取得了长足进展，但是国家安全领域的法治建设却相对落后，基础性立法较为缓慢，并且缺乏一部综合宏观的指导性法律。

党的十八届三中全会通过的《中共中央关于全面深化改革若干重大问题的决定》，决定成立“国家安全委员会”，充分表明新一届中央领导集体开始对国家安全进行全面顶层设计和战略布局，在对决定进行说明时，进一步把“制定和实施国家安全战略”与“推进国家安全法治建设”作为国家安全委员会的前两项主要职责提了出来。

二、创新亮点

《国家安全法》，立足我国基本国情，借鉴国外有益经验，创造性地提出了许多观念原则和制度机制。归结起来，其创新亮点主要有以下6个方面。①

一是确立了以总体国家安全观为指导思想。第三条规定，国家安全工作应当坚持总体国家安全观。这是新形势下国家安全工作的指导思想，贯穿《国家安全法》始终。当前，我国国家安全内涵和外延比历史上任何时候都要丰富，时空领域比历史上任何时候都要宽广，内外因素比历史上任何时候都要复杂，必须坚持总体国家安全观，统筹内部安全和外部安全、国土安全和国民安全、传统安全和非传统安全、生存安全和发展安全、自身安全和共同安全，走中国特色国家安全道路。

---

① 李忠．国家安全法的六大亮点[N]．人民日报，2015-07-13.

二是突出强调以人民安全为宗旨。第三条规定，国家安全工作以人民安全为宗旨。这表明，人民的安全和利益是国家安全的核心，是国家安全活动的根本目的，这体现了以人为本、以民为本的安全观，体现了我国社会主义国家政权的民主本质。

三是首次界定国家安全。新《国家安全法》第二条首次对国家安全做出界定："国家安全是指国家政权、主权、统一和领土完整、人民福祉、经济社会可持续发展和国家其他重大利益相对处于没有危险和不受内外威胁的状态，以及保障持续安全状态的能力。"在《国家安全法》中对国家安全做出界定，有助于明晰国家安全工作的权限和范围，防范国家安全工作人员滥用或不当行使权力、侵犯公民合法权益。

四是确立了国家安全领导体制。第四条规定，坚持中国共产党对国家安全工作的领导，建立集中统一、高效权威的国家安全领导体制。第五条规定了中央国家安全领导机构的职责。上述规定确立了我国的国家安全领导体制，是此次国家安全立法的重要特色。中国共产党是中国特色社会主义事业的领导核心。在《国家安全法》中确立党的领导地位，是维护国家安全的必然要求，是发挥党总揽全局、协调各方作用的重要体现，有助于统筹应对内外安全威胁、提高决策效率和权威。

五是首次提出网络空间主权这一概念。第二十五条规定："加强网络管理，防范、制止和依法惩治网络攻击、网络入侵、网络窃密、散布违法有害信息等网络违法犯罪行为，维护国家网络空间主权、安全和发展利益。"提出网络空间主权这一概念，是《国家安全法》的一大创新。主权是一个历史概念，在互联网时代，国家疆域呈现陆地、海洋、空间、太空、网络空间五维格局，网络空间主权随之出现。在《国家安全法》中确立网络空间主权这一概念，有助于我国加强网络空间治理，建设网络安全保障体系，参与网络国际治理和合作，捍卫我国网络空间主权安全。

六是首次规定全民国家安全教育日。第十四条规定："每年 4 月 15 日为全民国家安全教育日。"在《国家安全法》中设立全民国家安全教育日，有助于帮助全体公民认清国家安全形势、增强危机忧患意识、树立国家安全观念，认真贯彻执行《国家安全法》和相关法律，积极支持配合国家安全机关履行职责，为维护国家安全做出应有贡献。

三、重在落实

要真正实现法治国家安全，还必须把包括《宪法》《刑法》《国防法》《保密法》《反间谍法》《国家安全法》《网络安全法》等在内的各种国家安全法律规范落到实处。虽然国家安全问题更为重大，国家安全领域比较特殊，但国家安全法治必须遵循法治的普遍规律和规范，而不能出现法治之外的特殊。

建设社会主义法治国家，离不开国家安全法治建设。法治国家安全是法治中国的重要组成部分。没有法治国家安全，就不可能有完整的法治中国。只有在国家安全领域做到"严格执法，公正司法，全民守法"，才能真正实现法治国家安全，也才能全面建成社会主义法治国家。

（文/王梦晓）

两高发文完善司法责任制

2015 年 9 月，《最高人民法院关于完善人民法院司法责任制的若干意见》（以下简称《法院意见》）发布，最高人民检察院发布《关于完善人民检察院司法责任制的若干意见》（以下简称《检察院意见》）。两份文件明确了法官、检察官司法责任的范围、类型、认定和追究程序，强化了法官、检察官的履职保障。

一、背景：司法不公频现，改革势在必行

近年来，司法公信力缺失问题严重，人民群众对司法不公、司法腐败、冤假错案问题反映强烈。这些问题的产生，有司法观念陈旧、司法人员素质不高等方面的原因，但更深层的原因在于司法体制机制不健全，特别是司法责任制不完善。针对这一问题，党的十八届四中全会就提出了建立司法责任制的重要部署，而在此之前，习近平就曾多次在中央全面深化改革领导小组会议上提出完善司法责任制等措施。之后两高经过认真调研论证，广泛征求意见，起草并发布了以上两份文件，从多方面系统地确立了基本制度框架。

二、焦点：责任与保障并重，权利与制约并行

一是建立办案质量终身负责制。司法要获得人民的信赖，就必须严格落实“由审理者裁判，由裁判者负责”。[①] 审判权作为一种公权力，授权于宪法，来源于人民，必须受审判责任的约束与限制。《法院意见》提出要改革裁判文书签署机制和审判委员会制度，让审理者裁判；明确司法人员的职责权限，明确违法审判责任追责事由，完善法官惩戒程序，由裁判者负责，以此提升法官办案责任意识和自律意识。检察院司法责任制改革总体目标在于“谁办案谁负责，谁决定谁负责”，检察机关办理的案件发生被告人被宣告无罪，确认发生冤假错案，国家承担赔偿责任，犯罪嫌疑人、被告人逃跑或死亡、伤残等情形的，一律启动核查机制。二是明确司法责任的认定与追究。司法责任主要包括故意违反法律法规的责任、重大过失造成严重后果的责任和监督管理责任。《法院意见》中提出了违法审判必须追责的 7 种情形，涵盖

---

① 人民日报时评：完善责任制，让人民信赖司法[OL]. 人民网，2015-09-22.

了审判道德、审判文书制作、证据收集、定罪量刑等审判程序全过程。而《检察院意见》中则列举了故意违反法律法规责任必须追责的11种情形和重大过失责任必须追责的8种情形，涉及了立案侦查、证据搜集、限制人身自由、财产保全、刑事赔偿、事实认定、法律适用等多方面。司法责任的明晰是司法追责的前提，此次改革对司法责任的明确有助于问责程序的启动和执行。三是加强法官、检察官履职保障。此次改革的基本原则在于一方面严格依法依纪追究司法人员故意或重大过失责任，另一方面明晰职责，加强监督，明确司法人员免责的行为，为其履职提供应有的安全保障。《法院意见》在规定违法审判必须追责的情形的同时，还列举了不得作为错案进行追究的情形，明确划分了法官行使裁量权的范围，同时明确规定了要严惩在法庭内外恐吓、威胁、侮辱、跟踪、骚扰、伤害法官及其近亲属的违法行为，保障法官审判不受行政机关、社会团体和个人的干涉。

三、评价：公正司法无捷径，严格执行不可怠

两份文件的正式出台，体现了司法改革的决心。从具体内容上来看，无论是办案质量终身负责制，还是明确司法责任界限，抑或是强化司法人员履职保障，都体现了权利与制约的有机结合，在制度安排上都有可圈可点之处。但同时我们要清晰地认识到，直接追究具体办案的司法人员和有关部门的责任固然是实现司法公正的有效途径，但大量事实表明，如果部门和领导干部的权势足够大，完全可以在左右案件进程的同时又以威权阻碍司法机关溯源追责，这对司法责任制的落实构成了巨大的挑战。

因此应该意识到，实现公正司法没有捷径，必须严格认真执行相关规定和措施，与其他改革措施配套推进、稳步实施。例如，推行法官遴选制，力争让更多能力过硬、敢于担当的法律精英进入司法队伍；同步产生的法官惩戒委员会要依法履行制约与保障的双重职责。如此统筹兼顾，各归其位，才

能让司法责任制改革落到实处。

（文/吴启萌）

全国正式建立统一的居住证制度

2015 年 10 月 21 日，国务院常务会议通过了《居住证暂行条例（草案）》，确定在全国范围内建立统一的居住证制度，明确积分落户通道，推动城镇化进程。此次草案的通过，是新型户籍制度改革目标确立以来迈出的坚实一步。

一、基本内容

居住证制度是由暂住证时代向自由迁移时代过渡的重要政策，是户籍制度改革的重要内容。为改变城乡二元结构，促进社会结构的转型，确保我国城镇化健康发展，国务院印发《关于进一步推进户籍制度改革的意见》，决定全面推进新型户籍制度改革，取消农业户口与非农业户口的性质区分，统一登记为居民户口，最终建立城乡统一的户口登记制度。

为推动新型户籍制度改革稳步前进，此次《居住证暂行条例（草案）》要求在全国建立居住证制度，推进城镇基本公共服务和便利向常住人口全覆盖，要求各地积极创造条件，逐步提高居住证持有人享有的公共服务水平。草案还明确了居住证持有人通过积分等方式落户的通道。草案的通过标志着实施了 30 年的暂住制度得以最终取消。落实户籍制度改革，用法治方式完善居住证管理，保障持证人的合法权益，是推进以人为核心的新型城镇化、推动农业现代化、促进社会公平正义的重要举措，也有利于扩大内需。

二、存在问题

虽然国务院已经通过了居住证制度的指导性和原则性规定，但这项制度的全面实施还需要各地制定具体办法。而且，在居住证制度的实施与推广过程中有可能会凸显两方面的矛盾。

其一，居住证持有人与本地户籍人口的矛盾。一方面，居住证持有人口与户籍人口可获得的权益存在较大差异。对持有居住证的城市常住人口来说，城镇基本公共服务中，就业服务、义务教育、证照办理等是优先保障，而高考资格、住房保障、最低生活保障等则属于高端福利，需要通过阶梯式积分获得。居住证持有人无法享有与户籍人口同等权利，其标志着户籍人口与外来人口两大阵营。另一方面，居住证申请门槛过高，积分入户困难。外来人口办理好居住证之后才能申请进行居住证积分，最终通过积分换取本地户籍。然而，外来人群多集中于二、三产业，对大部分外来人口来说，居住证申请门槛过高，与整个城市人口结构不符。除此之外，先行城市积分标准往往与学历背景、投资能力、技能等级、社保年限、纳税金额挂钩，积分入户基础分值设定过高，附加条件过多，入户指标总数限制严格，居住证持有人通过积分换取本地户籍困难，积分入户成为变相筛选人才落户的又一指标。

其二，发达一线城市与普通中小城市的矛盾。一方面，与普通中小城市相比，发达一线城市就业机会丰富，收入水平较高，公共服务水平也相对较高。因此，发达城市较中小城市对外来人口的吸引力更大。居住证制度实施后，积分入户的可能，公共服务的开放会吸引更多的外来人口涌向发达城市。要缓解两者矛盾，必须使公共服务向下倾斜，促进人口向中小城市流动，推进新型城镇化发展。另一方面，发达城市较中小城市的财政能力较强。居住证制度能否顺利推行，核心是由其带来的住房、教育、医疗等相关公共均等服务能否到位。从财政角度来看，附加在居住证上的多数基本公共服务的实现，是通过城市增加财政支出来实现的。城市越大，财政能力越强，推行居住证制度的积极性更强。而财政能力较弱的城市，则很可能出现缺乏推行积极性或有心无力的情况。

三、舆论评价

《居住证暂行条例（草案）》的通过，为公共服务的覆盖与积分标准的制定提供了统一有效的指导性规定，使各地居住证制度更加规范化。在全国建立居住证制度，推动了新型城镇化的建设，促进了城镇化健康有序发展。[①] 通过给予平等的公共服务吸引外来人口申领居住证，降低了政府对外来人口的管理成本，也保障了外来常住人口平等享受到城镇各项服务，更有效地融入城市，促进公民身份和权利的平等化。

但是居住证制度遵循阶梯式积分、差别化落户原则，虽然缓解了大城市人口增长压力，但未从根本上解决二元户籍制问题，也并未真正将户籍制度的人口管理职能与附着的社会福利剥离开来。居住证制度只能是户籍制度改革的一项过渡性政策，户籍制度改革目标的真正实现还需采取其他一系列结构性措施。

（文/周诚欣）

中国出台首部《反家庭暴力法》

2015 年 12 月 27 日，十二届全国人大常委会第十八次会议表决通过了《反家庭暴力法》（以下简称《反家暴法》）。作为中国第一部专门解决家庭暴力问题的法律，该法终结了此前整治家庭暴力无法可依的状态，为保护家庭

① 居住证暂行条例草案通过“积分落户”通道正式打通[OL]. 中央政府门户网站，2015-10-22.

弱势成员、维护家庭和谐提供了制度保障。

一、背景：家庭暴力现状堪忧

家庭暴力一直是社会的隐痛，在很多家庭中存在并形成不和谐的因素。近年来，家庭暴力事件屡见报端，呈现多发态势。据统计，全国遭受过家庭暴力的妇女比重高达30%，每年近10万个家庭因家庭暴力而解体。与之形成鲜明对比的是，家庭暴力刑事案件立案率和结案率偏低，其原因一是家暴犯罪一般发生在家庭内部，外人难以察觉，犯罪事实难以被发现；二是一些家暴犯罪被当作民事纠纷或违反治安管理行为处理，部分司法人员将之视为家务事，不愿介入，被害人对自诉权利的认识不清，怠于行使，导致诉讼程序难以启动；三是立案、定罪标准不明确。鉴于严峻形势，2014年11月，国务院发布《反家庭暴力法（征求意见稿）》；2015年7月28日，国务院常务会议通过《反家庭暴力法（草案）》，并将草案提请全国人大常委会审议。

同时，司法部门也采取了相关行动。2015年3月2日，最高人民法院、最高人民检察院、公安部、司法部联合印发《关于依法办理家庭暴力犯罪案件的意见》，这是中国首次发布反家暴刑事司法指导性文件。该意见从适用范围、政府责任、犯罪定性、量刑标准以及被害人权益等多方面对反家暴工作进行了规定，明确了司法介入的必要性，但还存在自诉案件举证责任分配制度不完善、未明确规定和概括家庭暴力的形式、性暴力犯罪未纳入调整范围等不足。

二、亮点：公权力深入"家务事"

《反家暴法》用法律武器给予受害者救助和干预。家庭暴力多年来一直被视为家务事。在具体的司法实践中，执法机关往往将家庭暴力定位于"家庭"范畴，公权力对此类受害者的保护具有明显的滞后性，《反家暴法》通过规范公权力，给予受害者必要的救助和干预。该法共计六章三十八条，分别对家庭暴力的范畴、预防、处置、人身安全保护令和法律责任进行了规定，在法律技术上有不少进步。主要体现在以下几个方面：

第一，公安机关可出具告诫书。《反家暴法》第十六条规定，家庭暴力情节较轻，依法不给予治安管理处罚的，由公安机关对加害人给予批评教育或者出具告诫书。告诫书应当包括加害人的身份信息、家庭暴力的事实陈述、禁止加害人实施家庭暴力等内容。第二，可向法院申请人身安全保护令。第二十三条规定，当事人因遭受家庭暴力或者面临家庭暴力的现实危险，向人民法院申请人身安全保护令的，人民法院应当受理。人身安全保护令为保护受害者安全提供了一个比较快捷的措施，情况紧急的可以在24小时内就做出保护令。第三，加害人被撤销监护资格后仍需负担抚养赡养费。第二十一条规定，监护人实施家庭暴力严重侵害被监护人合法权益的，人民法院可以根据被监护人的近亲属、居民委员会、村民委员会、县级人民政府民政部门等有关人员或者单位的申请，依法撤销其监护人资格，另行指定监护人。第四，完善了保护群体。未婚同居关系、因住房紧张等原因而导致的离婚未离房的前配偶关系都准用此法，同性恋关系则未受法律保护。第五，赋予人人“反家暴”的权利。《反家暴法》第十三条规定，家庭暴力受害人及其法定代理人、近亲属可以向加害人或者受害人所在单位、居民委员会、村民委员会、妇女联合会等单位投诉、反映或者求助。第六，补充了保护内容。精神侵害属于家暴，性暴力暂未囊括。除了诸如殴打、捆绑、残害、限制人身自由的身体侵害，经常性谩骂、恐吓等精神侵害也列为家暴形式。

三、评价：配套制度亟待完善

从明文规定上看，《反家暴法》确实在适用范围、对象、内容等方面进行了进一步的完善和补充，但是在具体操作层面仍然存在疏漏。例如，出具告诫书这一条款，没有具体描述何种情况下进行批评教育，何种情况下出具告诫书，可能会给公安机关执法带来难度。因为许多受害者往往不希望将被家暴的事情公开，只希望公安机关给予施暴者警示教育。此外，人身安全保护令方面也需出台相应细则，如“当事人因遭受家庭暴力或者面临家庭暴力的现实危险”中的“面临危险”究竟是何种情形还需要量化和细化。同时，由于家暴发生在同居生活内部，具有私密性和隐蔽性，很难采用审判一般事实的认定标准。如果严格遵行我国《民事诉讼法》“谁主张、谁举证”的原则，受害人在同居关系中恐因搜集证据遭受二次暴力伤害，不符合法律对个人权益和家庭稳定进行双重保护的立法目的，然而此次立法并未明确降低家暴受害人的举证门槛。总体来看，《反家暴法》颁行，对于家庭暴力这一相对空白的领域，给予了制度保障。不过，若要真正保护家暴受害者，制裁施暴者，仍需要在完善立法外，集合社会各方面力量，加强协作，共同抵制家暴。

（文/韩笑、吴启萌、张佳俊）

国务院部署全面解决无户口问题

2015 年 12 月 31 日，国务院办公厅印发《关于解决无户口人员登记户口问题的意见》（以下简称《意见》），要求加强户口登记管理，全面解决无户口人员登记户口问题，切实保障每个公民依法登记一个常住户口，努力实现全国户口和居民身份证号码准确性、唯一性、权威性的目标。

一、问题由来

户口是户籍制度的重要载体，也是申领和办理居民身份证的重要凭证。依法登记户口，是法律赋予公民的一项基本权利，是公民参与社会事务、行使各项权利义务的基本前提。同理，依法登记户口也是政府有关部门应当履行的基本重要职责和法定义务，事关社会公平正义与和谐稳定，也事关政府机关是否行政不作为。然而，长期以来，由于一些地方和部门存在政策性障碍等因素，部分公民无户口的问题仍然比较突出，不利于保护公民合法权益，并直接影响国家新型户籍制度的建立完善。据第六次全国人口普查显示，全国“黑户”约1300万人。不少“黑户”人员不能办理居民身份证，因而无法正常就学就业、出行就医，连最基本的生存权利都无法保证。[①]

二、《意见》亮点

《意见》的一大亮点是，针对无户口人员的不同情况分别提出落户方案：一是不符合计划生育政策的无户口人员。“超生”、非婚生育的，可凭《出生医学证明》和父母一方的户口簿、结婚证或非婚生育说明，自愿选择随父或随母落户。申请随父落户的，还需提供亲子鉴定证明。二是未办理《出生医学证明》的无户口人员。在助产机构内出生的，本人或者其监护人可向该助产机构申领《出生医学证明》；在助产机构外出生的，本人或者其监护人需提供亲子鉴定证明，向拟落户地县级卫生计生行政部门委托机构申领《出生医学证明》。获得《出生医学证明》后，再提供父母一方的户口簿、结婚证或者非婚生育说明，申请落户。三是未办理收养手续的事实收养无户口人员。当事人可向民政部门申请按照规定办理收养登记，凭《收养登记证》、收养人的户口簿申请落户。

此外，《意见》还为被宣告失踪或者宣告死亡后户口被注销、农村地区因婚嫁被注销原籍、户口迁移证件遗失或者超过有效期限造成的无户口人员，以及我国公民与外国人、无国籍人非婚生育的无户口人员等规定了详细的落户政策。这意味着，凡是无户口人员，不管是什么时候、什么原因产生的，都要及时为他们依法办理户口登记。

---

① 刘武俊．解决无户口问题彰显以人为本理念［OL］．求是网，2016-01-20.

三、深层思考

值得反思的是，本来国家没有任何一部法律明令禁止为“黑户”上户口，造成“黑户”事实的，大多是某些俨然凌驾于法律法规之上的红头文件。不少基层政府部门只认红头文件，不管法律法规，这也是长期以来“黑户”问题得不到解决的重要原因。因此，要实施好新政，还应完善配套政策，清理各类不合时宜的红头文件。有关部门要对与《意见》精神不一致的政策措施进行一次集中清理。公安、民政、卫计等部门要按照职能分工，抓紧按程序修订户口登记、流浪乞讨救助、计划生育等方面的法律法规和政策，完善相关规章制度。

善政需善为。无户口人员办理户口登记后，政府部门也应为他们提供就学等后续的援助，切实维护他们受教育权等合法权益。比如，对于无户口或暂未办理户口登记的适龄儿童少年，也要保障他们接受义务教育，教育部门和学校不能因为无户口、不符合计划生育政策等理由拒绝接收入学。

（文/王梦晓）

2016年

中国推动法官等级与行政职称脱钩

中国政府出台法律强化境外非政府组织管理

中国民法典编纂迈出第一步

《中国共产党问责条例》为全面从严治党再添利器

中国法律职业共同体建设提速

两办发文推进失信被执行人联合惩戒机制建设

五部门联合推进以审判为中心的改革

全国人大释法遏制“港独”

中国首次颁布《网络安全法》

中国推动法官等级与行政职称脱钩

2016 年 1 月 23 日，全国高级法院院长会议在北京召开。会议提出，各级人民法院要积极推进法官职务套改工作，推进法官单独职务序列及工资制度改革试点，认真落实中央确定的试点方案，积极配合相关部门抓紧研究制订试点方案具体实施办法；实行法官等级与行政职级脱钩，建立有别于其他公务员的法官单独序列管理及工资制度①。

一、背景：司法人员职业保障改革历程

党的十八届三中全会明确了深化司法体制改革的目标、原则，并对司法体制改革工作进行了全面部署。司法体制改革的基础性、制度性措施包括：完善司法人员分类管理，完善司法责任制，健全司法人员职业保障，推动省以下地方法院检察院人财物统一管理，在全国范围内开展普遍试点工作。司法改革内容相辅相成，司法人员职业保障改革是其中不可或缺的重要一环。此时期在我国从事司法工作的法官，其职务设置与工资待遇都是参照政府公务员的行政级别来管理的。按照此管理模式，法官的职位晋升受到职级限制，

---

① 我国法官等级将与行政职级脱钩[OL]. 中央政府网，2016-01-23.

法官的工资待遇未能体现职业特点，由此造成了法官的职业荣誉感降低、基层法院的优秀人才流失等种种问题。为深化司法体制改革，中央政法委会同有关部门，及时出台了关于司法责任制、法官检察官职务序列及配套工资制度、省以下地方法院检察院编制管理等方面的改革意见，明确了改革方向和政策导向。

2015 年 9 月 15 日，中央全面深化改革领导小组第十六次会议决定，为突出法官、检察官职业特点，促进法官、检察官队伍专业化、职业化建设，对法官、检察官队伍给予特殊政策①：首先，建立有别于其他公务员的单独职务序列；其次，实行全国统一的法官、检察官工资制度；再次，建立与工作职责、实绩贡献紧密联系的工资分配机制；最后，注重向基层倾斜，鼓励优秀人员向一线办案岗位流动。同年 9 月 21 日，最高人民法院发布意见，要求加强法官的履职保障，给法官稳定的职业预期。

二、内容：政策制定与改革试点“两步走”

全国高级法院院长会议提出，中央确定的法官职务序列改革坚持“两步走”安排。“第一步”要继续推进法官职务套改，最高人民法院需配合人力资源和社会保障部研究制定法官职务套改配套工资政策，为推进法官单独职务序列改革打基础。“第二步”要推进法官单独职务序列及工资制度改革试点，积极配合中组部、人力资源和社会保障部等抓紧研究制定试点方案具体实施办法。②

此次会议还强调，法官职务序列和工资制度改革，坚持激励与约束并举，

---

① 深改组第 16 次会议：对法官检察官队伍给予特殊政策，加强律师管理[OL]. 观察者网，2015-09-15.

② 2016 年中国法官等级将与行政职级脱钩[OL]. 新华网，2016-01-24.

鼓励办好案、多办案，鼓励优秀人才安心基层工作。据统计，随着立案登记制的实行与经济下行压力的影响等，2015 年案件数量持续大幅攀升。案多人少、忙闲不均等结构性矛盾更加突出，许多一线法官办案任务趋饱和、超极限。配合法官员额制等基础性改革出台配套制度，提高入额法官待遇，让更多优秀人才流向办案一线，优化法官、检察官队伍结构，已获得社会普遍认同。

三、舆论：正向促进作用日益显现

长期以来，我国法官、检察官的职务设置与工资制度对应公务员行政级别的做法欠妥。原因在于，法官工作与公务员工作存在本质差别：第一，法官、检察官专业程度比普通公务员要高。从事司法工作的法官、检察官必须受过专业的法律训练或具有多年法律实践经验；第二，法官、检察官承担的社会角色比普通公务员也更重要。因此，法官、检察官在入职年龄、退休年龄、工资待遇等方面都应当有别于普通公务员。

实行法官等级与行政职级脱钩，法官单独序列管理及工资制度的制定具有重大意义：其一，提高了法官、检察官入职门槛，法律从业人员的职业素质得到保障；其二，提高了司法人员的行业认同感与职业荣誉感，减少了优秀人才的流失；其三，打破了法院、检察院内凭年龄、资历晋升的困境，将平庸者排除在法官的序列之外，提高了办案质量和效率。积极稳妥推进司法人员职业保障改革，能够激发司法队伍活力，维护司法公正性，保障司法公信力稳步提升。

（文/周诚欣）

中国政府出台法律强化境外非政府组织管理

2016 年 4 月 28 日，十二届全国人大常委会第二十次会议表决通过《中华人民共和国境外非政府组织境内活动管理法》，该法自2017年1月1日起施行。

一、立法背景

2013年，党的十八届三中全会提出要加强对社会组织和在华境外非政府组织的管理，引导它们依法开展活动。党的十八届四中全会则提出要加强在华境外非政府组织管理，引导和监督其依法开展活动。为了贯彻党的十八届四中全会的精神，2014年12月及2015年4月，十二届全国人大常委会先后两次对相关法律草案进行审议。二次审议后，全国人大常委会将法律草案全文向社会公布征求意见，在广泛听取和充分吸收各方面意见的基础上对法律进行了修改和完善。2016年4月28日审议通过的《境外非政府组织境内活动管理法》，为三次审议基础上的最终稿。

据报道，截至2016年4月底，共有近6000多家境外非政府组织在中国从事非营利性活动。境外非政府组织给中国带来了技术、资金、好的经验，对中国的发展是有益的，是做出了贡献的，但在立法上缺乏对境外非政府组织的管理依据。① 在《境外非政府组织境内活动管理法》出台前，对境外非政府组织的管理主要依据1989年6月颁布的《外国商会管理暂行规定》和2004年3月颁布的《基金会管理条例》。为了填补规范缺失和秩序空白，我国需要一部针对境外非政府组织的法律。

二、内容解读

相比草案二审稿，审议通过的三审草案正式将法律名称修改为“境外非政府组织境内活动管理法”，并在内容上凸显五大亮点。

第一，进一步明确法律调整范围。草案二审稿规定的境外非政府组织的

---

① 傅莹．要通过立法使境外非政府组织在华活动有法可依[OL]．凤凰网，2015-03-04.

概念较宽泛，最终审议通过的法律进一步明确了调整范围，境内外学校、医院等机构之间正常的学术交流与合作可不纳入调整范围，继续按照国家现行有关规定办理。

第二，删除某些“限制性”规定。审议通过的法律对境外非政府组织在中国境内设立代表机构、驻在期限、招募志愿者和聘用工作人员等方面的规定做出修改。删除了草案二审稿关于代表机构的数量、驻在期限等“限制性”内容。

第三，适当简化临时活动办理程序。草案二审稿规定，境外非政府组织未在中国境内设立代表机构，在中国境内开展临时活动的，应当经业务主管单位同意，并向登记管理机关申请临时活动许可。审议通过的法律简化了办理程序，规定境外非政府组织开展临时活动的，只需中方合作单位办理审批手续，并向其所在地的登记管理机关备案。

第四，适当放宽发展会员的相关限制。审议通过的法律相较草案二审稿，放宽了发展会员的限制。草案二审稿规定不得在中国境内发展或变相发展会员，最终审议通过的法律考虑到中国有不少专家、学者成为非政府组织的会员，国家也鼓励科学家加入有影响力的国际科技组织，为不得发展会员的规定了增加国务院另有规定的例外。

第五，加强日常监管。审议通过的法律规定，境外非政府组织机构在华设立由公安机关负责登记。公安机关作为境外非政府组织的直接管理人，可以“约谈境外非政府组织代表机构的首席代表以及其他负责人”；公安机关认为备案的临时活动有危害国家安全等情形的，“可以通过中方合作单位停止临时活动”。

三、评析：服务与管理并重

中国社会科学院法学研究所某研究员表示，《境外非政府组织境内活动管理法》体现了服务与管理并重的理念。法律在赋予境外非政府组织合法权益的同时，也按照法治原则，明确其开展活动不得损害国家利益、社会公共利益和公民、法人以及其他组织的合法权益，规定了具体义务和责任，这有利于将境外非政府组织在华活动纳入法治轨道。规范缺失和秩序空白，使得境外非政府组织的定位在我国长期处于模糊的状态。北京大学法学院非营利组织法研究中心相关负责人认为，《境外非政府组织境内活动管理法》的出台，将让以公益慈善事业或者非营利事业为主业并依法律和章程开展活动的境外非政府组织获得合法身份，明确行为边界，并得到法律保障和政策支持，也将为政府依法惩处以非政府组织名义从事违法犯罪活动的行为提供法律依据，维护国家利益和社会公共利益。①

（文/孟维治）

中国民法典编纂迈出第一步

2016 年 6 月 27 日，十二届全国人大常委会第二十一次会议首次审议了《民法总则（草案）》（以下简称《总则》），全国人大常委会法制工作委员会主任李适时对《总则》进行了说明。②《总则》亦被称为“民法典总则编”，计划在 2017 年 3 月召开的十二届全国人大第五次会议审议通过，这是我国民法典编纂工作的第一步。

对大陆法系国家来说，民法典具有重要意义。一方面，民法典为数量庞大、关系复杂的民事法律条文提供整体框架和一般原则，从而理顺条文之间的逻辑关系，实现条文之间的恰当衔接；另一方面，法典化被视为成文法国

---

① 服务与管理并重——专家解读境外非政府组织境内活动管理法[OL]. 新华网，2016-05-03.

② 民法总则草案正式出炉 2020 年拟形成统一民法典[OL]. 新华网，2016-06-28.

家法治建设的最高成就，是一个国家法律体系健全、政治制度稳定甚至文明发展水平高的标志。

中国从新中国成立初期就开始尝试制定一部完善的民法典，分别于1954年、1962年、1979年、1998年4次启动起草工作。前两次分别因“整风反右”和“四清运动”而终止；后两次则因改革开放初期，经济体制尚在转轨阶段，社会利益主体间缺乏共识，导致起草工作不了了之。归根结底，民法典作为适用于市场经济的制度设计，在计划经济体制占主导的历史时期，往往被视为资本主义的产物而受到抵制。民法典曲折的编纂过程，正反映了计划经济体制与市场经济体制之间的激烈对抗。

这种对抗在改革开放后趋于缓和，我国选择了一条多部法律相互配合、协同弥补民法典缺失的立法路径。通过分别制定或修改《民法通则》《婚姻法》《继承法》《收养法》《担保法》《合同法》《物权法》《侵权责任法》等，我国初步构建起适应市场经济发展的民事法律体系。但该体系过于松散，各法律之间衔接不畅、原则不一，甚至存在大量相互矛盾之处。因此，编纂民法典仍然是我国立法工作亟待实现的目标。

党的十八大以来，民法典编纂工作迎来转机。党的十八届三中全会明确了市场经济的决定性作用，为民法典的制定夯实基础。党的十八届四中全会更首次明确提出编纂民法典的工作任务。后经过反复研究，编纂工作将分两步走。2016年6月审议《总则》为第一步，第二步则将继续编纂民法典各分编，并拟在2020年完成民法典所有编纂工作①。将《总则》单独作为第一阶段的全部工作内容，足见其对于整部民法典的重要性。《总则》是民法典的起点，提纲挈领，发挥了架构整部民法典的基础性作用。由《总则》确立的一般价值和原则，不仅塑造了整部民法典的风貌，更为之后各个分编的具体条

① 民法总则草案：哪些规定最受关注[OL]. 人民网，2016-07-05.

款明确了方向、构筑了框架①。

比如，此次《总则》在审议中出现三大亮点。第一，《总则》明确胎儿有遗产继承、接受赠予等权利，并将限制民事行为能力的未成年人的年龄标准从“十周岁”降到“六周岁”。这一改变不仅凸显了法律对胎儿、儿童等弱势群体的保护，同时也是法律对现代社会未成年人生理和心理成熟速度加快、认知能力显著提升做出的回应。第二，法人将只设营利性法人和非营利性法人两类。《总则》将原来较为复杂的法人分类模式调整为“两分法”，一方面从整个民法典的全局出发，为将来不同法律之间的衔接打基础；另一方面，这一新的制度安排也是考虑到，随着我国经济社会发展，新的组织形式不断出现，原来的分类模式已经无法实现覆盖。“营利”和“非营利”的两分恰能解决这个难题。第三，网络虚拟财产、数据信息或将正式成为权利客体。随着互联网、大数据、云计算的飞速发展，关于网络虚拟财产、数据信息的法律纠纷日渐增多，而我国民法至今未对此做出明确规定。《总则》对此做出回应，不仅为解决这类纠纷提供了法律依据，更为推进我国“互联网＋”发展奠定了法律基础。

上述三大亮点启发我们，《总则》要解决老百姓日常生活中的问题，就必须直面社会热点，回应转型和发展过程中的难题。但这也恰恰揭示出，民法典本身所具有的某种先天不足。一方面，民法典作为体系性、逻辑性最强的法律文本，几乎涵盖了日常生活的方方面面。这反映了民法典所追求的内在价值：一致性、稳定性、可预期性；然而另一方面，民法典作为与我们日常生活关系最密切的法律，又必须不断适应社会的快速变化，应对各种新的情况。唯有此，才能有效调整人与人之间的关系，发挥民法典解决纠纷、推动经济社会发展的功能。某种程度上，以上两个方面构成了民法典的内在矛盾。

---

① 薛军．民法总则，中国民法成熟之始[OL]．新华网，2016-06-29.

我们既不可能为了应对社会变革，而借助修订、司法解释的方法破坏民法典的一致性、稳定性和系统性；又不可能为了维护民法典的这些属性，而对不断更新的社会现实视而不见。这种难以调和的内在矛盾，正是二百多年前德国著名法学家萨维尼，以及目前我国一些法学家反对编纂民法典的共同理由。

实际上，大多数决策者和法律人都明白，法律的生命在于实践，而不在于规模庞大的条文。尽管民法典构建起了系统、科学、精巧的法律体系，但不要说日新月异的社会变革，就连一成不变的日常生活也绝不可能被法律条文一一涵盖。因此，真正重要的问题在于，我们如何在民法典所构建的法律框架内，借助审判、仲裁、协商、讨论、执行等实践形式，不断厘清法律条文的内涵和界限，从而维护一种有秩序、高效率乃至适合中国人的生活状态。我们必须认识到，民法典尽管"全能"，却也不是"万能"。

（文/彭飞）

《中国共产党问责条例》为全面从严治党再添利器

2016年6月28日，习近平主持召开中共中央政治局会议，审议通过了《中国共产党问责条例》（以下简称《问责条例》），这是继《中国共产党廉洁自律准则》《中国共产党纪律处分条例》之后，全面从严治党的又一利器，在全体党员中释放了有责必问、失责必究、问责必严的强烈信号。它犹如一把"利剑"悬在党员和党组织头上，使全面从严治党的制度"笼子"越扎越紧、越扎越牢。[①]

在党内法规制度体系中，问责条例的重要性毋庸置疑。由于没有明确的

① 全面从严治党的一件利器——论认真贯彻落实《中国共产党问责条例》[OL]. 求是网，2016-06-30.

党内问责制度，长期以来，党员领导干部不乏出现有权任性、乱决策、乱表态、乱作为、贪腐等方面的失职失责或腐败现象，权责不对等、不公开、不透明，滥用的权力违反了党的纪律，损害了党的形象，有些未受到党纪追究，全面从严治党有待完善。尽管早在2009年6月中央就发布实施了《党政领导干部问责暂行规定》，但在全面从严治党的新形势和新任务下，不仅问责力度不够，而且存在问责内容不聚焦、抓管党治党不力问责少等问题。从“暂行规定”升格为“问责条例”，层级更高，权威性更强，意义更重大。这不仅释放出有责必问、问责必严的强烈信号，也充分彰显了中国共产党自我革命的政治勇气，为严肃党内政治生活、净化党内政治生态提供了重要制度保障。具体说来，新颁布的《问责条例》有以下三大亮点。

第一，《问责条例》明确了问责的主体和对象。《问责条例》明确了问责工作的主体和对象，即谁来问责、对谁问责的问题。问责对象的重点是“关键少数”，即党组织的主要负责人。《问责条例》把问责的责任不仅落实到党委（党组）、纪委（纪检组），也分解到组织、宣传、统战、政法等工作部门，这是问责制度的一个重要创新。第二，《问责条例》突出管党治党政治责任。《问责条例》以党章为根本遵循，突出管党治党政治责任，着力解决一些党组织和党的领导干部党的领导弱化、党的建设缺失、全面从严治党不力、党的观念淡漠、组织涣散、纪律松弛、不担当、不负责等突出问题，是全面从严治党重要的制度遵循。第三，终身问责是《问责条例》一大亮点。《问责条例》规定，对失职失责性质恶劣、造成后果严重的，不论其责任人是否调离转岗、提拔或退休，都应当严肃问责。失责就必须追究，这就能让领导干部感受到实实在在的压力。

动员千遍不如问责一次，执行制度关键在人。《问责条例》能否起作用，取决于各级党组织和领导干部能否真正把管党治党的责任担当起来。只有以身作则，紧紧围绕贯彻党的路线方针政策、协调推进“四个全面”战略布局强化问责，踏石留印、抓铁有痕，坚决破除好人主义、一团和气，才能让《问责条例》落地，成为党员履职尽责的有力约束和经常性提醒，确保党中央的集中统一领导和政令畅通，确保党的团结统一。要强化“监督的再监督、问责的再问责”，把《问责条例》执行情况纳入专项巡视、监督检查等常态工作中，倒逼各级党组织和领导干部真问责、严问责，从而使失责必问成为常态。①

“令在必信，法在必行。”只有让失责必问成为常态，《问责条例》才真正具备生命力。全国各级党组织和领导干部必须自觉肩负起全面从严治党的主体责任和监督责任，严格执行问责条例，切实做到真管真严、敢管敢严、长管长严，永葆党的先进性和纯洁性，不断提高执政能力和领导水平，不断增强抵御风险和拒腐防变能力。如此，方能“不忘初心、继续前进”。

（文/王梦晓）

中国法律职业共同体建设提速

在司法改革的大环境之下，法律职业制度的改革，自然是其中尤为重要的环节之一。随着司法改革的不断推进，法律职业制度中的桎梏不断表现出来，特别是法律职业共同体方面存在的缺陷，受到学界和实务届的诸多批评。党的十八届四中全会明确了“全面推进依法治国”的纲领，这个全面的体现就是，全方位对法律制度进行改革提升，从而为实现法治国家提供基础。备受瞩目的“构建法律职业共同体”改革制度的出台，引发了广泛的关注；同时，中央对于律师制度改革、法律顾问和公职律师制度改革，也提出了意见。

2016 年 6 月 13 日、17 日，中共中央办公厅、国务院办公厅相继印发

① 让失责必问成为常态——三谈认真学习贯彻《中国共产党问责条例》［OL］. 求是网，2016-07-20.

《关于深化律师制度改革的意见》（以下简称《律改意见》）、《关于推行法律顾问制度和公职律师公司律师制度的意见》（以下简称《推行意见》），《律改意见》明确了律师制度改革的政策和方向；《推行意见》则被认为是从制度层面为政府国企配好了“参谋助手”。[①] 随后，中共中央办公厅再发《从律师和法学专家中公开选拔立法工作者、法官、检察官办法》（以下简称《选拔办法》），该办法提供了法律职业共同体的交流路径，对法律职业制度改革具有深远的意义。

这 3 个文件并非全然没有关联，无论是律师制度的改革，还是法律顾问和公职律师制度的探索，乃至从律师和法学专家中选拔立法工作者、法官、检察官，都是围绕法律职业共同体的发展来布局的，在现代法治国家，只有具备了优良的法律职业共同体，才能够谈得上法治的现代化，而正是卓越的法律职业共同体，才能承担起守护“法律人的城邦”这一现代使命。

律师制度是司法制度的重要组成部分，也是国家法治文明进步的重要标志。此次出台的《律改意见》分 6 部，共 29 条，从执业保障、执业管理以及队伍建设等方面的改革入手，要求充分发挥律师在全面依法治国中的重要作用。主要内容集中在以下 3 个方面：一是在职业保障层面，首要保障律师的诉讼权利，便利其参与诉讼，完善救济措施，同时也明确了政府建立健全法律服务购买机制。二是在职业管理层面，细化行为规范、惩戒制度与评价体系。三是在队伍建设上，要求思想政治与职业道德建设并举，强化律师队伍的素质培养与人才选用。

与律师改革同步推进的是法律顾问制度。根据《推行意见》要求，在 2017 年底之前，中央和国家机关各部委，县级以上地方各级党政机关普遍设

---

① 邹伟，王茜．为政府国企配好参谋助手——专家解读《关于推行法律顾问制度和公职律师公司律师制度的意见》[OL]．新华网，2016-06-16.

立法律顾问、公职律师，乡镇党委和政府根据需要设立法律顾问、公职律师，国有企业深入推进法律顾问、公司律师制度，事业单位探索建立法律顾问制度，到2020年全面形成与经济社会发展和法律服务需求相适应的中国特色法律顾问、公职律师、公司律师制度体系。

《推行意见》要求建立以党内法规工作机构、政府法制机构人员为主体，吸收法学专家和律师参加的法律顾问队伍，同时明确党政机关法律顾问履行“为重大决策、重大行政行为提供法律意见”等6项职责，并对党政机关做出“讨论、决定重大事项之前，应当听取法律顾问、公职律师的法律意见”等规定。《推行意见》还明确，因违反上述规定造成重大损失或者严重不良影响的，依法依规追究党政机关主要负责人、负有责任的其他领导人员和相关责任人员的责任。

承接律师改革与顾问制度，《选拔办法》提出，要建立从律师和法学专家中选拔立法司法人员常态化机制，并明确提出将从律师、法学专家中选拔业务骨干纳入立法、司法队伍建设的规划，而且确立了适当的“高门槛”作为选拔条件，其中包含政治素养、职业操守、业务能力和从业资历4个方面的要求，同时明确不得参加公开选拔的7种情形。对于该制度办法，中央司改办的工作人员表示，要“将办法落实与其他相关司法改革事项衔接起来”：一是实行法官检察官员额制、遴选制度时，根据工作实际预留适当数量用于从律师、法学专家中公开选拔法官、检察官。二是切实落实司法责任制，真正让“审理者裁判，裁判者负责”。三是大力推动司法职业保障制度改革，提升法官、检察官应有的职业待遇。

这三项制度规定的出台，是对全面推进依法治国的深化，但同时，这些制度本身，也需要更加详细的配套措施去落实，例如，对于《选拔办法》，就需要尽快建立起可操作的办法，这样才能保证改革的举措落地生根。法律职业共同体的构建是司法改革的重要内容，也是全面推进依法治国的重要保障。

无论是法治国家还是法治社会，都需要法律人组成的职业共同体去承担起具体的工作，因此，法律职业共同体的建设，是依法治国的基础，也是我们“以法治国”最基本的“内功”。

（文/郗星晨）

两办发文推进失信被执行人联合惩戒机制建设

2016 年 9 月 25 日，中共中央办公厅、国务院办公厅印发《关于加快推进失信被执行人信用监督、警示和惩戒机制建设的意见》（以下简称《意见》）。《意见》要求加快推进对失信被执行人跨部门协同监管和联合惩戒机制的建设，构建“一处失信，处处受限”的信用监督、警示和惩戒工作体制机制，使“老赖”们评先、受奖、从业“处处受限”。

针对失信被执行人的惩戒规定由来已久。2013 年 7 月，《最高人民法院关于公布失信被执行人名单信息的若干规定》出台，该规定的实施取得了良好的法律效果和社会效果，一大批案件得到执结，“执行难”得到有效缓解。[①] 但是要想根治“执行难”问题，不能仅依靠法院的力量，各相关部门必须联合行动，建立起综合的信用惩戒机制，使失信被执行人人员在社会生活中寸步难行。

此次《意见》分为总体要求、加强联合惩戒、加强信息公开与共享、完善相关制度机制和加强组织领导共 5 部分 60 条，紧紧围绕建立健全联合惩戒机制这一核心，详细规定了 11 类 37 项联合惩戒措施。其核心内容包括：

一是限制失信被执行人入党、担任公职。作为中央文件，《意见》首次限制了失信被执行人担任国企高管、事业单位法定代表人、社会组织负责人以

① 徐隽．加强信用监督 联合惩戒“老赖”［OL］．人民网，2016-09-26.

及公务人员等，并将失信情况作为申请加入中国共产党、预备党员转为正式党员以及评先、评优、晋职晋级的重要参考。

二是限制对失信被执行人授予相关荣誉。《意见》规定：将履行人民法院生效裁判情况作为评选文明村镇、文明单位、文明家庭的前置条件，作为文明城市测评的指标内容；失信被执行人为律师、律师事务所的，在一定期限内限制其参与评先、评优；银行业金融机构在融资授信时要查询拟授信对象及其法定代表人、主要负责人、实际控制人、董事、监事、高级管理人员是否为失信被执行人。

三是限制从事特殊行业或项目。《意见》依法对失信被执行人设立金融类公司、发行债券、合格投资者额度、股权激励、股票发行或挂牌转让、设立社会组织、参与政府投资项目或主要使用财政性资金项目等行为做出限制。同时，限制失信被执行人：成为海关认证企业，从事药品、食品等行业，从事不动产交易、国有资产交易以及使用国有自然资源。

四是限制高消费行为。《意见》明确规定了针对失信被执行人，乘坐火车、飞机、住宿星级酒店、高消费旅游、子女就读高收费学校、购买具有现金价值保险以及新建、扩建、高档装修房屋等方面的限制措施。同时，鼓励各级党政机关、人民团体、社会组织、企事业单位使用失信被执行人名单信息，结合各自主管领域、业务范围、经营活动，实施对失信被执行人的信用监督、警示和惩戒。

与此前最高人民法院等多部门出台的信用惩戒规定相比，《意见》是惩戒措施最全、涉及领域最广的联合惩戒失信方面的文件。每一项惩戒措施中包含一个或多个具体的惩戒措施，实际联合惩戒措施多达100余项。涉及的领域非常广泛，涵盖了国家管理和市场经济活动的方方面面，每项惩戒措施都极具威慑性。

《意见》的出台，为失信被执行人联合惩戒工作提供了“指南针”。实践中贯彻《意见》则需要各方面严格执行，同时也需要尽快建成覆盖全国，涵盖土地、房产、存款、各类金融理财产品等的网络化、自动化执行查控体系，进一步完善失信被执行人名单制度，完善党政机关支持人民法院执行工作制度。以此用好用活这个“指南针”，用法制化手段把好失信惩戒的每一个关口，让“失信老赖”们寸步难行。

（文/鲁玉）

五部门联合推进以审判为中心的改革

2016年10月11日，《最高人民法院 最高人民检察院 公安部 国家安全部 司法部关于推进以审判为中心的刑事诉讼制度改革的意见》（以下简称《意见》）发布，旨在充分发挥审判尤其是庭审的重要作用，改革完善刑事诉讼制度。

“以审判为中心”的改革直接指向我国刑事诉讼实践中长期以来的“以侦查为中心”的状况。以侦查为中心导致本应该发挥案件审理重要作用的庭审活动出现了“形式化”“走过场”的倾向，不仅不利于实现司法公正，容易造成冤假错案，同时也极大地损害了司法公信力与司法权威。由此，推动以审判为中心的诉讼制度改革成为党的十八届四中全会部署的重大改革任务。而其核心在于确保刑事诉讼侦查、起诉、审判三阶段中，审判阶段为对犯罪嫌疑人定罪量刑的根本阶段，同时实现庭审活动的实质化，在庭审中审查的事实、核实的证据决定审判结果，避免庭外因素的干预，从而保障严格公正司法，惩罚犯罪，保障人权。

《意见》共有21条，涉及刑事诉讼侦查、起诉、审判三阶段、五部门，力图规范侦、控、审三阶段的关系。首先《意见》对侦控机关的工作提出了具体要求。第一，在证据的搜集与移送方面，应做到全面搜集、全面移送。

第二，禁止刑讯逼供，有刑讯逼供与非法取证情形的，应当对证据非法排除。同时《意见》进一步规定，侦查机关侦办重大案件时对搜集提取证据的过程应全程同步录音录像。这体现了修正《刑事诉讼法》保障人权的精神。

其次，《意见》同时着力推动庭审实质化。内容主要包括：第一，完善庭审程序与庭审制度，确保庭审发挥实质性作用。《意见》要求完善庭前会议程序，对复杂的案件在庭前解决回避、出庭证人名单、非法证据排除等问题，保证正式庭审中一步到位，着力审查核心争议；要求规范法庭调查程序，确保诉讼证据出示在法庭，针对定罪量刑的证据存有争议的，应当单独质证。针对实践中控方以组为单位出示证据，损害被告人质证权利的行为，要求完善证人到庭制度，健全证人保护工作机制，避免法官过度依赖于书面审查、对控方移送的案卷先入为主；要求完善当庭宣判制度，确保裁判结果形成在法庭，在实践中，存有庭审与宣判时间相隔一年以上的情况，庭审中查明的事实与证据对审判结果的影响十分有限，妨碍司法公正。第二，保障当事人和其他诉讼参与人的基本权利。一方面，保障当事人的知情权、陈述权、辩论辩护权、申请权、申诉权，确保《刑事诉讼法》规定的当事人的权利可得到实施。严禁法官协助检察官打击违法犯罪，限制乃至变相剥夺被告人诉讼权利。另一方面，确保被告人享有辩护的权利，建立法律援助值班律师制度，保障辩护会见、阅卷、收集证据和发问、质证、辩论辩护的权利。促进控辩双方在庭审中平等对抗，有利于法官查清事实，做出正确恰当的审判。

《意见》体现了无罪推定原则，保障了刑事诉讼中的基本人权；严格规定了侦、控、审三机关五部门互相监督、相互配合、相互制约的工作机制；促进“事实证据调查在法庭、定罪量刑辩论在法庭、裁判结果形成在法庭”的庭审实质化。这是我国促进司法公正、防止冤假错案、推进依法治国的一项重大改革措施。但同时，也有意见认为，此次改革意见只侧重程序性问题，且多重复刑诉法中的规定，对于更根本的司法体制问题则没有涉及，新意不够。为了进一步促进“以审判为中心”，还需要提升法院的地位，强化对法官的司法保护，也需要切断地方党政部门对法院的干预，同时解决法院内部的行政化等问题。

（文/韩笑、唐诗）

全国人大释法遏制“港独”

2016 年 11 月 7 日，第十二届全国人民代表大会常务委员会第二十四次会议经表决，全票通过了《全国人大常委会关于香港特别行政区基本法第一百零四条的解释》（以下简称《第一百零四条解释》）。这是人大第五次履行制宪权力对《香港特别行政区基本法》做出法律解释，直接针对《香港特别行政区基本法》第一百零四条的宣誓制度做出解释，有力地回应了香港宣誓风波。

2016 年，在香港第六届立法会选举和议员宣誓过程中，一些参选人以及候任议员公然煽动“港独”情绪以及主张具有“港独”性质的言论，公开声称要利用立法会平台推动“港独”活动，却一直没有得到依法处理。其中，香港青年新政议员梁颂恒和游惠祯作为立法会候任议员在宣誓仪式上故意宣读与法定誓言不一致的誓言，公然宣扬“港独”，甚至粗言侮辱国家和民族的言行，严重挑战了“一国两制”这一基本方针。为解决立法会宣誓风波引发的争议，完善香港时行法律和规则对有关宣誓的相关规定，维护基本法和“一国两制”方针的权威，全国人大常委会通过履行宪法和基本法规定的制宪权力，针对《香港特别行政区基本法》第一百零四条，做出了具有最高法律权威、与基本法有同等效力的法律解释。

《第一百零四条解释》分别就第一百零四条中规定的宣誓的内容及其法律效力、“就职”的法律后果、“依法宣誓”的形式要件、“依法宣誓”正面限定和反面排除以及违反誓言的法律后果进行了明确，主要内容有以下几个方面：

第一，规定了宣誓的法定内容，强调了宣誓的实质意义。人大释法指出，《香港特别行政区基本法》第一百零四条规定的“拥护中华人民共和国香港特别行政区基本法，效忠中华人民共和国香港特别行政区”，既是该条规定的宣誓必须包含的法定内容，也是参选或者出任该条所列公职的法定要求和条件。

第二，人大释法针对“就职时必须依法宣誓”条款进行了4层解释。一是指出宣誓是该条所列公职人员就职的法定条件和必经程序。二是要求宣誓必须符合法定的形式和内容要求。三是规定了拒绝宣誓的后果。宣誓人一旦拒绝宣誓，即丧失就任该条所列相应公职的资格。并且，宣誓人故意宣读与法定誓言不一致的誓言或者以任何不真诚、不庄重的方式宣誓，也属于拒绝宣誓，所做宣誓无效。四是要求宣誓必须在法律规定的监誓人面前进行。

第三，人大释法指出了宣誓的法定效力。认为宣誓是第一百零四条所列公职人员对中华人民共和国及其香港特别行政区做出的法律承诺，具有法律约束力。宣誓人必须真诚信奉并严格遵守法定誓言。宣誓人做虚假宣誓或者在宣誓之后从事违反誓言行为的，依法承担法律责任。

此次全国人大常委会主动进行释法极具必要性。“港独”分子已经多次公然利用宣誓宣扬“港独”，此类行为挑战的是“一国两制”底线，危及的是国家安全和领土完整，因此此次释法针对的并不是特区自治范围内的事务，而是针对“港独”行径和涉及对国家效忠、涉及基本法权威的严重问题。由全国人大常委会释法不仅是其职责所在，也可以说是唯一适当的选择。

需要指出的是，全国人大常委会此次释法与香港特别行政区实行司法独立的原则并不矛盾。《香港特别行政区基本法》已经从顶层设计上明确了中央和香港特别行政区分别拥有的权力及其相互关系，依法行使中央享有的对香港特别行政区的管治权，与依法保障香港特别行政区享有的独立的司法权和终审权并行不悖。因此，绝不能以“司法独立”为借口排斥甚至凌驾于中央依法享有的权力之上，其中就包括对基本法的解释权。

全国人大常委会及时释法进一步明确了《香港特别行政区基本法》第一百零四条的实质意涵，完善了香港时行法律和规则对有关宣誓的相关规定，重申了中央依法遏制和打击“港独”势力的决心，有利于保障“一国两制”在香港的实践不走样、不变形。得益于合宪、必要且及时的决策，最终立法会选举和候任议员宣誓过程中引发的重大法律争议得到了正确解决，宪法和《香港特别行政区基本法》的权威得到了进一步维护。

（文/鲁玉、王未）

中国首次颁布《网络安全法》

2016 年 11 月 7 日，十二届全国人大常委会第二十四次会议通过了《网络安全法》。这是我国第一部针对网络安全的专门性、综合性法律。作为我国信息网络领域的基础性法律，它回应了民众的关切，以法律形式反映了我国在网络空间的战略部署，对网络安全挑战这一全球性问题提出了中国方案。

自 1994 年全面接入国际互联网以来，我国的网络治理大致经历了 3 个阶段：第一阶段：1994—2000 年是互联网引进阶段。立法集中于基础设施建设、国际联网、域名注册等方面的管理规定，内容简单，条文也较少；第二阶段：2000—2013 年是我国互联网高速发展的阶段。2008 年 7 月，工信部成立，主管信息化工作，2011 年 5 月，互联网信息办公室成立，负责推动互联网信息传播法制建设。在此期间，全国人大常委会、国务院和各部委出台了一系列法律法规，涉及维护网络安全、规范电子签名、加强网络信息保护等各个方面；第三阶段：2014 年之后是对网络空间进行全面治理的阶段。2014 年 2 月，中央网络安全和信息化领导小组成立，习近平任组长。2015 年 7 月 1 日，《国家安全法》发布施行，进一步明确“网络与信息安全”是“总体国家安全观”的重要组成部分。在此背景下，2016 年 11 月 7 日，《网络安全法》经十二届全国人大常委会三次审议通过。《网络安全法》的制定充分体现了顶层设计，表明了我国建立健全网络空间秩序的坚定意志。①

作为我国的网络安全基本法，《网络安全法》分别从网络安全支持与促进、网络运行安全一般规定、关键信息基础设施的运行安全、网络信息安全、监测预警与应急处置、法律责任 6 个方面对网络安全工作重点事项进行了规定，主要内容如下：

第一，以法律形式明确了网络空间主权。维护网络空间主权是我国的一贯主张。早在 2010 年国务院新闻办公室发布的《中国互联网状况》白皮书中就指出，“中华人民共和国境内的互联网属于中国主权管辖范围”。此次颁布的《网络安全法》将“网络主权”以法律形式确定下来，宣示了中国政府维护国家主权、安全和发展利益的明确态度和对维护全球网络安全秩序的积极姿态。

第二，首次建立关键信息基础设施安全保护制度。将重要行业和关键领域纳入关键信息基础设施保护范畴，乃是国际惯例。我国此次立法的亮点在于，一方面，将国际通行的关键信息基础设施保护和我国传统的安全等级制度有机结合，在前者的基础上，实行关键信息基础设施的重点保护；另一方面，我国创造性地将重要数据跨境安全评估独立出来，提到制度化的高度，有别于西方仅将其作为国家安全措施的一部分的做法。

第三，系统规定了网络安全预警与应急制度。这一制度包括事前预警、事中防范以及事后处置 3 个方面：事前，国家网信部门应加强网络安全信息收集分析，及时发布网络安全监测预警信息；事中，应立即启动安全预案，根据需要经国务院批准可以在特定区域采取限制通信等临时措施；事后，可对主要负责人进行约谈，要求整改以消除隐患。

---

① 谢永江，姜淑丽. 我国网络立法现状与问题分析[J]. 网络与信息安全学报，2015（1）.

第四，有力回应了个人信息泄露、网络诈骗高发等热点难点问题。针对热点问题，《网络安全法》采取“源头治理”的思路，重视对网络运营者、服务产品提供者的规制。此次立法首次明确了个人信息保护的责任主体，并规定网络产品、服务具有收集用户信息功能的，其提供者应当向用户明示并取得用户同意；同时明确了，网络运营者不得泄露、篡改、毁损其收集的个人信息等，并规定了相应法律责任。

《网络安全法》确立我国以关键信息基础设施保护为重心，强调落实运营者责任，注重保护个人权益，加强动态感知、快速反应，以技术、产业、人才为保障，立体化地推进网络安全工作的主要路线。[①] 此次立法既是“总体国家安全观”的践行，又为网络强国战略提供了牢固的法律依据。

然而“法律的生命力在于实施”，此法侧重基础性、导向性，具体施行还需要大量配套工作。例如，在对关键信息技术设施运营者的安全审查规定中，审查主体、审查范围和操作标准等都需要进一步细化。此法自 2017 年 6 月 1 日起正式施行，在不到 7 个月的过渡期中，能否完善部门设置、制定配套制度将直接关系到最终的落实情况。

另外，法律始终受到不断更新的技术的挑战。例如，如何区分外在表现几乎一致的为维护网络安全的查找漏洞行为和恶意搜寻漏洞的“黑客”行为并进行有效规制，是后续立法需要解决的问题。

（文/李云舒、赵亚琦）

---

① 魏亮．网络安全法强调个人信息保护，助推“网络强国”落地[J]．通信安全，2016 (31)．

2017年

国务院力推“三项制度”促法治政府建设

最高法规范夫妻共同债务

最高法发布意见，促司法责任制改革

《国歌法》正式出台

党的十九大提出法治建设新举措

监察体制改革从试点推向全国

国务院力推“三项制度”促法治政府建设

2017年2月10日，国务院办公厅印发《推行行政执法公示制度执法全过程记录制度重大执法决定法制审核制度试点工作方案》（以下简称《方案》），确定在天津市、河北省、安徽省、甘肃省、国土资源部以及呼和浩特市等32个地方和部门开展试点，在行政许可、行政处罚、行政强制、行政征收、行政收费、行政检查六类行政执法行为中推行行政执法公示制度、执法全过程记录制度和重大执法决定法制审核制度（以下简称“三项制度”）。实施“三项制度”对于促进行政机关严格规范公正文明执法，保障和监督行政机关有效履行职责，维护人民群众合法权益，具有重要意义。

一、顶层设计与地方探索的交汇

基于行政在国家、社会生活中的重大影响，建设法治中国关键是要建设法治政府。2014年，党的十八届四中全会决定提出，要“建立执法全过程记录制度、严格执行重大执法决定法制审核制度、推行行政执法公示制度”。此后，《法治政府建设实施纲要（2015—2020年）》于2015年正式颁布。

行政机关实施行政许可、行政处罚、行政强制、行政征收、行政收费、行政检查等执法行为，是履行政府职能的重要方式，直接关系到公民、法人和其他组织的权利义务。近些年来，一些地方和部门在促进行政机关严格规范公正文明执法，保障和监督行政机关有效履行职责，维护人民群众合法权益方面进行了有益探索，取得了初步成效，但还存在工作开展不平衡、范围不明确、标准不统一、程序不规范等问题，有必要通过试点总结出可复制、可推广的经验做法，促进行政执法公开透明、合法规范，加快建设法治政府，进一步推进“放管服”改革，优化经济社会发展环境。

二、“3+1”的宏观布局

《方案》的内容主要可以概括为三个特征和一项保障，简称“3+1”布局。一是坚持问题导向。试点任务紧紧围绕人民群众反映突出的行政执法不规范、办事效率低、影响营商环境、侵犯人民群众利益等问题，同时注重于既有各项政策和制度之间的协调衔接、切实行动，又将试点的目光瞄准行政执法公示、执法全过程记录、重大执法决定法制审核三项制度和行政许可、行政处罚、行政强制、行政征收、行政收费、行政检查六项行为。二是鼓励探索创新。《方案》根据行政执法三项制度的不同特点分别选择不同地方、不同部门和不同层级进行试点，推动探索和创新。一共确定了32个地方和部门进行试点。地方人民政府试点的，其所属的所有行政执法主体均为试点单位；国务院部门试点的，由其自行确定具体试点单位；地方人民政府部门试点的，该政府部门为试点单位。各试点地方和部门根据实际情况，可以在上述六类行政执法行为中选择全部或者部分开展试点。三是注重试点实效。针对行政执法三项制度试点的不同情况，《方案》分别提出了试点目标和要求。执法公示制度重在打造阳光政府。各试点单位要及时主动公开执法信息，让行政执法在阳光下运行，自觉接受群众监督。国务院有关部门要积极推动本系统的执法信息公示平台与地方统一平台的互联互通。执法全过程记录制度重在规范执法程序。各试点单位要逐步扩大执法音像记录的适用范围，对涉及人身自由、生命健康、重大财产权益的执法活动，实现全过程记录。要加强执法数据的统计分析，充分发挥执法大数据在政府决策、行政管理、优化服务、监督权力等方面的作用。执法决定法制审核制度重在保证合法行政。各试点单位要确保每项重大执法决定必须经过合法性审查，守住法律底线。

三、完善行政执法机制的三个方向

一是在执法公示制度建设上，充分借鉴人民法院在互联网公布裁判文书的有关经验，明确行政执法文书公开范围、内容、方式、时限和程序，完善公开信息法制审核、纠错和监督机制。按照公开为原则、不公开为例外的要求，建立健全行政执法公开保密审查机制，对涉及个人隐私、商业秘密、国家秘密的行政执法信息不得公开。二是在执法全过程记录制度建设上，强化行政执法信息收集和运用，充分发挥全过程记录信息在行政复议、行政应诉、案卷评查、执法监督、评议考核、舆情应对、行政决策和健全社会信用体系等工作中的作用，注重执法全过程记录信息向合法有效证据的转化。三是在执法决定法制审核制度上，建立健全以法制机构工作人员为主体、吸收专家和律师参加的法律顾问队伍，健全法律顾问工作机制，充分发挥政府法律顾问在法制审核工作中的作用。

（文/李振宇）

最高法规范夫妻共同债务

2017年2月28日，《最高人民法院关于适用〈中华人民共和国婚姻法〉若干问题的解释（二）的补充规定》（以下简称《规定》）发布，同时《最高人民法院关于依法妥善审理涉及夫妻债务案件有关问题的通知》（以下简称《通知》）发布。《规定》和《通知》强调在认定夫妻共同债务时，虚假债务、非法债务不受法律保护。对家事审判领域出现的新情况、新问题统一了裁判尺度，有利于促进婚姻家庭关系的和谐稳定，维护市场交易诚信和安全。

夫妻共同债务是指夫妻一方或双方为维持婚姻家庭生活所负的债务。由于婚姻关系存续期间生产经营的收益归夫妻共同所有，根据权利义务相统一原则，一方因投资经营或用于家庭共同生活产生的负债由夫妻共同承担是应有之义。而处理好夫妻债务将直接保护双方的合法利益，也有利于维护婚姻家庭关系稳定和市场交易安全。现行《婚姻法》规定：离婚时，原为夫妻共同生活所负的债务，应当共同偿还。[①] 2003 年，为了解决“假离婚、真逃债”[②] 现象，最高法发布婚姻法司法解释二，其中规定：债权人就婚姻关系存续期间夫妻一方以个人名义所负债务主张权利的，应当按夫妻共同债务处理。此举主要为解决实践中对债权人利益保护欠缺的问题，根据该条的推定规则，能够最大限度地保护债权人的利益，从而保护交易安全。同时，司法释义也做出解释：将夫妻一方在婚姻关系存续期间以个人名义所负的债务推定为夫妻共同债务，既能够减轻财产交易的成本，便于及时、合理地解决纠纷，又符合日常家事代理的基本法理。[③]

这一规则虽然遏制了“假离婚、真逃债”现象，但是随着夫妻债务案件同比上升，采用推定原则第 24 条，几乎免除了债权人的一切审慎注意义务，受到了越来越多的质疑，其中最重要的一点是，夫妻一方因违法犯罪行为形成的非法债务，或夫妻举债一方与债权人恶意串通形成的虚假债务，将直接要求不知情配偶共同承担。依照该司法解释执行，将显失公平，不仅损害配偶一方的利益，更有损社会道德，将造成严重的负面影响。

---

① 参见《婚姻法》。删除了之前“男女一方单独所负债务，由本人偿还”的规定。

② 这里指夫妻二人以不知情为由规避债权人，通过离婚恶意转移财产给其中一方，借以逃避债务的现象。

③ 黄松有．婚姻法司法解释（二）理解与适用[M]．人民法院出版社，2004.

为真正化解矛盾，消弭纠纷，此次《规定》在婚姻法解释二第24条的基础上，直指这一法律漏洞，增设了两款新的内容。一是规定：夫妻一方与第三人串通，虚构债务，第三人主张权利的，人民法院不予支持。二是规定：夫妻一方在从事赌博、吸毒等违法犯罪活动中所负债务，第三人主张权利的，人民法院不予支持。

为确保各级法院妥善审理好夫妻债务案件，《通知》进一步指出：依法审查夫妻债务是否真实发生，要结合当事人之间关系及其到庭情况、借贷金额、债权凭证、款项交付情况、当事人的经济能力、财产变动情况、当地或者当事人之间的交易方式、交易习惯，以及当事人陈述、证人证言等事实和因素来综合判断，防止违反法律和司法解释规定，仅凭借条、借据等债权凭证就认定存在债务的简单做法。同时，要依职权查明举债一方自认的真实性，缓解另一方举证难的问题。严格区分合法债务和非法债务，夫妻一方从事违法犯罪活动所负的债务、债权人知道或者应当知道夫妻一方举债用于违法犯罪活动而发生的债务、夫妻一方以个人名义举债后用于个人违法犯罪活动的债务，均不受法律保护。

夫妻共同债务的问题不仅关系到婚姻财产制度，还牵涉外部债权人在内的市场交易安全。纷繁复杂的家事审判工作更是法院审判工作的重要内容。《规定》和《通知》的发布，显示出最高法对正确处理夫妻债务问题的高度重视，但其内容能否有效解决审判实践中出现的复杂问题还有待进一步观察。一些学者指出，虚假债务和非法债务本就不受法律保护，“新瓶装旧酒”的《规定》不过是为婚姻法解释打了个“补丁”，尤其是在现实生活中，还存在着夫妻一方以个人名义所借债务既不是虚假债务，也不是非法债务，而是正当债务的情况，但该债务未用于夫妻共同生活，这样的债务定性为夫妻共同债务也是不合理的。此次的“法律补丁”并未涵盖这一情况，无疑是一个遗憾。而要想真正化解家事审判中的此类矛盾，维护夫妻双方和债权人的合法权益，还需要更准确地界定夫妻共同债务范围，并且进一步完善举证责任分配制度。同时，各级法院也应当在审判活动中，善于发现和总结问题，并积极探索解决对策，共同助力完善法制体系建设。

（文/曾诗洋）

最高法发布意见，促司法责任制改革

2017 年 4 月 18 日，《最高人民法院关于落实司法责任制完善审判监督管理机制的意见（试行）》（以下简称《审判监督管理意见》）发布，2017 年 4 月 10 日，《最高人民法院关于加强各级人民法院院庭长办理案件工作的意见（试行）》（以下简称《院庭长办案意见》）发布，就全面推开人民法院司法责任制改革，完善人民法院审判监督管理机制，切实加强各级法院院庭长办案工作，提出具体要求。

长期以来，中国法院院长、庭长多扮演案件承办法官行政上级的角色，通过审批制度对案件做出裁决，但却疏离案件事实，"判者不审""审者不判"现象突出。为解决这一问题，在全面深化司法改革中，开始推行实施司法责任制，要求入额院庭长组建审判团队直接办理案件，逐步减少或剥离司法行政管理工作，最终废止案件审批制度。司法责任制改革是全面深化司法体制改革的基础，在法院系统内部已经取得了阶段性成效，但部分地区仍然存在放权不到位，不敢监督，不善管理，"类案不同判"，治理措施乏力，法律统一适用机制亟待健，院庭长入额后不办案、办简案、委托办案、挂名办案等问题。

为解决上述问题，《院庭长办案意见》和《审判监督管理意见》，对各级法院院庭长办案工作提出具体要求，不断完善审判监督管理机制。其主要内容有如下几点：

第一，健全院庭长办案机制。首先，《院庭长办案意见》要求，各级人民法院院庭长入额后应当办理案件，包括独任审理案件、参加合议庭作为承办法官审理案件、参加合议庭担任审判长或作为合议庭成员参与审理案件，禁止入额后不办案、委托办案、挂名办案，不得以听取汇报、书面审查、审批案件等方式代替办案。其次，《院庭长办案意见》强调，各级法院院庭长入额后应当办理案件，重点审理重大、疑难、复杂、新类型和在法律适用方面具有普遍指导意义的案件。主持或参加专业法官会议、审判委员会、协调督办重大敏感案件、接待来访、指挥执行等事务应当计入工作量，纳入岗位绩效考核，但不能以此充抵办案数量。此外，《院庭长办案意见》明确了基层、中级人民法院院庭长每年办案数量最低标准，要求院庭长办案任务完成情况公开接受监督，并由上级法院定期督察、逐月通报。此外，基层、中级人民法院可以根据本院的收结案情况，在最低标准基础上，适当提高本院院庭长独立承办和参与审理的案件数量。

第二，完善审判监督管理机制。首先，严格落实司法责任制改革要求，确保“让审理者裁判，由裁判者负责”。除审判委员会讨论决定的案件外，院庭长对其未直接参加审理案件的裁判文书不再进行审核签发，也不得以口头指示、旁听合议、文书送阅等方式变相审批案件。其次，各级人民法院应当逐步完善院庭长审判监督管理权力清单。院庭长审判监督管理职责主要体现为对程序事项的审核批准、对审判工作的综合指导、对裁判标准的督促统一、对审判质效的全程监管和排除案外因素对审判活动的干扰等方面。院庭长行使审判监督管理职责的时间、内容、节点、处理结果等，应当在办公办案平台上全程留痕、永久保存。除此之外，各级人民法院应当健全随机分案为主、指定分案为辅的案件分配机制。根据审判领域类别和繁简分流安排，随机确定案件承办法官。已组建专业化合议庭或者专业审判团队的，在合议庭或者审判团队内部随机分案。承办法官一经确定，不得擅自变更。因存在回避情形或者工作调动、身体健康、廉政风险等事由确需调整承办法官的，应当由院庭长按权限审批决定，调整理由及结果应当及时通知当事人并在办公办案平台公示。

第三，细化合议庭审判案件的程序及职责。首先，《审判监督管理意见》对合议庭审判长确定规则做了进一步的说明。实行法官员额制后，员额法官都具备担任审判长的资格，不宜再设相对固定的审判长。案件由合议庭审理的，根据本院员额法官和案件数量情况，由院庭长按权限指定合议庭中资历较深、庭审驾驭能力较强的法官担任审判长，或者探索实行由承办法官担任审判长。院庭长参加合议庭审判案件的，由院庭长担任审判长。其次，对于符合《最高人民法院关于完善人民法院司法责任制的若干意见》第 24 条规定情形之一的案件，院庭长有权要求独任法官或者合议庭报告案件进展和评议结果。院庭长对相关案件审理过程或者评议结果有异议的，不得直接改变合议庭的意见，可以决定将案件提请专业法官会议、审判委员会进行讨论。此外，各级人民法院应当强化信息平台应用，切实推进电子卷宗同步录入、同步生成、同步归档，并与办公办案平台深度融合，实现对已完成事项的记录跟踪、待完成事项的提示催办、即将到期事项的定时预警、禁止操作事项的及时冻结等自动化监管功能。

2017 年是人民法院深化司法体制改革的攻坚之年。《审判监督管理意见》和《院庭长办案意见》是全面推开司法责任制改革的配套实施文件，根本目标都是为推动司法责任制改革落地生效，确保“让审理者裁判，由裁判者负责”。同时，也要将放权与监督结合起来，由于司法体制改革的方向是赋予法官更大的独立性和自主性，为了防止滥用裁量权，必须加强责任制，改革才能真正见到成效。

（文/胡海娜）

《国歌法》正式出台

2017 年 9 月 1 日，十二届全国人大常委会第二十九次会议举行第三次全体会议，通过《国歌法》，就国歌的地位、奏唱国歌的场合、奏唱国歌的形式和礼仪、国歌标准曲谱和官方录音版本、国歌的宣传教育、监督管理和法律责任等做了具体规定。该法于 2017 年 10 月 1 日起施行。

一、终于到来：一部注定不会缺席的立法

我国宪法规定，中华人民共和国国歌是《义勇军进行曲》。1949 年 9 月 27 日，在中国人民政治协商会议第一届全体会议上，规定了在中华人民共和国国歌未正式制定前，以《义勇军进行曲》为国歌。1978 年 3 月，五届全国人大一次会议通过了关于中华人民共和国国歌的决定。在 2004 年的全国“两会”上，宪法修正案正式赋予国歌宪法地位。一直以来，国歌奏唱使用总体情况是比较好的，但社会生活中也存在着奏唱国歌不规范、参与者举止不得体等问题。为了更好规范国歌行为，完善法律体系，加强宪法实施，《国歌法》应运而生。

二、国歌这样唱：多方面规范国歌使用

其一，《国歌法》规定，全国人民代表大会会议和地方各级人民代表大会会议的开幕、闭幕；中国人民政治协商会议全国委员会会议和地方各级委员会会议的开幕、闭幕等场合，应当奏唱国歌。其二，为体现国歌的严肃性和权威性，《国歌法》规定，国歌不得用于或者变相用于商标、商业广告，不得在私人丧事活动等不适宜的场合使用，不得作为公共场所的背景音乐等。其三，国歌作为中华人民共和国的国家声音代表，应该有统一的奏唱情感。因此，《国歌法》规定，奏唱国歌应当使用国歌标准演奏曲谱或者国歌官方录音

版本。其四，《国歌法》还规定，国歌纳入中小学教育。中小学应当将国歌作为爱国主义教育的重要内容，组织学生学唱国歌，教育学生了解国歌的历史和精神内涵、遵守国歌奏唱礼仪，以使学生们反复重温民族的屈辱与荣耀，有助于其对国歌注入更深刻的理解、更浓厚的情感，进而埋下爱国主义的种子。其五，法律责任方面，在公共场合故意篡改国歌歌词、曲谱，以歪曲、贬损方式奏唱国歌，或者以其他方式侮辱国歌的，由公安机关处以警告或者十五日以下拘留；构成犯罪的，依法追究刑事责任。

三、在实施过程中不断完善立法

从立法精神来看，这部法律尚属引导性和规范性的法律，具体的实操过程，比如处罚标准认定，还需要进一步明确。例如，行为庄重是否具有主观性、不唱国歌是否会被罚等。对此，以后可以从两个方面完善规范体系：一是通过司法实践，由立法机关或者最高人民法院出台一个司法解释，对条文中某些主观性偏强的词义做出明确的解释，例如，可对哪些行为属于歪曲或者贬损国歌，哪些行为不属于，以一种正反两面举例的形式，把行为固定下来，方便司法操作；二是通过社会中出现的具体案例形式，不断总结，逐渐归纳出一套比较明确的司法规范。

（文/李振宇）

党的十九大提出法治建设新举措

2017 年 10 月 18 日至 24 日，中国共产党第十九次全国代表大会在京举行。大会报告指明了新时代发展的方向、目标和任务，首次阐述了新时代中国特色社会主义思想的重大命题，明确了推进全面依法治国的总目标是建设中国特色社会主义法治体系、建设社会主义法治国家，并由此提出一系列法治建设新举措。

一、总体目标：到2035年，基本建成法治国家、法治政府、法治社会

党的十八大以来，“法治”理念在国家治理和社会管理过程中发挥着越来越突出、重要的作用，更显基础性和全局性。在此基础上，党的十九大报告指出，我国社会的主要矛盾已经转变为“人民日益增长的美好生活需要和不平衡不充分的发展之间的矛盾”。此处“美好生活”的内涵广泛而深刻，既包括进一步满足丰富的物质生活需要，也包括在民主、法治、公平、正义、秩序、安全等精神层次的更高要求。从要求经济发展到社会公平，从要求解决温饱到拥有更多的社会尊严和公平对待。为适应社会发展变化，当前一项重大历史任务，就是推动中国特色社会主义制度更加成熟稳定，为国家长治久安提供一整套更加完备、稳定、有效的制度体系，真正实现法治。因此，党的十九大报告特别强调，到2035年，我国法治国家、法治政府、法治社会基本建成，各方面制度更加完善，国家治理体系和治理能力现代化基本实现。

二、领导机构：成立中央全面依法治国领导小组

党的十九大报告提出，要成立中央全面依法治国领导小组，加强对法治中国建设的统一领导。依法治国是国家治理的一场深刻革命，是中国共产党治国理政的基本手段。就其职能而言，主要是负责统筹规划，制定中国法治发展的总体蓝图，实现法治建设的总体部署、全局协调和有力推进。在舆论看来，成立最高级别的全面依法治国领导小组，是中国共产党领导人民推进法治中国建设的直接体现。通过成立跨部门领导小组来组织实施重大战略任务，是中国共产党在长期实践中形成的一种典型做法。成立中央领导小组这

样的超强机构，有利于冲破各种利益羁绊，打破既得利益格局，从而整合、优化资源配置，实现治国理政的总体目标。

三、依宪治国：推进合宪性审查工作，维护宪法权威

党的十九大报告提出，要加强宪法实施和监督，推进合宪性审查工作，维护宪法权威。这是党的全国代表大会报告中首次引入“合宪性审查”① 概念。党的十八大以来，中央多次重申维护宪法权威、保证宪法实施的重要性。2012 年 12 月4 日，习近平在首都各界纪念现行宪法公布施行 30 周年大会上表示，“全面贯彻实施宪法，是建设社会主义法治国家的首要任务和基础性工作”，但是当前“保证宪法实施的监督机制和具体制度还不健全”；② 在党的十八届三中全会上，党中央又明确“要进一步健全宪法实施监督机制和程序”；党的十八届四中全会强调“必须把宣传和树立宪法权威作为全面推进依法治国的重大事项抓紧抓好，切实在宪法实施和监督上下功夫”。也正是基于全会精神，全国人大常委会分别于2014 年、2015 年确定了“国家宪法日”和“宪法宣誓制度”。一系列一脉相承、逐步推进的举措和论述集中体现了中央对宪法监督和宪法实施的高度重视。因此，党的十九大报告提出，推进合宪性审查工作，是对党的十八大以来强化宪法权威性工作的延续和发展。舆论认为，“推进合宪性审查工作”的新要求，有利于维护国家法律体系的统一，破解积弊已久的立法部门化倾向、地方保护主义、“红头文件”违法等问题，实现依法治国的正本清源，发挥宪法“定海神针”的功能，未来需要加强相关制度的设计和落实，以期稳步推进。

---

① 合宪性审查就是由有关权力机关依据宪法，对可能违反宪法的规范性文件、国家机关及其工作人员的行为进行审查，并对违宪现象予以纠正，目的是维护宪法权威，保证宪法实施。莫纪宏．推进合宪性审查——“依宪治国”重要举措[N]．北京日报，2017-11-06.

② 习近平．在首都各界纪念现行宪法公布施行30 周年大会上的讲话[OL]．新华网，2012-12-04.

四、制度反腐：推进反腐败国家立法

党的十九大报告提出，推进反腐败国家立法，建设覆盖纪检监察系统的检举举报平台。过去，我国反腐败国家立法缺乏系统化和体系化，反腐部门权力交叉重叠。在没有明确、统一的反腐法律依据和职能分工的情况下，反腐实效也受到影响。同时，过去的反腐败立法以事后惩罚为主，缺乏事前预防和前瞻性。相较于惩治法的繁荣，腐败预防立法建设起步晚、发展慢，在立法体系中所占权重偏低，立体化的预防立法体系尚在建构，既有的预防立法机制有待进一步强化。未来一个时期，中国将把反腐纳入整个法制的框架中，使反腐有法可依，实现反腐的制度化、法治化。反腐不仅要成为中国共产党自我净化的方式，更要成为保障公民权利和建设民主法治国家的重要手段。随着国家反腐败立法的专门化、体系化和科学化，反腐工作将具有明确、统一的法律依据，进而形成不敢腐的惩戒机制、不能腐的防范机制和不易腐的保障机制。

（文/李振宇、卢亮辰、甘兆敏、张佳俊）

监察体制改革从试点推向全国

2017 年 11 月 7 日，《监察法（草案）》在中国人大网首次公布，向社会公开征求意见。此前，11 月 4 日，十二届全国人大常委会第三十次会议通过了《关于在全国各地推开国家监察体制改革试点工作的决定》。这标志着监察体制改革在原有北京、浙江、山西三地试点的基础上正式推向全国。

一、构筑不敢腐、不能腐、不想腐的长效机制

党的十八大以来，党风廉政建设和反腐败斗争持续推进。其基本思路是

标本兼治，先治标后治本，“用治标为治本赢得时间”，逐渐实现从不敢腐到不能腐、不想腐。对于反腐败斗争形势的判断，也经历了从“依然严峻复杂”到“压倒性态势已经形成”的变化。从长远来看，构筑不能腐、不想腐的长效机制，必须强化对权力的制约和监督，“把权力关进制度的笼子里”。

2016 年 1 月，习近平同志在十八届中央纪委六次全会上的讲话中指出，要坚持党对党风廉政建设和反腐败工作的统一领导，扩大监察范围，整合监察力量，健全国家监察组织架构，形成全面覆盖国家机关及其公务员的国家监察体系。同时，该次会议明确提出建立覆盖国家机关和公务人员的国家监察体系。党的十八届六中全会之后，监察体制改革开始在北京、浙江、山西三地进行试点，并计划为十三届全国人大一次会议审议通过国家监察法、设立国家监察委员会、产生国家监察委员会组成人员做好准备。根据中央改革试点方案安排，2016 年 12 月，全国人大常委会通过了《关于在北京市、山西省、浙江省开展国家监察体制改革试点工作的决定》，对监察委员会的设立及其产生、监察对象及监察委员会的职权和措施、暂时调整或者暂时停止适用有关法律的规定等事项做出了规定。2017 年，党的十九大报告提出，深化国家监察体制改革，将试点工作在全国推开，组建国家、省、市、县监察委员会，同党的纪律检查机关合署办公，实现对所有行使公权力的公职人员监察全覆盖。制定国家监察法，依法赋予监察委员会职责权限和调查手段，用留置取代“两规”措施。此次全国人大常委会通过《关于在全国各地推开国家监察体制改革试点工作的决定》，意味着监察体制改革从试点推向全国，同时，与监察体制改革相配套的国家监察法制定工作也在紧锣密鼓地展开。

二、三大动作改革现有纪检监察体制

中共中央办公厅印发的《关于在北京市、山西省、浙江省开展国家监察体制改革试点方案》提出，深化国家监察体制改革的目标，是建立党统一领导下的国家反腐败工作机构。实施组织和制度创新，整合反腐败资源力量，扩大监察范围，丰富监察手段，实现对行使公权力的公职人员监察全面覆盖，建立集中统一、权威高效的监察体系，履行反腐败职责，深入推进党风廉政建设和反腐败斗争，构建不敢腐、不能腐、不想腐的有效机制。具体的改革举措大致包括以下三个方面：

一是全面整合反腐机构，解决反腐败力量分散的问题。此次监察体制改革计划将人民政府的监察厅（局）、预防腐败局及人民检察院查处贪污贿赂、失职渎职以及预防职务犯罪等部门的相关职能整合至监察委员会。同时，党的纪律检查委员会、监察委员会合署办公，一个机构、两块牌子，从而建立集中统一、权威高效的监察体系。此前，在北京、浙江、山西三地的试点中，三个试点地区已经全面完成了省、市、县监察委员会组建和转隶工作，实现了执纪与执法的融合。同时，也意味着改革后的人民检察院将不再享有职务犯罪的侦查权，这项国家权力分配的调整无疑将产生深远影响。

二是实现对公职人员监察的全覆盖。改革后，监察委员会的监察对象范围较之前大大扩展，扩展到“所有行使公权力的公职人员”，进而实现对公职人员监察的全覆盖。从公布的《监察法（草案）》来看，监察对象既包括了“中国共产党的机关、人大机关、行政机关、政协机关、监察机关、审判机关、检察机关、民主党派和工商联机关的公务员及参照《公务员法》管理的人员”，“法律、法规授权或者受国家机关依法委托管理公共事务的组织中从事公务的人员”，也包括了国有企业管理人员、公办单位管理人员、基层群众性自治组织中从事集体事务管理的人员等。从此前试点地区的数据来看，各地监察对象的人数都在大幅度增加。监察对象覆盖范围的扩大将有助于解决行政监察范围过窄的问题，扎紧约束公权力的笼子。

三是赋予监察委员会调查权，用留置取代“两规”。根据全国人大常委会的决定，监察委员会将履行监督、调查、处置职责，监督检查公职人员依法履职、秉公用权、廉洁从政以及道德操守情况，调查涉嫌贪污贿赂、滥用职权、玩忽职守、权力寻租、利益输送、徇私舞弊以及浪费国家资财等职务违法和职务犯罪行为并做出处置决定，对涉嫌职务犯罪的，移送检察机关依法提起公诉。监察委员会可以采取谈话、讯问、询问、查询、冻结、调取、查封、扣押、搜查、勘验检查、鉴定、留置等措施履行职权。为此，调整或者暂时停止适用《行政监察法》《刑事诉讼法》中行政监察和侦查的相关规定。此次监察体制改革中，用留置取代"两规"被认为是一大进步。

三、监察制度安排仍有待完善

此次监察体制改革，涉及的法律、部门数量众多，权力分配和权利保障的制度安排十分复杂。客观来说，对如何制定国家监察法，以及监察委员会的职权如何分配等问题虽然形成了一些共识，但仍然存在较大争议。从试点情况来看，由于改革幅度较大，与现有制度的衔接还存在一些问题，改革试点方案仍有待完善。总体来看，此次关于监察体制改革诸多方面的讨论都涉及宪法中国家权力分配、公民权利保障等带有根本性的重大问题，监察体制改革确实是"一项事关全局的重大政治改革"。

（文/张闻达）

中国道路丛书

学　术

《解放生命》
《谁是农民》
《香港社会的民主与管治》
《香港社会的政制改革》
《香港人的政治心态》
《币缘论》
《如何认识当代中国》
《俄罗斯之路 30 年》
《大国新路》
《论企业形象》

译　丛

《西方如何“营销”民主》
《走向繁荣的新长征》
《国家发展进程中的国企角色》
《美国社会经济五个基本问题》
《资本与共谋》
《国家发展动力》

智库报告

《新时代：中国道路的延伸与使命》
《新开局：中国制度的变革与巩固》
《新常态：全面深化改革的战略布局》

智库报告

《新模式：走向共享共治的多元治理》
《新征程：迈向现代化的国家治理》
《新动能：再造国家治理能力》
《全面依法治国新战略》

企业史

《与改革开放同行》
《黎明与宝钢之路》

企业经营

《寻路征途》
《中信创造力》

专　访

《中国道路与中国学派》
《21 世纪的中国与非洲》

人　物　《重读毛泽东，从 1893 到 1949》
政　治　《创新中国集体领导体制》
战　略　《国家创新战略与企业家精神》
金　融　《新时代下的中国金融使命》

管　理　《中国与西方的管理学比较》